フェイバリット　英単語・熟語〈テーマ別〉

コーパス
4500

難関大学入試完全対応

CEFR参照レベル　A1　A2　**B1**　B2

東京外国語大学
投野由紀夫 監修

東京書籍

はしがき

Hello, everyone!

『フェイバリット英単語・熟語〈テーマ別〉コーパス4500 4th Edition』へようこそ！

この単語集は，2020年からの新学習指導要領に基づいて行われる新しい英語教育を見据えて，好評頂いていた旧版を全面リニューアルしたものです．その特長は以下の4つのポイントにあります．

ポイント1：国際標準 CEFR に準拠

外国語教育で世界標準となりつつある「ヨーロッパ言語共通参照枠（CEFR）」．日本でも，大学入試における4技能試験が CEFR レベル判定で行われます．『コーパス4500』はその CEFR レベルに完全対応．CEFR の単語レベルを明示しました．この『コーパス4500』は B1レベルに達するだけでなく，B2レベルの単語にもかなり触れることができます．易しいレベルからスタートするので，着実に無理なく単語を増やすことができます．

ポイント2：充実した「チャンク」情報

『コーパス4500』では見出し語とその意味だけでなく，その語のよく使われる形である「チャンク」を載せています．「チャンク」は，英語を話したり書いたりするときに使うことができます．単語を「チャンク」として，ほかの単語とセットで覚えることで，4技能試験，特にスピーキング試験に対応するために必要な，実践的な単語力が習得できます．

ポイント3：重要構文にフォーカス

単語，特に動詞は，実際の入試問題において，さまざまな構文で使われます．それらの構文を正確に理解するには，構文の使い方を具体的に示す例文が必要です．『コーパス4500』では，1つの単語が持つ主要な構文が「重要構文」として ➡ で示され，そのすべてに例文が対応しています．「重要構文」とその例文を学習すれば，読解力の増強とライティング力の向上につながります．

ポイント4：信頼のあつい「コーパス」情報

書名にもなっている「コーパス（corpus）」とは，大規模言語データベースです．

『コーパス4500』は，このデータベースを用いて作られています．コーパスによる使用頻度と用法の高度な分析に基づいていることが，この単語集が多くの学校から支持されている理由です．前半で active vocabulary（発信語彙(ﾉ)）を習得し，後半で3000語レベルから先の passive vocabulary（受信語彙）を数多く覚える，というアプローチは今回も不変です．

このような特長をもった『コーパス4500』を使えば，4技能試験に対応できる高度な英語力が身につきます．いつも手もとに置いて，同じ単語を最低5回は復習しましょう．音声を聞いて，繰り返し暗唱しましょう．覚えた単語やチャンクを授業中にどんどん話したり書いたりしましょう．きっとこの単語集の素晴らしさがわかるはずです．

Good luck !

東京外国語大学教授　投野由紀夫

目　次

本書の特長と使い方

【全体の構成】

本書は 10 の STAGE と 4 つの FINAL STAGE で構成されています．各 STAGE は見開き 2 ページを 1 単位とする LESSON と，後述する特設ページにより構成されています．

【STAGE について】

1. 見出し語句

全国国公私立大学の入試問題と高校の英語教科書の英文をデータベース化し，（このようなデータベースを「コーパス」と呼びます），それを基に，大学入試に必要とされる，「4500 語レベル」の単語と熟語を厳選しました．

＊大学入試問題コーパスに加えて，世界最大規模（約 1 億語）の言語データベース BNC（British National Corpus）も用いることにより，内容の精度を高めました．

［内訳と数］

見出し(熟)語 1983 項目／関連語・対義語 967 項目／特設ページで学ぶ語句 273 項目　　　　　　　　　計 3223 項目

2. テーマ・平均単語レベル

記憶に残りやすいよう，単語をテーマ別に収録しました．単語の収録順については難易度にも配慮しました．平均して，STAGE 1-3 では「高校標準」，STAGE 4-5 では「高校発展」，STAGE 6-7 では「大学入試（標準）」，STAGE 8-10 では「大学入試（難関大学）」レベルの語句を学習します．STAGE 1 から STAGE 10 まで，段階的に 4500 語レベルの語彙(ﾋﾞ)が習得できる構成になっています．

3. STAGE 扉のグラフ

学習する見出し語の平均使用頻度の推移（高→低）を STAGE ごとに図式化したものです．前半の STAGE では使用頻度の高い基本語を学びます．後半の STAGE では,使用頻度はやや低いものの，入試問題において「かぎ」となる難解な語を学びます．

4. 見出し語の CEFR 参照レベル *

A 1 から B 2 まで，4 つのレベルがあります．A 1 は小学校～中学 1 年程度，A 2 は中学 2 年～高校 1 年程度，B 1 は高校 2 年～大学受験レベル，B 2 は大学受験～大学教養レベルです．

* 『CEFR-J Wordlist Version 1.5』東京外国語大学投野由紀夫研究室．(URL: http://www.cefr-j.org/download.html#cefrj_wordlist より 2019 年 5 月ダウンロード)

5. 重要構文
英単語の中には，意味を知るだけでは不十分なものがあります．そのような単語は，意味だけ知っていても，その語が文中で使われている「構文」がわからなければ，英文の構造と内容を正確に読み取ることはできません．本書では，コーパスを駆使してそれらを抽出し，⤴で示しました．

6. チャンク
単語は単体でバラバラに覚えるよりも，ほかの単語といっしょにフレーズとして覚えたほうが記憶に残りやすいといわれています．本書では単語のよく使われるフレーズを「チャンク」として取り上げ，チャンク マークを付けました．チャンクとは「かたまり」という意味です．

【FINAL STAGE】
難関大学入試対策を盤石にする，語彙力のさらなる強化を目的に設けました．ここで学習する 600 語は，国公立大学 40 校と私立大学 26 校の入試問題を分析し，厳選したものです．どの単語も難関大学を攻略するためには欠かせません．

【特設ページ】
さまざまな場面で役立つ 273 項目を学習します．見出し番号にＳ（supplementary「補足の」）をつけて，LESSON の見出し語句と区別しています．

1. 基本単語コーパス道場
基本単語のよく使われる形を学習します．

2. イラストで覚える英単語
さまざまなテーマの語句をイラストを用いて学習します．

【発音表記】
見出し語の発音は，国際音標文字を用いた発音記号で示しました（p. 7の「発音記号」参照）．

【赤フィルター】
単語を覚えるときの助けとなるよう，付属の赤フィルターを使って，繰り返し学習してください．

主な記号

( )	語義の補足説明・省略可能な文字情報・伴われることの多い前置詞などの語
〈 〉	動詞の主語・目的語，前置詞の目的語，形容詞の被修飾語などになる可能性の高い語
[ ]	発音記号と仮名表記・言い換え表現
発音	発音に注意すべき語
アクセント	アクセントの位置に注意すべき語
過去	不規則動詞の過去形
過分	不規則動詞の過去分詞
過去・過分	不規則動詞の過去形・過去分詞
比較	不規則変化する形容詞・副詞の比較級
最上	不規則変化する形容詞・副詞の最上級
複数	不規則変化する名詞の複数形
⤳	重要構文
◆	語法注記・参考情報
関連	派生関係にある語句や意味上関連のある語句
対義	対になる意味をもつ語句
◎	コラム
直	直訳した表現
×	正しくない表現
道場	コーパス道場の掲載ページ

間	間投詞	形	形容詞
助	助動詞	接	接続詞
前	前置詞	代	代名詞
動	動詞	副	副詞
名	名詞		

発音記号

●母音

発音記号		例		発音記号		例
[iː]	eat	[íːt]		[ɑːr]	car	[kɑ́ːr]
[i]	it	[ít]		[ɑ]	fog	[fɑ́g]
	village	[vílidʒ]		[uː]	noon	[núːn]
[e]	every	[évri]		[u]	look	[lúk]
[æ]	apple	[ǽpl]		[ɔː]	all	[ɔ́ːl]
[ə]	about	[əbáut]		[ɔːr]	form	[fɔ́ːrm]
	animal	[ǽnəml]		[ei]	aim	[éim]
	today	[tədéi]		[ai]	I	[ái]
	absent	[ǽbsənt]		[ɔi]	oil	[ɔ́il]
	collect	[kəlékt]		[au]	out	[áut]
[ər]	letter	[létər]		[iər]	ear	[íər]
[əːr]	early	[ə́ːrli]		[eər]	air	[éər]
[ʌ]	up	[ʌ́p]		[uər]	your	[júər]
[ɑː]	calm	[kɑ́ːm]		[ou]	old	[óuld]

●子音

発音記号		例		発音記号		例
[p]	play	[pléi]		[z]	is	[íz]
[b]	book	[búk]		[ʃ]	ash	[ǽʃ]
[t]	hat	[hǽt]		[ʒ]	usually	[júːʒuəli]
	try	[trái]		[h]	hand	[hǽnd]
[d]	bed	[béd]		[m]	man	[mǽn]
	dry	[drái]			stamp	[stǽmp]
[k]	clear	[klíər]		[n]	nice	[náis]
[g]	grill	[gríl]			pen	[pén]
[tʃ]	teach	[tíːtʃ]		[ŋ]	king	[kíŋ]
[dʒ]	age	[éidʒ]			finger	[fíŋgər]
[ts]	hats	[hǽts]		[l]	love	[lʌ́v]
[dz]	beds	[bédz]		[r]	right	[ráit]
[f]	life	[láif]		[j]	yes	[jés]
[v]	live	[lív]			you	[júː]
[θ]	cloth	[klɔ́(ː)θ]		[w]	one	[wʌ́n]
[ð]	with	[wíð]			wall	[wɔ́ːl]
[s]	sky	[skái]				

＊最も強く発音する部分に第1アクセント（´）が，その次に強く発音する部分に第2アクセント（ˋ）が付いています．

7

覚えておきたい接頭辞

接頭辞	意味と例
a -	「…(の状態)に」 sleep（睡眠） → **a**sleep（眠って）
bi -	「2」「2つ」 **bi**cycle（自転車，2輪車）
bio -	「生命」 **bio**logy（生物学）
co -, com -	「いっしょに」「共同」 **co**operation（協力） **com**pany（会社）
de -	「下降」**de**crease（減る）
dis -	「否定」「反対」 appear（現れる） → **dis**appear（姿を消す）
en -	「…(の状態)にする」 rich（豊富な） → **en**rich（豊かにする）
ex -	「外」「外側」 **ex**port（輸出する）
extra -	「…(の範囲)外の」 「…以外の」 ordinary（ふつうの） → **extra**ordinary （並みはずれた）
il -, im -, in -	「否定」「反対」 legal（合法的な） → **il**legal（違法な） possible（可能な） → **im**possible（不可能な） correct（正しい） → **in**correct（不正確な）
im -, in -	「中に[へ]」 **im**port（輸入する） **in**put（入力）
inter -	「…間の」 national（国家の） → **inter**national （国家間の）
mid -	「中の」「中間の」 **mid**summer（真夏） **mid**night（(真)夜中）

接頭辞	意味と例
mis -	「誤り」「悪い」 calculate（計算する） → **mis**calculate （計算を誤る） fortune（運） → **mis**fortune（不運）
multi -	「多くの」「多数の」 **multi**cultural（多文化の）
non -	「否定」 sense（正気） → **non**sense （ばかげたこと）
out -	「外」「外側」 **out**door（屋外の） **out**put（出力）
pre -	「前の」 **pre**war（戦前の） **pre**school（就学前の）
re -	「再び」「…し直す」 turn（回る） → **re**turn（戻る）
sub -	「下」「副」「細分」 **sub**way（地下鉄） **sub**title（副題）
trans -	「移動」「横断」 **trans**port（輸送する） **trans**plant（移植）
un -	「否定」「反対」 happy（幸福な） → **un**happy（不幸な） lock（錠を下ろす） → **un**lock（錠をあける）

覚えておきたい接尾辞

接尾辞	意味と例
-able	「…できる」「…の性質の」 believ**able**（信じられる） comfort**able**（心地よい）
-ee	「…される人」 employ（雇う） → employ**ee**（従業員）
-en	「…化する」「…にする」 weak（弱い） → weak**en**（弱める）
-er	「…する人[物]」 write（書く） → writ**er**（作家）
-ful	「…の1杯（の量）」 spoon（スプーン） → spoon**ful**（スプーン1杯）
-ful	「…がいっぱいの」 color（色） → color**ful**（色とりどりの）
-hood	「性質」「状態」 neighbor（隣人） → neighbor**hood**（近所）
-ic, -ical	「…に関する」「…的な」 science（科学） → scient**ic**（科学的な） medicine（薬） → med**ical**（医学の）
-ics	「…学」「…論」 economy（経済） → econom**ics**（経済学）
-(i)fy	「…化する」「…にする」 class（等級） → class**ify**（分類する）
-ion	「動作」「状態」 create（創造する） → creat**ion**（創造）
-ism	「主義」 capital**ism**（資本主義）
-ist	「…の専門家」 piano（ピアノ） → pian**ist**（ピアニスト）

接尾辞	意味と例
-ive	「性質」「状態」 act（行動する） → act**ive**（行動的な）
-ize	「…化する」「…(に)する」 western（西洋の） → western**ize**（西洋化する）
-less	「…がない」「…できない」 care（注意） → care**less**（不注意な） count（数える） → count**less**（数えきれない）
-like	「性質」「状態」 business（商売） → business**like**（事務的な）
-ly	形容詞に付けて副詞を作る quick（速い） → quick**ly**（速く） free（自由な） → free**ly**（自由に）
-ment	「結果」「動作」 agree（同意する） → agree**ment**（同意）
-ness	「性質」「状態」 kind（親切な） → kind**ness**（親切）
-or	「…する人[物]」 act（演ずる） → act**or**（俳優）
-ship	「状態」「資格」「能力」 friend（友人） → friend**ship**（友情）
-ward(s)	「…の方へ[の]」 back（後ろ） → back**ward**（後方へ[の]）
-y	「性質」「状態」 dust（ほこり） → dust**y**（ほこりっぽい）

1. 前置詞

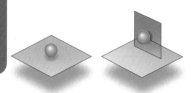

S1 □ …の上に，…の表面に
on[ɔ́n]

S2 □ …より上に
above[əbʌ́v]

S3 ☑ …の下に
under[ʌ́ndər]

S4 ☑ …の中に
in[ín]

S5 ☑ …の中へ
into[íntuː]

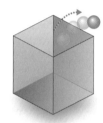

S6 ☑ …から(外へ)
out of

S7 □ …に沿って
along[əlɔ́ːŋ]

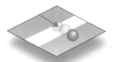

S8 □ …を横切って
across[əkrɔ́ːs]

S9 ☑ …を越えて
over[óuvər]

S10 ☑ (2つ)の間に
between
[bitwíːn]

S11 ☑ (3つ以上)の間に
among[əmʌ́ŋ]

S12 □ …の周りに
around
[əráund]

S13 ☑ …を通り抜けて
through
[θrúː]

STAGE 1

平均単語レベル
高校標準

話す・伝える

1 □ **say**
[séi]
過去・過分 said   **A1**

動 …を言う
関連 saying ことわざ

2 □ **It is said that ...**

…であると言われている

3 □ **say to** *oneself*

(心の中で)つぶやく

4 □ **that is to say**

すなわち

5 □ **to say nothing of ...**

…は言うまでもなく

6 □ **explain**
[ikspléin]   **A2**

動 (理解させるために)…を説明する
関連 explanation 説明

7 □ **describe**
[diskráib]   **A1**

動 …を(言葉で)描写する
関連 description 描写

つくる・生み出す

8 □ **product**
[prɑ́dəkt]   **A2**

名 (大量生産された)製品, 産物
関連 production 生産, productive 生産力のある

9 □ **produce**
[prədjúːs]   **A2**

動 **1** (自然の作用などにより)…を生み出す
2 〈商品などを〉生産する
関連 producer 生産者
対義 consume 消費する

10 □ **create**
[kriéit]   **A2**

動 〈新たなものを〉生み出す, 創造する
関連 creation 創造, creative 創造力のある,
creature 生き物

11 □ **establish**
[istǽbliʃ]   **A2**

動 **1** 〈組織・会社などを〉設立する(◆found と同義)
関連 establishment 設立

2 〈関係などを〉確立する

12 □ **invent**
[invént]   **A2**

動 〈機械などを〉発明する
関連 invention 発明, inventor 発明者

STAGE 1

☑ チャンク **have something to say** — 言いたいことがある

☑ "Nice to meet you," she **said** with a smile. ▶「はじめまして」と彼女は笑顔で言った.

☑ **It is said that** the tree is 1,000 years old. ▶その木は樹齢 1,000 年と言われている.

☑ "That's impossible," I **said to myself**. ▶「それは無理だ」と私は心の中でつぶやいた.

☑ He'll be home three days from today, **that is to say**, on Tuesday. ▶彼は今日から3日後, すなわち, 火曜日に帰ってくる.

☑ Climate change affects people, **to say nothing of** wildlife. ▶気候変動は野生動物は言うまでもなく人間に影響を及ぼす.

☑ チャンク **Let me explain.** — 説明させてください.

☑ He **explained** to me what happened. ▶彼は私に何が起きたか説明してくれた.

☑ チャンク **be described as ❹** — ❹ **として描写される**

☑ The product is fully **described** in the website. ▶その商品はウェブサイトで詳しく説明されている.

☑ チャンク **dairy products** — 乳製品

☑ Success is a **product** of hard work. ▶成功は努力の産物だ.

☑ チャンク **produce results** — 結果を生む

☑ China **produces** a lot of gold. ▶中国はたくさんの金を産出する.

☑ France **produces** good wine. ▶フランスはよいワインを生産する.

☑ チャンク **create the environment** — 環境を生む

☑ The girl **created** a toy doll. ▶少女はおもちゃの人形をつくり出した.

☑ チャンク **establish a company** — 会社を設立する

☑ Our university was **established** in 1928. ▶私たちの大学は 1928 年に設立された.

☑ The restaurant has **established** a good name. ▶そのレストランはよい評判を確立した.

☑ チャンク **invent a new technology** — 新しい技術を発明する

☑ Bell **invented** the telephone. ▶ベルは電話を発明した.

発着

13 ☑ **leave**¹
[líːv]
過去・過分 left

動 ❶ 〈場所を〉去る
☞ 【leave Ⓐ for Ⓑ】Ⓐから Ⓑへ向けて出発する
❷ 〈仕事・学校などを〉やめる
❸ …を(同じ状態に)しておく
☞ 【leave Ⓐ Ⓑ】ⒶをⒷのままにしておく
☞ 【leave Ⓐ *do*ing】Ⓐを…したままにしておく
🅐🅐 ◇ leave には「休暇」という意味もあります.

14 ☑ **leave behind**
〈場所に物を〉置き忘れる

15 ☑ **arrive**
[əráiv]

動 〈人・乗り物が〉到着する
関連 **arrival** 到着
☞ 【arrive at Ⓐ】Ⓐ(町・駅など比較的狭い場所)に到着する
☞ 【arrive in Ⓐ】Ⓐ(大都市・国など)に到着する
🅐🅐

変化

16 ☑ **develop**
[divéləp]

動 ❶ …を発展させる;発展する
関連 **developing** 発展途上の.
development 発展
☞ 【develop Ⓐ into Ⓑ】Ⓐを Ⓑに発展させる
❷ 〈製品などを〉開発する
🅐🄔

17 ☑ **improve**
[imprúːv]

動 〈品質・状態などを〉改善する;〈品質・状態などが〉よくなる
関連 **improvement** 改善, 改良
🅐🄔

18 ☑ **replace**
[ripléis]

動 ❶ 〈古いものなどに〉取って代わる
関連 **replacement** 代用品
❷ 〈古いものを〉取り換える, 交換する
☞ 【replace Ⓐ with Ⓑ】Ⓐを Ⓑと取り換える
🅐🄔

19 ☑ **progress**
名 [prágrəs]
動 [prəgrés]
🄑① アクセント

名 (技術などの)進歩, 上達
関連 **progressive** 進歩的な

動 〈技術などが〉進歩する, 上達する
🄑②

☐ **チャンク leave the house** 　　　　　家を出る

☐ The train left Tokyo for Morioka. 　▶列車は盛岡に向けて東京を出発した.

☐ He left school last year. 　　　　　▶彼は去年学校をやめた.
☐ Don't leave the lights on. 　　　　▶明かりをつけっぱなしにしないように.

☐ She left the engine running. 　　　▶彼女はエンジンをかけたままにしておいた.

☐ I left my wallet behind in the hotel room. ▶ホテルの部屋に財布を置き忘れた.

☐ **チャンク arrive on time** 　　　　　時間ぴったりに到着する

☐ We arrived at the airport two hours before departure. ▶私たちは出発2時間前に空港に着いた.

☐ His family will arrive in Paris on Thursday night. ▶彼の家族は木曜の夜にパリに着く予定だ.

☐ **チャンク develop a country** 　　　　国を発展させる

☐ He developed the company into a global business. ▶彼はその会社を世界的企業に発展させた.

☐ They are always trying to develop new products. ▶彼らはいつも新製品を開発しようとしている.

☐ **チャンク improve one's health** 　　　健康状態を改善させる

☐ The weather improved toward the evening. ▶夜になって天気は回復した.

☐ **チャンク be replaced by ❹** 　　　　❹ に取って代わられる

☐ E-mail has replaced letters. 　　　▶電子メールは手紙に取って代わった.
☐ Will you replace the light bulb with a new one? ▶電球を新しいものと取り換えてくれますか？

☐ **チャンク scientific progress** 　　　　科学の進歩

☐ Am I making any progress? 　　　　▶私は少しは上達していますか？

☐ Medical technology keeps progressing. ▶医療技術は進歩し続けている.

原因・結果

20 ☑ **cause** [kɔ́:z]	B2	**名** (事故などの)原因	
	A2	**動** 〈事故などの〉原因となる；〈事故などを〉 引き起こす(◆bring about と同義)	
21 ☑ **result** [rizʌ́lt]	A1	**名** (…の)結果(of ...)	
	B1	**動** (結果として)起こる ➡ **【result from Ⓐ】**Ⓐの結果として起こる. Ⓐが原因で起こる	
22 ☑ **as a result**		結果として	
23 ☑ **result in ...**		…という結果になる	

基礎・基準・原則

24 ☑ **rule** [rú:l]	A1	**名** (スポーツ・組織などの)規則, ルール	
	B2	**動** 〈国・地域などを〉支配する, 統治する **関連** ruler 支配者	
25 ☑ **make it a rule to** *do*		(意識的に)いつも…することにしている	
26 ☑ **rule out**		〈可能性などを〉否定する	
27 ☑ **base** [béis]	A2	**名** (地面などに接する)土台；(発想などの)基礎 **関連** basic 基本的な, basis 基礎・基準	
	B1	**動** 〈発想などの〉基礎[根拠]をおく(◆しばしば受身で) ➡ **【be based on Ⓐ】**Ⓐに基づいている	
28 ☑ **principle** [prínsəpl]		**名** ❶ (思想・法律・制度などの)原則, 原理	
	B1	❷ (道徳的な)信念, 主義	
29 ☑ **fundamental** [fʌ̀ndəméntl]		**形** 根本的な, 基本的な	
	B2		

☑ チャンク **cause and effect** 　　　　　原因と結果

☑ What was the **cause** of the accident? ▶事故の原因は何だったのですか？

☑ Heavy snow **caused** a lot of trouble for commuters. ▶大雪で通勤客は大いに迷惑をこうむった（⑩ 迷惑を引き起こした）.

☑ チャンク **get the results** 　　　　　結果を得る

☑ Do you know the **result** of the game? ▶その試合の結果を知っていますか？

☑ These diseases can **result from** smoking. ▶これらの病気は喫煙が原因で起こる可能性がある.

☑ **As a result**, he was suspended from school for a month. ▶結果として，彼は1か月間停学になった.

☑ The challenge **resulted in** failure. ▶その挑戦は失敗に終わった.

☑ チャンク **be against the rules** 　　　　規則に反する

☑ We can't break the **rules**. ▶規則を破るわけにはいかない.

☑ Russia **ruled** Poland at that time. ▶当時ロシアはポーランドを支配していた.

☑ He **makes it a rule to** take a walk before breakfast. ▶彼は朝食前に散歩することにしている.

☑ Both parties have **ruled out** tax increase. ▶どちらの党も増税を否定した.

☑ チャンク **a base of knowledge** 　　　　知識の土台

☑ What is the **base** of the cake? ▶そのケーキの土台は何ですか？

☑ Science **is based on** facts. ▶科学は事実に基づいている.

☑ チャンク **basic principles** 　　　　　　基本原則

☑ Japan's three nonnuclear **principles** are famous worldwide. ▶日本の非核三原則は世界的に有名だ.

☑ It's against my **principles**. ▶それは私の信念に反する.

☑ チャンク **fundamental human rights** 基本的人権

☑ The government agency needs a **fundamental** change. ▶その政府機関は根本的な変化を必要としている.

つなぎ言葉

30 ☐ **however** [hauévər]　A2	**副 ①** (前言に対して)しかしながら(◆but より かたい語;コンマで区切る) **②** (程度などが)どんなに…でも(◆直後の形容詞・副詞を修飾;口語ではふつう no matter how を用いる)
31 ☐ **though** [ðóu]　A2	**接** …だが, …だけれども
32 ☐ **even though ...**	たとえ…でも
33 ☐ **although** [ɔːlðóu]　A2	**接** …だが, …だけれども(◆though よりやや形式ばった語)

お金・金額

34 ☐ **spend** [spénd] 過去・過分 spent　A1	**動 ①** 〈お金・金額を〉(…に)使う, 費やす(on ...) **②** 〈時間を〉過ごす ➡ **【spend Ⓐ** *doing*】Ⓐを…して過ごす
35 ☐ **earn** [ə́ːrn]　A2	**動 ①** (仕事の対価として)〈お金を〉稼ぐ **②** 〈地位・名声などを〉得る
36 ☐ **expensive** [ikspénsiv]　A1	**形** 〈商品・サービスなどが〉高価な, 高い **関連** expense 費用
37 ☐ **cheap** [tʃíːp]　A2	**形 ①** 〈商品・サービスなどが〉安価な, 安い **②** (品質が)安っぽい
38 ☐ **income** [ínkʌm]　B1	**名** (一定の)収入, 所得
39 ☐ **luxury** [lʌ́kʃəri]　B1	**名** (衣食住などにおける)ぜいたく(品) **関連** luxurious ぜいたくな

☑ **チャンク It is not so, however.**	しかしながら，そうではない．
☑ The ticket is expensive; **however**, it's worth it.	▶そのチケットは高い．しかしながら，その価値はある．
☑ **However [No matter how]** hard it is, I'll never give up.	▶どんなに大変でも，私は決してあきらめない．

☑ **チャンク old though it is,**	それは古いけれども，
☑ **Though** they were poor, they led a happy life.	▶彼らは貧しかったけれども，幸せな人生を送った．
☑ He did his best **even though** he knew he'd lose.	▶たとえ負けるとわかっていても彼はベストを尽くした．

☑ **チャンク although small**	小さいけれども
☑ **Although** she was ill, she kept on working.	▶彼女は病気だったが，働き続けた．

☑ **チャンク spend money**	お金を使う
☑ He **spent** 30,000 yen **on** the shoes.	▶彼はその靴に3万円を使った．
☑ I **spent** the afternoon **reading**.	▶私は読書をして午後を過ごした．

☑ **チャンク earn a fortune**	大金を稼ぐ
☑ She **earns** 300,000 yen a month.	▶彼女は月に30万円を稼ぐ．
☑ He **earned** a reputation for honesty.	▶彼は正直だという評判を得た．

☑ **チャンク expensive clothes**	高価な洋服
☑ We had dinner at an **expensive** restaurant.	▶私たちは高いレストランで食事をした．

☑ **チャンク a cheap hotel**	安いホテル
☑ Gas is **cheap** here.	▶ここではガソリンが安い．
☑ The dress and shoes she was wearing looked **cheap**.	▶彼女が着ていた服と靴は安っぽく見えた．

☑ **チャンク income tax**	所得税
☑ These cars are for people on high **incomes**.	▶これらの車は高所得者向けだ．

☑ **チャンク live in luxury**	ぜいたくな生活をする
☑ Caviar is a **luxury**.	▶キャビアはぜいたく品だ．

知覚

40 ☑ **feel** [fíːl] ⊕p.243 道場 過去・過分 felt **A1**	動 〈痛み・感情などを〉感じる
	関連 feeling 感情
	➡ 【feel **Ⓐ** do】**Ⓐ** が…するのを感じる
	➡ 【feel **Ⓐ** doing】**Ⓐ** が…しているのを感じる

| 41 ☑ **feel like ...** | …が欲しい |

| 42 ☑ **feel like** doing | …したい気がする |

43 ☑ **perceive** [pərsíːv] **B2**	動 **1** …に気づく
	関連 perception 知覚
	2 …を見なす（◆しばしば受身で）
	➡ 【be perceived as **Ⓐ**】**Ⓐ** と見なされる

| 44 ☑ **smell** [smél] **B1** | 動 （…の）においがする，香りがする（of ...） |
| **A1** | 名 （特別な）におい，香り |

45 ☑ **taste** [téist] **B1**	動 〈食べ物が〉味がする
	関連 tasty おいしい
B1	名 （食べ物の）味

高さ

46 ☑ **rise** [ráiz] 過去 rose 過分 risen **B1**	動 （高い位置に）上がる
	対義 fall 下がる
B1	名 上昇

| 47 ☑ **give rise to ...** | 〈好ましくない事態などを〉引き起こす |

48 ☑ **raise** [réiz] **A2**	動 **1** …を（高い位置に）上げる（◆riseとの違いに注意）
	2 〈資金などを〉集める
	3 〈子どもを〉育てる（◆bring up と同義）

| 49 ☑ **height** [háit] 発音 **B1** | 名 高さ；身長 |
| | 関連 high 高い |

☑ チャンク feel (a) pain ｜ 痛みを感じる
☑ I feel fine today. ｜ ▶今日は気分がいい(◉ よく感じる).
☑ He felt his cat walk up the bed. ｜ ▶彼は猫がベッドを登ってくるのを感じた.
☑ I felt my interest rising. ｜ ▶私は興味がわいてくるのを感じた.

☑ I feel like a cup of coffee. ｜ ▶コーヒーが一杯欲しいな.

☑ She felt like crying. ｜ ▶彼女は泣きたい気分だった.

☑ チャンク perceive the need for Ⓐ ｜ Ⓐ の必要性に気づく
☑ I perceived a change in her attitude. ｜ ▶私は彼女の態度の変化に気づいた.
☑ Brazil is perceived as the favorite to win the World Cup. ｜ ▶ブラジルはワールドカップの優勝候補筆頭と見なされている.

☑ チャンク smell sweet ｜ 甘い香りがする
☑ What does it smell of? ｜ ▶何のにおいがしますか？

☑ This flower has a sweet smell. ｜ ▶この花は甘い香りがする.

☑ チャンク taste good ｜ おいしい味がする
☑ This coffee tastes bitter. ｜ ▶このコーヒーは苦い(味がする).

☑ The cake has a taste of banana. ｜ ▶そのケーキはバナナの味がする.

☑ チャンク rise to power ｜ 権力の座に上る
☑ Hot air rises. ｜ ▶暖かい空気は上昇する.

☑ There was a sharp rise in prices last year. ｜ ▶去年物価が大幅に上昇した.

☑ The words gave rise to a fight. ｜ ▶その言葉がけんかを引き起こした.

☑ チャンク Raise your hand. ｜ 手を挙げなさい.
☑ He raised his head from the pillow. ｜ ▶彼はまくらから頭を上げた.
☑ We raised money for a charity. ｜ ▶私たちは慈善活動のためにお金を集めた.
☑ She raised three children. ｜ ▶彼女は3人の子どもを育てた.

☑ チャンク at a height of Ⓐ ｜ Ⓐ の高度で
☑ What's the height of Mt. Fuji? ｜ ▶富士山の高さはどれくらいですか？

選択・決定

50 ☑ **choose**
[tʃúːz]
過去 chose
過分 chosen
A1

動 (たくさんのものの中から)…を選ぶ
関連 choice 選択
→ 【choose Ⓐ from Ⓑ】Ⓑの中からⒶを選ぶ
→ 【choose to *do*】…することを選ぶ

51 ☑ **decide**
[disáid]
A2

動 (よく考えて)…を決心する, 決める
関連 decision 決定, decisive 決定的な
→ 【decide to *do*】…することを決心する
→ 【decide between Ⓐ】Ⓐのうちどちらかに決める

52 ☑ **determine**
[ditə́ːrmin]
B1

動 ❶ (公式に)…を決定する；…に(決定的な)影響を与える
関連 determination 決意, determined 決意した
❷ 〈原因・事実などを〉特定する, 確認する

重要・重大

53 ☑ **serious**
[síəriəs]
B1

形 ❶ 〈問題などが〉重大な, 深刻な
❷ 本気の, まじめな
関連 seriously まじめに

54 ☑ **significant**
[signífikənt]
A2

形 (影響力があり)重要な
関連 significance 重要性,
significantly 意義
深いことに
対義 insignificant 取るに足りない

55 ☑ **major**
[méidʒər]
A2

形 (規模などが大きいため)主要な, 重大な
関連 majority 大多数

動 〈学問を〉専攻する
→ 【major in Ⓐ】Ⓐを専攻する

56 ☑ **minor**
[máinər]
B1

形 (規模などが小さく)重要でない, 重大でない
関連 minority 少数(派)

名 (法律上の)未成年者(◆18歳未満を指すことが多い)

☑ **チャンク** choose **the best one** | いちばんいいものを選ぶ

☑ You can **choose** any color **from** the list. | ▶リストの中からどの色でもお選びください.

☑ I **chose** to learn French. | ▶私はフランス語を学ぶことにした.

☑ **チャンク** decide **what to do** | **何をするか決める**

☑ She **decided to** accept the offer. | ▶彼女はその申し出を受けることに決めた.

☑ **Decide between** being a lawyer or a teacher. | ▶弁護士と教師のどちらになるか決めなさい.

☑ **チャンク** determine **our future** | **将来を決める**

☑ Location **determines** success. | ▶場所によって成功が決まる(⑩ 成功するかどうかに影響を与える).

☑ They **determined** the cause of the accident. | ▶彼らは事故の原因を特定した.

☑ **チャンク** a serious **situation** | **深刻な状況**

☑ The medicine once caused a **serious** problem. | ▶その薬はかつて重大な問題を引き起こした.

☑ "Are you **serious**?" "I am." | ▶「本気なの?」「本気だよ」

☑ **チャンク** a significant **difference** | **重要な違い**

☑ That was **significant** progress in science. | ▶それは科学における重要な進歩だった.

☑ **チャンク** a major **factor** | **主な要因**

☑ The use of drugs is a **major** problem in the US. | ▶麻薬使用は米国において重大な問題だ.

☑ I **majored in** history in college. | ▶私は大学で歴史を専攻した.

☑ **チャンク** minor **changes** | **少しの修正**

☑ The child escaped with only **minor** injuries. | ▶その子どもは少々のけがだけで難を逃れた.

☑ **Minors** are not allowed to enter. | ▶未成年者は入場不可だ.

23

教育·訓練

57 ☐ **education**
[èdʒəkéiʃn]
A2

名 (学校) 教育
関連 educational 教育の, educate 教育する

58 ☐ **train**
[tréin]
A2

動 (仕事などのために)…を訓練する；訓練を受ける
関連 training 訓練
👉 **【train Ⓐ as Ⓑ】** ⒷになるようⒶを訓練する
👉 **【be training to be Ⓐ】** Ⓐになるための訓練を受けている

A1

名 (2両以上連結した) 列車, 電車

59 ☐ **graduate**
動 [grǽdʒuèit]
名 [grǽdʒuit]
発音
A2

動 〈学校などを〉卒業する
関連 graduation 卒業
👉 **【graduate from Ⓐ】** Ⓐを卒業する

B1

名 (学校などの) 卒業生

ふつう·通常

60 ☐ **common**
[kámən]
A2

形 (人々·社会などにとって) 共通の, ふつうの
関連 commonly 広く
対義 uncommon 珍しい
👉 **【it is common for Ⓐ to do】**
Ⓐにとって…するのはふつうだ

61 ☐ **normal**
[nɔ́ːrml]
A2

形 (状態などが) ふつうの, 正常な
関連 normally 通常は
対義 abnormal 異常な
👉 **【it is normal for Ⓐ to do】**
Ⓐにとって…するのはふつうだ

62 ☐ **ordinary**
[ɔ́ːrdənèri]
B1

形 (特に変わった点がなく) (ごく) ふつうの, 通常の, ありふれた
対義 extraordinary 並はずれた

63 ☐ **regular**
[régjələr]
A2

形 (活動などが) 規則正しい, 定期的な
関連 regularly 規則的に, regulate 規制する
対義 irregular 不規則な

64 ☐ **routine**
[ruːtíːn]

形 (仕事·活動などが) 決まりきった

☑ チャンク the education **system**　　教育制度
☑ He received an elementary school education in the US.　　▶彼はアメリカで初等教育を受けた.

☑ チャンク a well-**trained** horse　　よく訓練された馬
☑ He **trained** me **as** an architect.　　▶彼は私を建築家になるよう訓練した.

☑ Spot **is training to** be a service dog.　　▶スポットは介助犬になる訓練を受けている.

☑ I missed the last **train**.　　▶私は最終列車に乗り遅れた.

☑ チャンク graduate **from college**　　大学を卒業する
☑ She **graduated from** high school in 2012.　　▶彼女は 2012 年に高校を卒業した.

☑ Bill is a Harvard **graduate**.　　▶ビルはハーバード大学の卒業生だ.

☑ チャンク common **knowledge**　　共通の知識, 常識
☑ **It's common for** children to experience small injuries.　　▶子どもにとって小さなけがをするのはふつうのことだ.

☑ チャンク back to a normal **life**　　ふつうの生活に戻って
☑ **It's normal for** koalas to sleep about 18 hours.　　▶約 18 時間寝るのはコアラにとってふつうのことだ.

☑ チャンク ordinary **life**　　ふつうの生活
☑ I started the engine in the **ordinary** way.　　▶私はいつものようにエンジンをかけた.

☑ チャンク a regular **job**　　定職
☑ He makes **regular** visits to his dentist.　　▶彼は定期的に歯医者に行っている.

☑ チャンク a routine **check**　　定期点検
☑ Going to the gym on Sunday morning is my **routine** activity.　　▶私は日曜の午前にジムに通うことを習慣(📖 決まりきった行動)にしている.

文化・文明

65 ☑ **culture**
[kʌ́ltʃər] **A1**

名 (地域・年代などに独特の)文化
関連 **cultural** 文化の

66 ☑ **civilization**
[sìvələzéiʃn] **B1**

名 (特定の時期・場所で発達した)文明
関連 **civil** 市民の, **civilize** 文明化する

67 ☑ **industry**
[índəstri]
🔊 アクセント **B1**

名 (主に工場生産を基盤とする)産業
関連 **industrial** 産業の

付ける・付く

68 ☑ **follow**
[fálou] **A2**

動 1 〈前を行く人の〉後について行く
2 (時間的に)…の次に起こる
関連 **following** 次の

69 ☑ **accompany**
[əkʌ́mpəni] **B1**

動 1 〈人に〉同行する, 付き添う

2 〈歌手などの〉伴奏をする

70 ☑ **attach**
[ətǽtʃ] **B1**

動 …を(別の物に)はりつける, 取りつける
対義 **detach** 分離する
→ 【attach Ⓐ to Ⓑ】ⒶをⒷにはりつける

個人

71 ☑ **individual** **B1**
[ìndəvídʒuəl]

形 (集団に対して)個人の, 個々の

B2

名 (集団に対して)個人

72 ☑ **personal**
[pə́:rsənl] **A1**

形 個人的な, 私的な
関連 **person** 人, **personally** 自分としては

73 ☑ **identity**
[aidéntəti] **B1**

名 1 (人物の)身元, 正体
関連 **identify** 見分ける
2 アイデンティティー, (真の)自己
関連 **identical** (外見も中身も)全く同じ

STAGE 1

☑ チャンク **Western** culture | 西洋文化
☑ It's fun to learn about a new **culture**. | ▶新しい文化を学ぶのは楽しい.

☑ チャンク **modern** civilization | 現代文明
☑ I'm studying the ancient **civilization** of Maya. | ▶私は古代マヤ文明を研究している.

☑ チャンク the tourist **industry** | 観光産業
☑ He is working in the construction **industry**. | ▶彼は建設業で働いている.

☑ チャンク follow **closely behind** | すぐ後からついて行く
☑ Please **follow** the guide. | ▶ガイドの後について行ってください.
☑ A party **followed** the ceremony. | ▶式の後にパーティーが行われた.

☑ チャンク be **accompanied** by parents | 両親に付き添われる
☑ In Seoul, an interpreter **accompanied** us. | ▶ソウルでは通訳が我々に同行した.
☑ Richard **accompanied** Karen on the piano. | ▶リチャードはピアノでカレンの伴奏をした.

☑ チャンク **attach** the label to your package | 小包にラベルをはる
☑ Please **attach** your photo **to** the application form. | ▶応募用紙にあなたの写真をはりつけてください.

☑ チャンク **individual** needs | 個人の必要性
☑ The law must respect **individual** rights. | ▶法律は個人の権利を尊重しなければならない.
☑ He always treats his students as **individuals**. | ▶彼は生徒たちをいつも個人として扱う.

☑ チャンク a **personal** opinion | 個人の意見
☑ May I ask you a **personal** question? | ▶個人的な質問をしてもいいですか?

☑ チャンク **proof** of identity | 身元を証明するもの
☑ The man proved his **identity** by showing his passport. | ▶その男性はパスポートを見せて身元を証明した.
☑ She has established her **identity**. | ▶彼女はアイデンティティーを確立した.

数・量

74 ☑ **increase** `A2`
動 [inkríːs]
名 [ínkriːs]
🔊 アクセント `B1`

動〈数・量などが〉増える；〈数・量などを〉増やす
関連 **increasingly** ますます

名 (数・量の)増加，増大

---

75 ☑ **decrease** `B1`
動 [dikríːs]
名 [díːkriːs]
🔊 アクセント `B1`

動〈数・量などが〉減る；〈数・量などを〉減らす

名 (数・量などの)減少，縮小

---

76 ☑ **add**
[ǽd]
`A1`

動〈情報・調味料・数量などを〉(…に)加える，足す
(to ...)
関連 **addition** 足し算，**additional** 追加の
☞ 【add Ⓐ to Ⓑ】ⒶをⒷに加える

---

77 ☑ **reduce**
[ridjúːs] `B1`

動〈数量などを〉減らす
関連 **reduction** 減少(量)

---

78 ☑ **amount** `B1`
[əmáunt]

名 (金・時間・物質などの)量(◆quantity と同義)

動〈数量などが〉総計(…に)なる(to ...)

探す・見つける

79 ☑ **search** `B1`
[sə́ːrtʃ]

動〈場所などを〉(注意深く)捜す，探す
☞ 【search for Ⓐ】Ⓐを捜す，探す

`A2` 名 (…の)捜索，調査(for ...)

---

80 ☑ **in search of ...**

…を捜して，探し求めて

---

81 ☑ **seek**
[síːk]
過去・過分 sought

動 ❶〈仕事・情報などを〉探す；〈助けなどを〉求める
❷ (…しようと)努める(to do)(◆try と同義)

`A2` ☞ 【seek to do】…しようと努める

---

82 ☑ **discover**
[diskávər]

動〈未知のもの・場所などを〉発見する
関連 **discovery** 発見

`A2`

☑ チャンク increase **in value** | 価値が増す
☐ Sales of the product **increased** by 15 percent. | ▶その商品の売り上げは 15 パーセント増えた.
☐ Bike accidents are on the **increase**. | ▶自転車事故が増加している.

☑ チャンク decrease **the risk** | 危険性を低下させる
☐ Farmers are **decreasing** in number. | ▶農業従事者の数は減ってきている.
☐ Oil prices are on the **decrease**. | ▶石油の価格は下がってきている.

☑ チャンク add **to the price** | 価格に付加する
☐ I'll **add** your name **to** the list. | ▶あなたの名前をリストに加えましょう.

☑ チャンク reduce **the amount** | 量を減らす
☐ We are trying to **reduce** costs. | ▶我々は経費を節減しようとしている.

☑ チャンク a large **amount of money** | かなりの額の金
☐ What's a good **amount** of sleep? | ▶適度な睡眠時間(⑩ 睡眠の量)はどれくらいか?
☐ The money collected **amounted to** 1,000 dollars. | ▶集められたお金は(総額)1,000 ドルになった.

☑ チャンク search **the Internet** | ネットを検索する
☐ The police are **searching for** the car. | ▶警察はその車を捜している.
☐ The **search for** survivors is going on. | ▶生存者の捜索は続いている.
☐ They went **in search of** a blue bird. | ▶彼らは青い鳥を探しに出かけた.

☑ チャンク seek **advice** | 助言を求める
☐ We **sought** shelter under a big tree. | ▶私たちは大きな木の下に避難した(⑩ 避難場所を求めた).
☐ Locals **sought to** protect the river. | ▶地元民は川を守ろうとした.

☑ チャンク discover **the truth** | 真実を知る
☐ Who **discovered** Machu Picchu? | ▶マチュピチュを発見したのはだれですか?

移動・動き

83 ☑ **move**
[múːv]

A2　**動** **1** 動く；…を動かす
　　関連 movement 動き
　　2 （…に）引っ越す(to ...)
　　3 〈人を〉感動させる(◆しばしば受身で)
　　➤ 【be moved by Ⓐ】Ⓐに感動する

A1　**名** 動き

---

84 ☑ **advance**
[ədvǽns]

B2　**名** (技術などの)進歩

B1　**動** **1** (攻撃などのために)(…へ)前進する,
　　進む(to ...)
　　2 〈技術などが〉進歩する

---

85 ☑ **in advance**

前もって, あらかじめ

---

86 ☑ **shift**
[ʃíft]

B1　**動** …を(元の位置から)移す
　　➤ 【shift Ⓐ from Ⓑ to Ⓒ】ⒶをⒷからⒸに
　　移す

B2　**名** (人や状況などの)変化(in ...)

助ける

87 ☑ **save**
[séiv]

動 **1** (危険などから)…を救う, 助ける
　　➤ 【save Ⓐ from Ⓑ】ⒷからⒶを救う
　　2 〈お金を〉ためる
　　➤ 【save Ⓐ for Ⓑ】Ⓑのために Ⓐ(お金)を
　　ためる
　　3 〈お金・時間・資源などを〉節約する
　　関連 saving 節約
　　対義 waste むだに使う
A1　➤ 【save Ⓐ Ⓑ】ⒶにⒷを節約させる

---

88 ☑ **contribute**
[kəntríbjuːt]
🔊 アクセント

動 **1** 〈お金などを〉寄付する；〈情報などを〉提供する
　　関連 contribution 寄付
　　➤ 【contribute Ⓐ to Ⓑ】ⒶをⒷに寄付する
　　2 (成功などに)貢献する
　　➤ 【contribute to Ⓐ】Ⓐに貢献する

B1

☑ 🗨チャンク can't move **an inch**	**少しも動けない**
☐ Watch out! The train's **moving**.	▶気をつけて. 電車が動いているよ.
☐ He **moved** from New York **to** Seattle.	▶彼はニューヨークからシアトルに引っ越した.
☐ I **was** really **moved by** the movie.	▶私はその映画にとても感動した.
☐ Jim made a **move** toward the end line.	▶ジムはエンドラインの方へ動いた.

☑ 🗨チャンク **scientific advance**	**科学の進歩**
☐ The Internet business is making a rapid **advance**.	▶インターネットビジネスは急速な進歩を遂げている.
☐ The soldiers **advanced to** the hill.	▶兵士たちは丘へ前進した.
☐ Information technology has **advanced** greatly in the last few years.	▶ここ数年で情報技術は大いに進歩した.
☐ Please read this book **in advance**.	▶前もってこの本を読んでおいてください.

☑ 🗨チャンク **shift from foot to foot**	**片足からもう一方に(体重を)移す**
☐ He **shifted** his eyes **from** me **to** Lisa.	▶彼は視線を私からリサに移した.
☐ There was a big **shift in** his behavior.	▶彼の態度に大きな変化があった.

☑ 🗨チャンク **save my life**	**私の命を救う**
☐ She **saved** me **from** danger.	▶彼女は私を危険から救ってくれた.
☐ He's **saving** money **for** a guitar.	▶彼はギターを買うためにお金をためている.
☐ You can **save** energy by using these products.	▶これらの製品を使うことでエネルギーを節約できます.
☐ This robot **saves** me a lot of work.	▶このロボットのおかげでずいぶん仕事が減る(⦿ 多くの労働を節約させる).

☑ 🗨チャンク **contribute ideas**	**アイディアを提供する**
☐ The singer **contributed** 10,000 dollars **to** the fund.	▶その歌手は基金に 1 万ドルを寄付した.
☐ The company **contributes to** the community.	▶その会社は地域に貢献している.

必要・要求

89 ☑ **require**
[rikwáiər]
B1

動 **1** …を必要とする
関連 **requirement** 必要条件
2 (規則などによって)…を命じる
🔊 【**be required to** *do*】…することを
要求される

90 ☑ **demand**
[dimǽnd]
B1

名 要求；(商品・サービスの)需要

B1

動 (権利として)…を要求する

成功・失敗・損失

91 ☑ **succeed**
[səksíːd]
A2

動 **1** 成功する
関連 **success** 成功，**successful** 成功した
🔊 【**succeed in ④**】**④**に成功する
2 〈仕事などを〉継ぐ(to ...)
関連 **succession** 連続，**successor** 後継者

92 ☑ **fail**
[féil]
A2

動 **1** 失敗する
関連 **failure** 失敗
🔊 【**fail in ④**】**④**に失敗する
🔊 【**fail to** *do*】…することができない
2 〈試験に〉落ちる

93 ☑ **mistake**
[mistéik]
過去 mistook
過分 mistaken
A2

名 誤り，ミス

動 …を誤解する
🔊 【**mistake ④ for ⑤**】**④**を**⑤**と間違える

94 ☑ **by mistake**

誤って，間違って

95 ☑ **error**
[érər]
A2

名 (計算などの)誤り，間違い

96 ☑ **loss**
[lɔ́ːs]
B1

名 損失，失うこと
関連 **lose** 失う
対義 **profit** 利益

97 ☑ **at a loss**

途方にくれて

☑ チャンク **require experience**	経験を必要とする
☑ Teaching **requires** communication skills.	▶教えるためにはコミュニケーション術が必要だ.
☑ All students **are required to** take the exam.	▶すべての学生はその試験を受けなくてはならない(◉ 受けることを要求される).
☑ チャンク **on demand**	要求がありしだい
☑ Supply and **demand** are closely connected.	▶需要と供給は密接に関連している.
☑ My cat always **demands** attention.	▶私の猫はいつも注目を要求する.

☑ チャンク **succeed in business**	仕事で成功する
☑ He **succeeded in** losing weight.	▶彼は体重を落とすことに成功した.
☑ His son **succeeded to** the position of manager.	▶彼の息子が経営者の地位を引き継いだ.
☑ チャンク **fail in his attempt**	彼の試みに失敗する
☑ They **failed in** their efforts to encourage her.	▶彼らは彼女を励まそうとしたが(◉ 励まそうとする努力に), 失敗した.
☑ I **failed to** call him back.	▶私は彼に電話をかけ直すことができなかった.
☑ I **failed** a math exam.	▶私は数学の試験に落ちた.
☑ チャンク **make the same mistake**	同じ間違いをする
☑ Your report is full of careless **mistakes**.	▶君の報告書はうっかりミスだらけだ.
☑ He **mistook** her tears.	▶彼は彼女の涙を誤解した.
☑ We **mistook** him **for** a famous actor.	▶私たちは彼を有名な俳優と間違えた.
☑ I took someone else's umbrella **by mistake**.	▶私は間違ってだれかほかの人の傘を持ってきてしまった.
☑ チャンク **a human error**	人為的ミス
☑ I made an **error** in judgment.	▶私は判断ミスをした.
☑ チャンク **loss of interest**	興味を失うこと
☑ The company made a **loss** of one million dollars.	▶その会社は 100 万ドルの損失を出した.
☑ We were completely **at a loss**.	▶私たちはすっかり途方にくれていた.

つなぎ言葉

98 □ whether
[hwéðər]

接 **1** …すべきか
☞ 【whether to *do* or not】…すべきか
2 …かどうか(◆if と同義だが whether のほうが形式ばっている)
☞ 【whether ... or not】…かどうか
3 …であろうとなかろうと
☞ 【whether ... or not】…であろうとなかろうと
☞ 【whether **Ⓐ** or **Ⓑ**】**Ⓐ** であろうと **Ⓑ** であろうと

B1

99 □ unless
[ənlés]

接 (もし)…しなければ(◆if ... not と同義だが unless のほうが形式ばっている)

B1

姿・形

100 □ form
[fɔ́ːrm]

A1 名 **1** (物体の)形;(…の)形態(of ...)
関連 formation 形成
2 (書き込み)用紙

B1 動 **1** (自然作用などにより)…を形作る

2 〈集団などを〉結成する

101 □ shape
[ʃéip]

A2 名 **1** (外から見た)形

2 (身体・機械などの)状態, 調子(◆condition と同義)

B1 動 …を形作る
☞ 【shape **Ⓐ** into **Ⓑ**】**Ⓐ** を **Ⓑ** に形作る

102 □ fat
[fǽt]

A1 形 〈人・動物などが〉太った(◆失礼な言い方;人に対しては overweight を用いるほうがよい)
対義 thin やせた

B2 名 (皮下)脂肪

103 □ ugly
[ʌ́gli]

形 **1** (外見が)醜い, 見苦しい
対義 beautiful 美しい
2 〈出来事などが〉不快な

A1

STAGE 1

☑ **チャンク** whether or not **Ⓐ**　Ⓐ かどうか（Ⓐ が長い節の場合，or not の後ろにくる）

☑ I don't know **whether** to believe you **or not**.
▶あなたを信じるべきかどうか分かりません．

☑ **Whether** he agrees **or not** is the question.
▶彼が賛成するかどうかが問題だ．

☑ The news will be announced **whether** you like it **or not**.
▶望んでも望まなくてもそのニュースは発表される．

☑ It doesn't matter **whether** you go **or** stay.
▶君が行こうが行くまいがどうでもいい．

☑ **チャンク** unless absolutely necessary　**ほんとうに必要でなければ**

☑ **Unless** you come with me, I won't go.
[≒ **If** you **don't** come with me, I won't go.]
▶あなたがいっしょに来てくれなければ，私は行きません．

☑ **チャンク** a round form　**丸い形**

☑ Music is a **form** of art.
▶音楽は芸術の 1 つの形態だ．

☑ Please send the order **form** by e-mail.
▶メールで注文用紙を送ってください．

☑ This jungle was **formed** more than 2,000 years ago.
▶このジャングルは 2,000 年以上前にできた．

☑ They **formed** a club of their own.
▶彼らは彼ら自身のクラブを結成した．

☑ **チャンク** take shape　**形になる**

☑ The fish has the **shape** of a star.
▶その魚は星の形をしている．

☑ My car is in good **shape**.
▶私の車は状態がいい．

☑ **Shape** the rice **into** a ball.
▶ごはんをボールの形にしなさい．

☑ **チャンク** a fat dog　**太った犬**

☑ You'll get **fat** if you eat all of them.
▶それ全部食べると太るよ．

☑ This meat has too much **fat**.
▶この肉は脂肪が多すぎる．

☑ **チャンク** an ugly face　**醜い顔**

☑ What is that **ugly** building?
▶あの見苦しい建物は何？

☑ An **ugly** incident happened to them.
▶不快な出来事が彼らに起こった．

35

海・陸

104 ☐ **continent** [kántənənt] **A2**	名 大陸(◆アジア・アフリカ・北米・南米・南極・ヨーロッパ・オーストラリアのうちの1つ)
105 ☐ **coast** [kóust] **A2**	名 海岸 関連 **beach** 浜
106 ☐ **shore** [ʃɔ́ːr] **A2**	名 (湖や海の)岸
107 ☐ **sail** [séil] **B2**	動 〈船が〉帆走する;航海する 関連 **sailor** 船員 名 (船の)帆

環境・自然

108 ☐ **nature** [néitʃər] **A2**	名 **1** 自然 関連 **natural** 自然の, **naturally** 当然 **2** 本質, 性質
109 ☐ **by nature**	生まれつき
110 ☐ **ecology** [ikálədʒi] **B1**	名 生態学, エコロジー(◆生物と生活環境の関係を研究する学問) 関連 **ecological** 環境保護の, **ecosystem** 生態系
111 ☐ **pollute** [pəlúːt] **A2**	動 〈水・空気・土壌などを〉汚染する 関連 **pollutant** 汚染物質, **pollution** 汚染 🔗 【pollute **Ⓐ** with **Ⓑ**】**Ⓐ**を**Ⓑ**で汚染する
112 ☐ **environment** [enváirənmənt] **B2**	名 **1** (人間が生活を営む)環境 **2** 自然環境 関連 **environmental** 環境の
113 ☐ **conservation** [kànsərvéiʃn] **B1**	名 (自然環境などの)保護 関連 **conserve** 保存する, 保護する **conservative** 保守的な
114 ☐ **emission** [imíʃn]	名 (気体などの)排出(量) 関連 **emit** 排出する

STAGE 1

☑ チャンク **the Asian** continent | アジア大陸
☑ It's said that the **continents** were once connected. | ▶大陸はかつてつながっていたとされる.

☑ チャンク **the east** coast | 東海岸
☑ The road runs along the **coast**. | ▶その道路は海岸に沿って走っている.

☑ チャンク **swim to the** shore | 岸まで泳ぐ
☑ We walked along the **shore**. | ▶私たちは岸辺を散歩した.

☑ チャンク **sail** around the world | 船で世界中を旅する
☑ The yacht **sailed** against the wind. | ▶ヨットは風に逆らって帆走した.

☑ Raise the **sails**! | ▶帆を揚げよ!

☑ チャンク **the laws of** nature | 自然の法則
☑ You can enjoy the beauties of **nature** there. | ▶そこでは自然の美を堪能できます.
☑ It's not in her **nature** to be shy. | ▶はずかしがるのは彼女の性分ではない.

☑ The boy loves adventure by **nature**. | ▶その少年は生まれつき冒険好きだ.

☑ チャンク **animal** ecology | 動物生態学
☑ I'm interested in plant **ecology**. | ▶私は植物生態学に興味がある.

☑ チャンク **pollute the water** | 水を汚染する
☑ The factory **polluted** the air with smoke. | ▶その工場は煤(ばい)煙で大気を汚染した.

☑ チャンク **the natural** environment | 自然環境
☑ The **environment** affects all our lives. | ▶環境は私たちの生活すべてに影響を及ぼす.
☑ What damages the **environment**? | ▶自然環境を壊すものは何か?

☑ チャンク **wildlife** conservation | 野生生物保護
☑ She talked about forest **conservation**. | ▶彼女は森林保護について話した.

☑ チャンク **emission** controls | 排出規制
☑ We must reduce carbon dioxide **emissions**. | ▶私たちは二酸化炭素の排出量を減らさなければならない.

基本単語頻出構文

115 ☑ **have** ⏎p. 40 道場
[hǽv]
過去・過分 had

動 **1** …を…させる, してもらう
☞**【have Ⓐ** *done***】Ⓐ**を…させる, してもらう
2 …を…される
☞**【have Ⓐ** *done***】Ⓐ**を…される
3 …に(頼んで)…してもらう
☞**【have Ⓐ** *do***】Ⓐ**に…してもらう

Ⓐ1

116 ☑ **make** ⏎p. 41 道場
[méik]
過去・過分 made

動 **1** …に(強制的に)…させる(◆force と同義)
☞**【make Ⓐ** *do***】Ⓐ**に…させる
2 …を(…の状態に)する
☞**【make Ⓐ Ⓑ】Ⓐ**を**Ⓑ**(の状態)にする

☞**【make Ⓐ** *done***】Ⓐ**を…されるようにする

Ⓐ1

117 ☑ **get** ⏎p. 72 道場
[gét]
過去 got
過分 got, gotten

動 **1** …を得る, 手に入れる
☞**【get Ⓐ Ⓑ】**または**【get Ⓑ for Ⓐ】Ⓐ**のため
に**Ⓑ**を手に入れる
2 (ある状態に)なる
☞**【get Ⓐ】Ⓐ**になる
3 …を(ある状態に)する
☞**【get Ⓐ Ⓑ】Ⓐ**を**Ⓑ**にする
4 (説得するなどして)…に…させる
☞**【get Ⓐ to** *do***】Ⓐ**に…させる
5 (頼んで)…を…してもらう
☞**【get Ⓐ** *done***】Ⓐ**を…してもらう

Ⓐ1

118 ☑ **see** ⏎p. 107 道場
[síː]
過去 saw
過分 seen

動 …が見える, …を見る(◆「自然に目に入る」という
意味合いがある)
☞**【see Ⓐ** *do***】Ⓐ**が…するのを見る
☞**【see Ⓐ** *do***ing】Ⓐ**が…しているのを見る

Ⓐ1

☐ Can I **have** my baggage **carried** to my room? ▶荷物を部屋まで運んでいただけますか？

☐ I **had** my suitcase **stolen** at the airport. ▶私は空港でスーツケースを盗まれた.

☐ I **had** my brother repair my bicycle. ▶私は弟に自転車を修理してもらった.

☐ My teacher **made** me rewrite the paper. ▶先生は私にレポートを書き直させた.

☐ The news **made** me happy. ▶その知らせを聞いて私はうれしくなった（◉ 私をうれしくさせた）.

☐ I spoke louder to **make** myself **heard**. ▶私は聞こえるように（◉ 自分の声が聞かれるように）もっと大きな声で話した.

☐ I **got** him the concert ticket. [≒ I **got** the concert ticket **for** him.] ▶私は彼のためにそのコンサートのチケットを入手した.

☐ The days **get** shorter and shorter in the fall. ▶秋になるとだんだん日が短くなる.

☐ Don't **get** your clothes dirty. ▶服を汚さないでね（◉ 汚くするな）.

☐ I **got** my father **to** stop smoking. ▶私は父に喫煙をやめさせた.

☐ I **got** my hair **cut** short. ▶私は髪を短くしてもらった.

☐ I **saw** her run onto the train. ▶私は彼女が駆け込み乗車をするのを見た.

☐ I **saw** him **sleeping** on the train. ▶私は彼が電車内で眠っているのを見た.

have [hǽv]

→p. 38

コアイメージ 「何かをもっている」

[have + 名詞] ランキング

☐ S14 **第1位** have time
▶ 時間がある

☐ I have a lot of time to study English today.
▶ 私は今日，英語を勉強する時間がたくさんある.

☐ S15 **第2位** have an effect
▶ 効果がある

☐ Eating vegetables has a good effect on our health.
▶ 野菜を食べることには，健康にいい効果がある.

☐ S16 **第3位** have a way
▶ 方法がある

☐ We have no way of finding out the cause of the accident.
▶ 私たちにはその事故の原因を知る方法はない.

☐ S17 **第4位** have a problem
▶ 問題がある

☐ I have a problem with my computer.
▶ 私のコンピュータには問題がある.

☐ S18 **第5位** have an idea
▶ アイディアがある

☐ I have a good idea.
▶ 私にいいアイディアがある.

make [méik] →p. 38

コアイメージ 「手を加えて新たな物や状態をつくる」

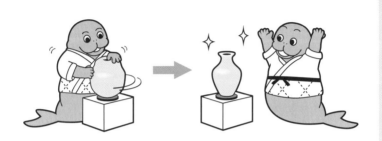

🏆 [make + 名詞] ランキング(行為を表す)

☐ **S19 第1位 make use of ...** ▶ …を使う；…を利用する

☐ Make good use of your time. ▶ 時間を有効に使いなさい.

☐ **S20 第2位 make sense** ▶ 意味を成す

☐ His story does not make sense to me. ▶ 彼の話は全く意味を成さない.

☐ **S21 第3位 make one's way** ▶ 進む；成功する

☐ I made my way through the crowd. ▶ 私は人ごみをかき分けて進んだ.

☐ **S22 第4位 make progress** ▶ 進歩する

☐ The student made great progress in English. ▶ その生徒の英語は大きく進歩した.

☐ **S23 第5位 make a decision** ▶ 決断を下す

☐ The mayor made a decision immediately. ▶ 市長は速やかに決定を下した.

2. 身体

体 Body

頭部 Head

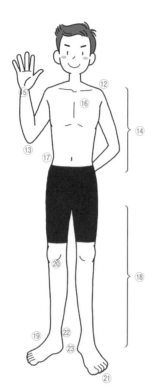

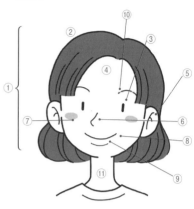

S24 ☑ ① 顔　　**face**[féis]
S25 ☑ ② 髪　　**hair**[héər]
S26 ☑ ③ 目　　**eye**[ái]
S27 ☐ ④ 額　　**forehead**[fɔ́:rid]
S28 ☑ ⑤ 耳　　**ear**[íər]
S29 ☑ ⑥ 鼻　　**nose**[nóuz]
S30 ☑ ⑦ ほお　**cheek**[tʃí:k]
S31 ☑ ⑧ 口　　**mouth**[máuθ]
S32 ☑ ⑨ 唇　　**lip**[líp]
S33 ☑ ⑩ 眉毛　**eyebrow**[áibràu]
S34 ☑ ⑪ 首　　**neck**[nék]

S35 ☐ ⑫ 肩　　　　　　　**shoulder**[ʃóuldər]
S36 ☑ ⑬ ひじ　　　　　　**elbow**[élbou]
S37 ☑ ⑭ 腕　　　　　　　**arm**[á:rm]
S38 ☑ ⑮ 手首　　　　　　**wrist**[ríst]
S39 ☑ ⑯ 胸　　　　　　　**chest**[tʃést]
S40 ☑ ⑰ ウエスト，腰　　**waist**[wéist]
S41 ☑ ⑱ 脚　　　　　　　**leg**[lég]
S42 ☑ ⑲ 足　　　　　　　**foot**[fút]
S43 ☐ ⑳ ひざ　　　　　　**knee**[ní:]
S44 ☑ ㉑ つま先　　　　　**toe**[tóu]
S45 ☑ ㉒ 足首　　　　　　**ankle**[ǽŋkl]
S46 ☑ ㉓ かかと　　　　　**heel**[hí:l]

STAGE 2

平均単語レベル
高校標準

勝利・敗北

119 ☑ **win**
[wín]
過去・過分 won
A1

動 **1** 〈試合などに〉勝つ
関連 **winner** 勝者
2 〈賞品・勝利などを〉勝ち取る
関連 **winner** 受賞者

120 ☑ **lose**
[lúːz]
発音
過去・過分 lost
A2

動 **1** 〈試合などに〉負ける
関連 **loser** 敗者
【lose **A** to **B**】**A**で**B**に負ける
2 〈所持品などを〉失う, なくす
関連 **loss** 喪失
3 〈方角・人などを〉見失う

121 ☑ **defeat**
[difíːt]
B2

名 敗北

B1

動 〈相手を〉負かす, 打ち破る（◆beat と同義）

出版・メディア

122 ☑ **media**
[míːdiə]
発音
B2

名 (マス)メディア（◆新聞・雑誌・テレビ・インターネットなど）

123 ☑ **publish**
[pʌ́bliʃ]
A2

動 **1** 〈本などを〉出版する
関連 **publication** 出版, **publisher** 出版社
2 〈情報を〉公表する

124 ☑ **broadcast**
[brɔ́ːdkæst]
過去・過分 broadcast
B1

名 (ラジオ・テレビ番組の)放送, 放映

B2

動 〈ラジオ・テレビ番組を〉放送する, 放映する

125 ☑ **advertise**
[ǽdvərtàiz]
B1

動 〈商品・サービスなどを〉広告する, 宣伝する
関連 **advertisement** 広告

126 ☑ **author**
[ɔ́ːθər]
A2

名 (小説などの)著者, 作者, 作家

STAGE 2

☑ チャンク **win a race** / 競争に勝つ

☑ Who do you think will **win** the game? ▶だれが試合に勝つと思いますか？

☑ We **won** the championship last year. ▶去年私たちは優勝した(⑩ 選手権を獲得した).

☑ チャンク **lose** *one's* **weight** / 体重が減る

☑ Italy **lost** the final **to** Spain. ▶イタリアは決勝でスペインに敗れた.

☑ I **lost** my wallet somewhere. ▶どこかで財布をなくしてしまった.

☑ They **lost** their way in the forest. ▶彼らは森の中で道に迷った.

☑ チャンク **a heavy defeat** / 惨敗

☑ He didn't admit **defeat**. ▶彼は敗北を認めなかった.

☑ Germany **defeated** Argentina in the World Cup Final. ▶ワールドカップ決勝でドイツはアルゼンチンを破った.

☑ チャンク **the news media** / ニュースメディア

☑ The trial was widely reported in the **media**. ▶その裁判は広くメディアで報道された.

☑ チャンク **publish a book** / 本を出版する

☑ The magazine was first **published** in 1977. ▶その雑誌は 1977 年に創刊された(⑩ 初めて出版された).

☑ The results will be **published** soon. ▶結果は近々公表される.

☑ チャンク **a live broadcast** / 生放送

☑ I heard the news on a radio **broadcast**. ▶私はそのニュースをラジオ放送で聞いた.

☑ The game will be **broadcast** on TV tomorrow. ▶その試合はあすテレビで放送される.

☑ チャンク **advertise the product** / 商品を宣伝する

☑ The actors **advertised** the movie in various programs. ▶俳優たちはさまざまな番組でその映画を宣伝した.

☑ チャンク **the best-selling author** / ベストセラー作家

☑ She is the **author** of the popular series. ▶彼女がその人気シリーズの作者だ.

特別

127 ☐ **especially**
[ispéʃəli]
<kbd>A2</kbd>

副 特に

128 ☐ **particular**
[pərtíkjələr]
<kbd>B2</kbd>

形 ❶ 特定の；特にこの

❷ 特別の

関連 particularly 特に

129 ☐ **in particular**

特に

品質・状態

130 ☐ **state**¹
[stéit]
<kbd>A2</kbd>

名 ❶ (…の)状態, 状況(of ...)(◆悪い状態を意味することが多い)

❷ 国家

❸ (米国などの)州

🔖 state には「明確に述べる」という意味もあります.

131 ☐ **remain**
[riméin]
<kbd>A2</kbd>

動 ❶ (同じ状態の)ままでいる

関連 the remains 残り, 残りのもの

❷ 〈物・事などが〉残っている

🔜 【it remains to be done】まだ…されていない

132 ☐ **lean**
[líːn]
<kbd>B2</kbd>

動 ❶ 〈建物などが〉傾く, 曲がる

❷ (身体を傾けて)寄りかかる, もたれる

🔜 【lean against ❹】❹に寄りかかる

🔖 lean には「〈体つきが〉引き締まった」という意味もあります.

133 ☐ **raw**
[rɔ́ː]
🔊 発音
<kbd>A2</kbd>

形 ❶ 〈食品が〉生(ﾅﾏ)の(◆uncooked と同義)

❷ 〈原料・材料などが〉未加工の

134 ☐ **pure**
[pjúər]
<kbd>B1</kbd>

形 ❶ (要素が)純粋な, 混じり気のない

関連 purely まったく

対義 impure 純粋でない

❷ 〈水・空気などが〉清潔な, きれいな

☑ チャンク **especially important**　特に重要な
☑ I made this **especially** for you.　▶これは特にあなたのために作りました.

☑ チャンク **a particular person**　特定の人
☑ He paid **particular** attention to that patient.　▶彼はその患者に特に注意を払った.
☑ Is there a **particular** place you would like to visit?　▶どこか特に行きたい場所はありますか？
☑ He loves chocolate **in particular**.　▶彼は特にチョコレートが大好きだ.

STAGE 2

☑ チャンク **state of emergency**　緊急事態
☑ I was in a **state of** shock.　▶私はショックを受けた(状態だった).
☑ Russia is an oil **state**.　▶ロシアは産油国である.
☑ Hawaii was the last **state** to join the USA.　▶ハワイはアメリカ合衆国に最後に加わった州であった.

☑ チャンク **remain a secret**　秘密のままである
☑ The cause of the accident **remains** a mystery.　▶その事故の原因はなぞのままだ.
☑ Only a few seats **remain**.　▶席はわずかしか残っていない.
☑ **It remains to be seen** whether his plan will work.　▶彼の計画がうまくいくかどうかはまだ分からない.

☑ チャンク **lean forward**　前方に傾く
☑ The tower **leans** a little to the south.　▶その塔は南に少しだけ傾いている.
☑ Bob was **leaning against** a tree.　▶ボブは木に寄りかかっていた.

☑ チャンク **a raw egg**　生卵
☑ Japanese often eat **raw** fish.　▶日本人はよく生の魚を食べる.
☑ We import **raw** materials from overseas.　▶私たちは海外から原料(= 未加工の材料)を輸入している.

☑ チャンク **pure water**　きれいな水, 純水
☑ The shirt is made of **pure** cotton.　▶そのシャツは純綿だ.
☑ We enjoyed the **pure** air of the mountain.　▶私たちは山のきれいな空気を堪能した.

出会い

135 ☑ **meet**
[míːt]
過去・過分 met
A1

動 ❶（約束して）…と会う；（偶然）…に出会う
関連 meeting 会議
❷〈必要・要求を〉満たす

---

136 ☑ **encounter**
[inkáuntər]
B2
B1

動〈困難などに〉遭遇する

名（…との）（思いがけない）出会い(with ...)

部分・要素

137 ☑ **consist**
[kənsíst]
A2

動（部分・要素・材料などから）成り立つ
関連 consistent 一貫した
【consist of Ⓐ】Ⓐから成り立つ

---

138 ☑ **part**
[páːrt]
A2
B2

名 ❶（…の）一部分(of ...)
関連 partial 部分的な, **partly** 部分的に
対義 whole 全部
❷（活動・芝居などにおける）役(割)（◆role と同義）

動（人と）別れる
【part from Ⓐ】Ⓐと別れる

---

139 ☑ **in part**

ある程度

---

140 ☑ **take part in ...**

〈活動などに〉参加する

---

141 ☑ **factor**
[fæktər]
B2

名（…の）要因, 要素(in ...)

---

142 ☑ **element**
[éləmənt]
B1

名（基本的な）要素；元素
関連 elementary 初歩の,
elementary school 小学校

---

143 ☑ **item**
[áitəm]
A1

名（表などの）項目, 品目

---

144 ☑ **detail**
[ditéil]
A2

名（さほど重要ではない）細部, 詳細
関連 detailed 詳細な

☐ チャンク **meet you again** | あなたに再会する

☐ I'll **meet** you at the station. | ▶駅で会いましょう.

☐ The house is designed to **meet** the needs of elderly people. | ▶この家は高齢者のニーズに応えるよう設計されている.

☐ チャンク **encounter many difficulties** | たくさんの困難に遭遇する

☐ I **encountered** heavy rain yesterday. | ▶私はきのうひどい雨に遭った.

☐ My first **encounter with** Haruka was about 10 years ago. | ▶遥との最初の出会いは約 10 年前にさかのぼる.

☐ チャンク **consist of 5 members** | 5 人で構成されている

☐ Ice cream **consists** mainly **of** milk and cream. | ▶アイスクリームは主に牛乳とクリームでできている.

☐ チャンク **take part** | 参加する(⑩ 部分を担う)

☐ **Part of** the building was damaged in the earthquake. | ▶建物の一部が地震で損傷した.

☐ He played the **part of** Hamlet. | ▶彼はハムレットの役を演じた.

☐ He was forced to **part from** his girlfriend. | ▶彼は恋人と別れさせられた.

☐ You are **in part** responsible for it. | ▶それについては君にある程度責任がある.

☐ Let's **take part in** the contest. | ▶そのコンテストに参加しよう.

☐ チャンク **the key factor** | 重要な要因

☐ Smoking is a major **factor in** that disease. | ▶喫煙がその病気の主な要因だ.

☐ チャンク **natural element** | 天然元素

☐ Humor is an important **element** in society. | ▶ユーモアは社会における大切な要素だ.

☐ チャンク **food items** | 食料品

☐ This will be a big news **item**. | ▶これは大きなニュース記事(⑩ 項目)になるだろう.

☐ チャンク **in detail** | 詳細に

☐ Can you give me **details** of the project? | ▶そのプロジェクトの詳細を教えてもらえますか?

覚える・思い出す・忘れる

145 ☑ **remember**
[rimémbər]

動 …を覚えている；…を思い出す

➡ 【remember doing】…したのを覚えている

➡ 【remember to do】忘れずに…する

🖊 【remember doing】は「過去にしたことを覚えている」という意味です。一方，【remember to do】は「これから先のことを忘れずにする」という意味です。

A1

146 ☑ **forget**
[fərgét]
過去 forgot
過分 forgotten, forgot **A1**

動 …を忘れる

➡ 【forget doing】〈過去に〉…したのを忘れる

➡ 【forget to do】〈これから〉…するのを忘れる

147 ☑ **associate**
[əsóuʃièit]
B1

動 …から(…を)連想する，思い出す；…を(…と)結びつける(with ...)

148 ☑ **be associated with ...**

〈活動などに〉関わっている

思う・考える

149 ☑ **consider**
[kənsídər]
A2

動 〈問題などについて〉よく考える

関連 consideration 熟考

➡ 【consider Ⓐ (to be) Ⓑ】Ⓐ を Ⓑ であると見なす

150 ☑ **suppose**
[səpóuz] **B1**

動 (たぶん)…だと思う

151 ☑ **be supposed to** *do*

❶ (義務などのため)…することになっている

❷ …するはずである

152 ☑ **suspect**
動 [səspékt]
名 [sʌ́spekt]
🔊 アクセント
B2

動 ❶ 〈何か悪いことを〉…と思う

➡ 【suspect that ...】…ではないかと思う

❷ (真実性などに関して)…を疑う

関連 suspicious 疑い深い, suspicion 疑い

B1

名 (犯罪の)容疑者(for ...)

☑ チャンク **remember his name**	彼の名前を覚えている
☐ I can't **remember** what happened then.	▶その時何が起こったか思い出せない.
☐ I still **remember meeting** you here.	▶ここであなたに会ったことをまだ覚えています.
☐ Please **remember to** wake me up at six.	▶忘れずに6時に私を起こしてね.

☑ チャンク **forget the password**	パスワードを忘れる
☐ I can't **forget** the day I met you.	▶あなたに会った日のことは忘れられません.
☐ I'll never **forget visiting** this place.	▶この場所を訪れたことは決して忘れません.
☐ Don't **forget to** lock the door.	▶ドアにかぎをかけるのを忘れないでね.

☑ チャンク **associate sounds with letters**	音を文字と結びつける
☐ I **associate** the word "sea" **with** summer.	▶私は「海」という語から夏を連想する.
☐ They **are associated with** the environmental movement.	▶彼らは環境保護運動に関わっている.

STAGE 2

☑ チャンク **consider the fact**	その事実を考慮する
☐ We must **consider** the cost before buying a house.	▶家を買う前に費用についてよく考えなければならない.
☐ They all **considered** him (**to be**) a hero.	▶彼らはみな彼のことを英雄だと見なしていた.

☑ チャンク **You're not supposed to** *do*	(あなたは)…してはいけない
☐ I **suppose** he likes sweets.	▶彼は甘いものが好きだと思います.
☐ We **are supposed to** be at the meeting.	▶私たちは会議に出席することになっている.
☐ It **was supposed to** be a surprise party for her.	▶それは彼女のためのサプライズパーティーになるはずだった.

☑ チャンク **suspect food poisoning**	(症状から)食中毒ではないかと思う
☐ I **suspect that** he stole the money.	▶彼がその金を盗んだのではないだろうか.
☐ I **suspect** the truth of the report.	▶私はその報告の信憑(しんぴょう)性を疑っている.
☐ He is a **suspect for** the robbery.	▶彼はその強盗事件の容疑者だ.

51

与える

153 ☑ **provide**
[prəváid]

A2

動〈必要なものを〉供給する, …を与える
☞ 【provide **Ⓐ** with **Ⓑ**】または
　【provide **Ⓑ** for **Ⓐ**】**Ⓐ**に**Ⓑ**を供給する

---

154 ☑ **devote**
[divóut]

B2

動〈時間・努力などを〉ささげる
関連 devotion 献身
☞ 【devote **Ⓐ** to **Ⓑ**】**Ⓐ**を**Ⓑ**にささげる
☞ 【devote *oneself* to **Ⓐ**】**Ⓐ**に身をささげる

---

155 ☑ **offer**
[ɔ́:fər]

A2 **名**(…の)申し出, 提案

A2 **動**〈機会・援助・サービスなどを〉提供する
☞ 【offer **Ⓐ** **Ⓑ**】**Ⓐ**に**Ⓑ**を提供する

---

156 ☑ **supply**
[səplái]

B1 **名**(…の)供給(量)(of …)
対義 demand 需要

B2 **動**〈必要なものを〉供給する(◆provide と同義)
☞ 【supply **Ⓐ** with **Ⓑ**】または
　【supply **Ⓑ** to **Ⓐ**】**Ⓐ**に**Ⓑ**を供給する

割合・比率

157 ☑ **rate**
[réit]

A2 **名**(一定の期間における)率, 割合
関連 ratio 比率

B2 **動**…(の価値など)を評価する(◆value と同義)
☞ 【be rated as **Ⓐ**】**Ⓐ**と評価される

---

158 ☑ **proportion**
[prəpɔ́:rʃn]

名❶ (全体の中で占める)割合, 比率
関連 proportional 比例した
☞ 【proportion of **Ⓐ** to **Ⓑ**】**Ⓐ**の**Ⓑ**に対する
　割合

B1 ❷ (…の)部分(of …)

---

159 ☑ **nearly**
[níərli]

A2

副 ほとんど(◆almost と同義)
関連 near 近くに, nearby 近くの

START GOAL

STAGE 2

☑ チャンク **provide the service** / サービスを提供する

☑ The airline **provided** the passengers **with** hotel rooms. [≒ The airline **provided** hotel rooms **for** the passengers.]
▶航空会社は乗客にホテルの部屋を提供した.

☑ チャンク **devote more time to Ⓐ** / Ⓐ により多くの時間をささげる

☑ Bob **devotes** three hours a day **to** practicing the guitar.
▶ボブは1日3時間ギターの練習をする (≒ ギターの練習にささげる).

☑ Leonardo da Vinci **devoted himself to** the painting.
▶レオナルド・ダ・ビンチはその絵に身をささげた.

☑ チャンク **receive special offers** / 特別な申し出を受け取る

☑ Are you going to accept their **offer**?
▶彼らの申し出を受け入れるつもりですか?

☑ The host **offered** the guests some drinks.
▶主催者は客に飲み物を提供した.

☑ チャンク **the power supply** / 電力供給

☑ The **supply of** natural gas was cut off.
▶天然ガスの供給が断たれた.

☑ Russia **supplies** us **with** oil. [≒ Russia **supplies** oil **to** us.]
▶ロシアは我が国に石油を供給している.

☑ チャンク **the interest rate** / 利率

☑ The birth **rate** has been falling in many countries.
▶多くの国で出生率が下がってきている.

☑ The restaurant **is rated as** excellent by customers.
▶そのレストランは客からすばらしいと評価されている.

☑ チャンク **in proportion to Ⓐ** / Ⓐ に比例して

☑ The **proportion of** young to old will become one to three in the near future.
▶近い将来,若者のお年寄りに対する割合は1対3になるだろう.

☑ A large **proportion of** the earth's surface is ocean.
▶地球の表面の大部分は海だ.

☑ チャンク **nearly impossible** / ほとんど不可能

☑ The bottle was **nearly** empty.
▶ボトルはほぼ空っぽだった.

53

予期・予想

160 ☐ **expect**
[ikspékt]

A2

動 1 〈出来事・事態を〉予期する, 予想する
関連 expectancy 見込み, expectation 予想,
unexpected 思いがけない
☞ 【expect to *do*】…すると思う
☞ 【expect ▲ to *do*】▲が…すると思う
2 (当然のこととして)(人に)…を期待する
☞ 【expect ▲ of ₿】₿に▲を期待する

161 ☐ **predict**
[pridíkt]

A2

動 〈未来の出来事などを〉予言する, 予測する
関連 predictable 予想できる, prediction 予言

162 ☐ **avoid**
[əvɔ́id]

A2

動 〈悪い事態などを〉避ける

☞ 【avoid *doing*】…することを避ける

接近・接触

163 ☐ **approach**
[əpróutʃ]

B2

動 (時間的・空間的に)…に近づく

B1

名 1 (問題などへの)取り組み方法(to ...)

2 (時間的・空間的に)近づくこと

164 ☐ **contact**
[kántækt]

A2

名 1 (…との)接触, 連絡(with ...)

2 (物理的な)(…との)接触(with ...)

165 ☐ **access**
[ǽkses]

B1

名 1 (場所などへの)接近(方法)(to ...)

2 (…を)利用する権利(to ...)

B2

動 〈ウェブサイトなどに〉アクセスする, 接続する

☑ **チャンク** expect **the result**	結果を予想する
☑ I'm expecting to hear from her soon.	▶近いうちに彼女から連絡があると思います.
☑ My parents expect me to become a doctor.	▶両親は私が医者になると思っている.
☑ Don't expect too much of me.	▶私にあまり期待しすぎないで.

☑ **チャンク** predict **the future**	未来を予測する
☑ You can't predict the exact results.	▶正確な結果を予測することはできない.

☑ **チャンク** avoid **a mistake**	過ちを避ける
☑ He always tries to avoid arguments.	▶彼はいつも議論を避けようとする.
☑ I avoid drinking coffee late at night.	▶私は夜遅くコーヒーを飲むことを避けている.

☑ **チャンク** approach **the end of Ⓐ**	Ⓐ の終わりに近づく
☑ The train approached the station.	▶列車が駅に近づいてきた.
☑ This is a new approach to teaching English.	▶これは英語を教えるための新しい取り組み方法だ.
☑ These flowers signal the approach of spring.	▶これらの花は春が近づいていることを教えてくれる.

☑ **チャンク** maintain **the contact**	連絡を絶やさない
☑ He is not allowed to have contact with his children.	▶彼は子どもたちと接触するのを許されていない.
☑ My cat likes physical contact with people.	▶私の猫は人と触れ合うのが好きだ.

☑ **チャンク** gain access **to Ⓐ**	Ⓐ に接近する
☑ The hotel has easy access to the beach.	▶そのホテルからは海岸に出やすい(◉ 海岸への接近が容易だ).
☑ All the students have access to the library.	▶すべての学生に図書館を利用する権利がある.
☑ You need a password to access the web page.	▶そのウェブページにアクセスするにはパスワードが必要だ.

病気・医療

166 ☑ **medical**
[médikl] **A2**
形 医学の, 医療の

167 ☑ **medicine**
[médəsn] **A1**
名 薬；内服薬

168 ☑ **disease**
[dizíːz] **B1**
名 (具体的な)病気(◆漠然と「病気(の状態)」を指す語は sickness, illness)

169 ☑ **patient**
[péiʃnt] **A2**
名 (病院の)患者

B1
形 (人に対して)我慢強い, 辛抱強い(with ...)
関連 patience 忍耐(力), patiently 我慢強く
対義 impatient 我慢できない

学習・理解

170 ☑ **research**
[ríːsəːrtʃ] **A2**
名 (新事実などを発見するための)研究, 調査
関連 researcher 研究者

171 ☑ **practice**
[præktis] **A1**
名 (定期的な)練習

A1
動 **1** (定期的に)練習する
⮕ 【practice doing】…する練習をする

2 〈理念などを〉実践する

172 ☑ **experiment**
[ikspérəmənt] **B1**
名 (科学・医学などの)実験

173 ☑ **acquire**
[əkwáiər] **B1**
動 〈知識・技術などを〉(努力して)得る, 身につける
関連 acquisition 習得

56

STAGE 2

☑ チャンク medical treatment

医療**措置**

☐ She needs medical care.

▶彼女は治療が必要だ.

☑ チャンク herbal medicine

生薬，漢方薬

☐ I forgot to take my medicine.

▶薬を飲むのを忘れた.

☑ チャンク heart disease

心臓病

☐ My brother suffers from heart disease.

▶私の弟は心臓病を患っている.

☑ チャンク cancer patient

癌(がん)患者

☐ Bill is a patient of Dr. Smith.

▶ビルはスミス医師の患者です.

☐ It's hard to be patient with small children.

▶小さい子どもに対して辛抱強くいるのは難しい.

☑ チャンク a research paper

研究論文

☐ I did research on ants.

▶私はアリの研究をした.

☑ チャンク yoga practices

ヨガの練習

☐ She hurt her knee during practice.

▶彼女は練習中にひざを痛めた.

☐ I practice the guitar every day.

▶私は毎日ギターの練習をする.

☐ My sister practices skating on Sunday.

▶妹は日曜日にスケートの練習をしている.

☐ Everyone is free to practice their own religion.

▶だれでも自分の宗教を実践する自由がある.

☑ チャンク conduct an experiment

実験を実施する

☐ We do some experiments in science class.

▶私たちは科学の授業で実験を行う.

☑ チャンク acquire a skill

技術を身につける

☐ She has acquired a good knowledge of English grammar.

▶彼女は英文法の豊富な知識を身につけた.

効果・影響

174 ☑ **influence** [ínfluəns]	**A2**	名	(…に対する)影響(力), 作用(on …) 関連 **influential** 影響力のある
	B2	動	…に影響を及ぼす
175 ☑ **effect** [ifékt]	**A2**	名	(…に与える)影響；(…への)効果(on …) 関連 **effective** 効果のある
176 ☑ **come into effect**			〈法律などが〉発効する, 施行される
177 ☑ **take effect**			〈薬などが〉効く
178 ☑ **affect** [əfékt]		動	**1** 〈生活・場所・人などに〉影響を与える
	B1		**2** 〈人の〉心を強く動かす(◆通例受身で)
179 ☑ **profound** [prəfáund]		形	**1** 〈影響・効果などが〉重大な
			2 (感情の程度が)深い

心・精神

180 ☑ **spirit** [spírit]		名	**1** (身体に対して)精神 関連 **spiritual** 精神的な 対義 **body** 身体
	B1		**2** (死者の)霊魂
181 ☑ **imagine** [imædʒin]		動	…を想像する, (心に)思い描く 関連 **image**(心に描く)像, **imaginary** 想像(上)の, **imagination** 想像(力) ⤳【imagine **Ⓐ** as **Ⓑ**】**Ⓐ**を**Ⓑ**だと想像する
	A1		⤳【imagine *doing*】…することを想像する
182 ☑ **mental** [méntl]		形	(身体に対して)心の, 精神の(◆spiritual と同義) 関連 **mentally** 精神的に 対義 **physical** 身体の
	B1		

STAGE 2

☑ チャンク **a positive** influence	よい影響
☑ My sister had a great **influence on** me.	▶姉は私に大きな影響を与えた.
☑ His words **influenced** my decision.	▶彼の言葉は私の決心に影響を及ぼした.

☑ チャンク **the side** effect	副作用
☑ Tourism can have a bad **effect on** the environment.	▶観光業は環境に悪影響を及ぼすことがある.
☑ The law **came into effect** on April 15.	▶その法律は4月15日に施行された.
☑ The medicine is beginning to **take effect**.	▶薬が効き始めている.

☑ チャンク **affect an** area	地域に影響を与える
☑ The tax increases **affected** our lives greatly.	▶増税は私たちの生活に大きく影響を及ぼした.
☑ I **was** deeply **affected** by his speech.	▶私は彼のスピーチに心から感動した.

☑ チャンク **a profound** change	重大な**変化**
☑ Mobile phones have had a **profound** effect on society.	▶携帯電話は社会にとても大きな影響を与えてきた.
☑ I had a **profound** sense of sadness then.	▶そのとき, 私は悲しくて悲しくてたまらなかった(⚫ 深い悲しみの感覚を覚えた).

☑ チャンク **the human** spirit	人の心, 人間の精神
☑ She inspired us with her generous **spirit**.	▶彼女はその寛大な精神で私たちを鼓舞した.
☑ I don't believe in **spirits**.	▶私は霊魂を信じない.

☑ チャンク **Just** imagine.	想像してごらん.
☑ I can't **imagine** him **as** a singer.	▶私は彼が歌手だとは思えない.
☑ **Imagine** living as a princess.	▶王女として生きることを想像してごらん.

☑ チャンク **mental** health	心の健康
☑ He suffers from **mental** illness.	▶彼は精神病を患っている.

エネルギー・力

183 ☐ **force**
[fɔːrs]
A2

名 **1** (物理的な)力
関連 forceful 力強い, forcible 力ずくの

2 (国などの)軍事力, 軍隊

B2
動 …に(無理に)…させる
【force **A** to *do*】**A**に無理に…させる

184 ☐ **electricity**
[ilèktrísəti]
B1

名 電気
関連 electric 電気の, electronic 電子の

賛成・反対

185 ☐ **agree**
[əgríː]

動 賛成する, 同意する
関連 agreement 同意；協定
対義 disagree 意見が合わない, 反対する
【agree with **A**】**A**に賛成する
A1
【agree to *do*】…することに賛成する

186 ☐ **object**
動 [əbdʒékt]
名 [ábdʒikt]
アクセント
B2

動 反対する
関連 objection 反対
【object to **A**】**A**に反対する

B1
名 **1** (見たり触れたりできる)物, 物体

2 (…の)目的, 目標(of ...)

187 ☐ **oppose**
[əpóuz]
A2

動 〈計画などに〉反対する
関連 opponent (試合などの)相手,
opposite 反対側の, opposition 反対

188 ☐ **approve**
[əprúːv]
B1

動 〈案などに〉賛成する(of ...), (…を)よいと認める
(of ...)
関連 approval 賛成
対義 disapprove 賛成しない, 認めない

189 ☐ **protest**
名 [próutest]
動 [prətést]
アクセント
B1

名 (…に対する)抗議, 異議(against ...)

B2
動 (公の場で)抗議する
【protest against **A**】**A**に抗議する

STAGE 2

☑ チャンク **force** of gravity 　　　　重力

☐ Earthquakes are caused by natural **forces**. ▶地震は自然のもつ力によって引き起こされる.

☐ The President sent US **forces** into the area. ▶大統領はその地域へ米軍を派遣をした.

☐ My mother never **forced** me to go to school. ▶母は決して私に無理に学校へ行かせようとはしなかった.

☑ チャンク **an electricity bill** 　　　電気料金請求書

☐ The village has no **electricity**. ▶その村には電気がきていない.

☑ チャンク **totally** agree 　　　　全面的に同意する

☐ I **agree with** you on that point. ▶その点ではあなたに賛成です.

☐ The members **agreed to** meet for dinner. ▶会員は会食することに同意した.

☑ チャンク **object to the proposal** 　　提案に反対する

☐ Many local people **object to** the development. ▶多くの地元民が開発に反対している.

☐ These birds collect small metal **objects**. ▶この鳥たちは小さな金属の物を集める.

☐ Winning is not the **object of** the game. ▶勝つことがゲームの目的ではない.

☑ チャンク **oppose the war** 　　　戦争に反対する

☐ He just **opposes** any new ideas. ▶彼は新しい考えにはとにかく反対する.

☑ チャンク **Do your parents approve?** ご両親は賛成しているの?

☐ Her father finally **approved of** our marriage. ▶彼女の父親は最終的に私たちの結婚を認めた.

☑ チャンク **protest movement** 　　　抗議運動

☐ They made a **protest against** the globalization. ▶彼らはグローバリゼーションに抗議した.

☐ We **protested against** the tax increase. ▶我々は増税に抗議した.

LESSON 10

含む・吸収する

190 ☐ **include**
[inklúːd]
A2

動 (全体の一部として)…を含む
関連 inclusive すべて込みの
対義 exclude …を除外する

191 ☐ **contain**
[kəntéin]
B1

動 (中に)…が入っている, (内容・成分として)
…を含む
関連 container 容器; (貨物用)コンテナ

192 ☐ **absorb**
[əbsɔ́ːrb]
B1

動 〈液体・音などを〉吸収する

自由・強制・制限

193 ☐ **order**
[ɔ́ːrdər]
A1

名 **1** (商品などの)注文
2 (一定の)順序; (社会の)秩序
対義 disorder 無秩序
3 (権力者などからの)命令(◆しばしば複数形で)

A2

動 **1** 〈商品などを〉注文する
2 (権力を行使して)…を命じる
☞【order Ⓐ to do】Ⓐに…するよう命じる

194 ☐ **in order to** do
…するために

195 ☐ **out of order**
〈機械が〉故障して

196 ☐ **release**
[rilíːs]
B1

動 **1** 〈映画などを〉封切る;〈CDなどを〉発売する;
〈ニュースなどを〉公表する
2 …を(束縛・義務などから)解放する
☞【release Ⓐ from Ⓑ】ⒶをⒷから解放する

197 ☐ **restrict**
[ristríkt]
B1

動 〈数・量などを〉制限する
関連 restriction 制限
☞【restrict Ⓐ to Ⓑ】ⒶをⒷに制限する

198 ☐ **impose**
[impóuz]
B2

動 〈税金・義務などを〉課す, 負わせる
☞【impose Ⓐ on Ⓑ】ⒶをⒷに課す

START ⬤ GOAL

☑ チャンク **include the information** | 情報を含む
☑ Does the price **include** tax? | ▶価格は税込みですか.

☑ チャンク **contain ingredients** | 原料[成分]を含む
☑ These drinks **contain** no alcohol. | ▶これらの飲み物はアルコールを含まない.

☑ チャンク **absorb sound** | 音を吸収する
☑ This sponge **absorbs** water well. | ▶このスポンジはよく水を吸収する.

STAGE 2

☑ チャンク **place an order** | 注文をする
☑ That waiter took our **orders**. | ▶あのウェーターが私たちの注文をとった.
☑ Line up in the **order** of height. | ▶背の順に並びなさい.
☑ **Orders** are **orders**. | ▶命令は命令だ.

☑ Are you ready to **order**? | ▶注文はお決まりですか?
☑ The doctor **ordered** him to quit smoking. | ▶医者は彼にたばこをやめるよう命じた.

☑ They work hard **in order to** succeed. | ▶彼らは成功するために一生懸命働いている.

☑ The toilet is **out of order**. | ▶そのトイレは故障中だ.

☑ チャンク **release a report** | 報告書を公表する
☑ His new album will be **released** in March. | ▶彼の新しいアルバムが3月に発売される.
☑ They **released** the birds **from** the cage. | ▶彼らは鳥を鳥かごから放してやった.

☑ チャンク **restrict access** | アクセスを制限する
☑ The school will **restrict** the number of students per class **to** 20. | ▶その学校は1クラス当たりの生徒数を20人に制限する予定だ.

☑ チャンク **impose a fine** | 罰金を課す
☑ They **imposed** a heavy task **on** me. | ▶彼らは私にきつい仕事を課した.

63

認識・識別

199 ☑ **notice** [nóutis]	**B1**	**動** (見たり聞いたりして)…に気がつく
	A2	**名** (公共の場に出された)掲示, はり紙

200 ☑ **regard** [rigá:rd]	**B1**	**動 1** …を見なす ➡ 【regard Ⓐ as Ⓑ】Ⓐを Ⓑであると見なす **2** (ある感情をもって)…を見る, 評価する ➡ 【regard Ⓐ with Ⓑ】 Ⓑの感情をもって Ⓐを見る
	B2	**名** (…に対する)尊敬, 敬意(for ...)(◆respect と同義)
201 ☑ **with regard to ...**		…に関して

集団・集まり

202 ☑ **belong** [bilɔ́:ŋ]		**動 1** 〈集団などに〉所属している ➡ 【belong to Ⓐ】Ⓐに所属している **2** 〈物などが〉(…の)もの[所有]である 関連 **belongings** 所持品
	A2	➡ 【belong to Ⓐ】Ⓐのものである

203 ☑ **represent** [rèprizént]	**A2**	**動** 〈集団などを〉代表する 関連 **representative** 代表者

204 ☑ **audience** [ɔ́:diəns]	**A2**	**名** (コンサートや集会などの)聴衆, 観客(◆ひとりひとりではなく全体を指す) 関連 **audio** 音声の

205 ☑ **range** [réindʒ]	**A2**	**名 1** (変動などの)範囲, 限度 **2** (同種のものの)品ぞろえ, 一式(of ...)
	B2	**動** 〈範囲が〉及ぶ

☑ **チャンク** notice **the sign**　　　兆候[気配]に気がつく

☑ I **noticed** a change in him.　　　▶私は彼の変化に気づいた.

☑ The **notice** said "Do not eat or drink here."　　　▶掲示には「飲食禁止」とあった.

☑ **チャンク** be highly **regarded**　　　高く評価されている

☑ I **regard** her **as** intelligent.　　　▶私は彼女を聡明だと考えている.

☑ The cat **regarded** me **with** suspicion.　　　▶そのネコは私を疑わしそうに見た.

☑ We have high **regard for** our teacher.　　　▶私たちは先生をとても尊敬している.

☑ They are fair **with regard to** our salaries.　　　▶私たちの給料に関しては彼らは公平だ.

☑ **チャンク** belong **to a group**　　　集団に属する

☑ I **belong to** the soccer team.　　　▶私はサッカーチームに所属している.

☑ These books **belong to** Ken.　　　▶これらの本はケンのものだ.

☑ **チャンク** represent **the interests of Ⓐ**　　　Ⓐ の利益を代表する

☑ Athletes **represent** their country in the Olympics.　　　▶オリンピックにおいて選手たちは国を代表している.

☑ **チャンク** reach your target **audience**　　　ターゲットとしている視聴者に届く

☑ She performed before a large **audience**.　　　▶彼女は大観衆の前で演じた.

☑ **チャンク** cover a **range** of Ⓐ　　　Ⓐ の範囲をカバーする

☑ The students are in the 12-17 age **range**.　　　▶生徒の年齢層は 12 歳から 17 歳だ(働 12 歳から 17 歳の年齢範囲だ).

☑ We deal in a wide **range** of products.　　　▶私どもは幅広い商品を取り扱っております(働 さまざまな商品の品ぞろえがある).

☑ The bags **range** in price from 10 to 55 dollars.　　　▶かばんの値段は 10 ドルから 55 ドルに及んでいる.

論理・証明

206 ☐ **theory**
[θíːəri]
B1

名 (生命や世界などについての)理論
関連 theoretical 理論上の
対義 practice 実践

---

207 ☐ **evidence**
[évidəns]
A2

名 (…の)証拠(of ...)
関連 evident 明白な, evidently 明らかに

---

208 ☐ **prove**
[prúːv]
過去 proved
過分 proved, proven **B1**

動 ❶ (情報などを提供して)…を証明する
関連 proof 証拠
❷ (…であると)分かる
☞ 【prove (to be) ❹】 ❹であると分かる

---

209 ☐ **therefore**
[ðéərfɔːr]
A2

副 それゆえに, したがって

---

210 ☐ **thus**
[ðʌ́s]
B1

副 それゆえに, したがって(◆thereforeと同義)

価値・貴重

211 ☐ **value**
[vǽljuː]
A2

名 (金銭的な)価値, 値段
関連 valuable 価値のある

B2

動 …を高く評価する

---

212 ☐ **of value**

(金銭的に)価値のある

---

213 ☐ **worth**
[wə́ːrθ]
B1

形 (金銭的に)…の価値がある(◆金額などを伴う)
関連 worthwhile やりがいがある,
worthy 価値のある
☞ 【be worth doing】 (役に立つなどの理由に
より)…する価値がある

---

214 ☐ **precious**
[préʃəs]
B1

形 (金銭的評価ができないほど)貴重な

---

215 ☐ **deserve**
[dizə́ːrv]
B1

動 …(を受ける)に値する
☞ 【deserve to do】 …するに値する

STAGE 2

☑ **チャンク** support the theory	理論を支持する
☐ Darwin's theory is explained in this book.	▶この本ではダーウィンの理論が説明されている.
☑ **チャンク** provide the evidence	証拠を提示する
☐ We don't have enough evidence to put him on trial.	▶彼を裁判にかけるのに十分な証拠がない.
☑ **チャンク** prove the existence of ❹	❹ の存在を証明する
☐ He's lying. I can prove it.	▶彼はうそをついている. 私はそれを証明できる.
☐ The movie proved (to be) a success.	▶その映画は成功に終わった.
☑ **チャンク** ❹ is therefore important	それゆえ ❹ は重要である
☐ Her child was ill, and therefore she was very worried.	▶彼女の子どもが病気だった. それゆえ彼女はとても心配していた.
☑ **チャンク** and thus	それで
☐ Traffic became heavier, thus increasing air pollution.	▶交通量が増え, それで大気汚染がひどくなった.

☑ **チャンク** of great value	大変価値のある
☐ The value of his paintings is going up.	▶彼の絵の価値は上がっている.
☐ We value your experience.	▶私たちはあなたの経験を高く評価します.
☐ Nothing of value was stolen.	▶価値のあるものは何も盗まれなかった.
☑ **チャンク** be worth reading	読む価値がある
☐ The letter is worth a million yen.	▶その手紙は 100 万円の価値がある.
☐ The temple is worth visiting.	▶その寺は訪れる価値がある.
☑ **チャンク** a precious experience	貴重な経験
☐ Nothing is as precious as life.	▶生命ほどかけがえのないものはない.
☑ **チャンク** You deserve it.	君なら(それを受けて)当然だ.
☐ The news deserves attention.	▶そのニュースは注目に値する.
☐ The journalist's courage deserves to be admired.	▶そのジャーナリストの勇気は賞賛(される)に値する.

LESSON 13

感覚

216 ☑ sense
[séns]
A2

名 (…の)感覚(of ...)
関連 sensible 思慮分別のある
🖊 日本語では「彼女は服装のセンスがいい」のように言いますが、この場合英語では taste を使います.

217 ☑ make sense

〈文などが〉意味をなす,(…にとって)理解できる(to ...)

218 ☑ relieve
[rilíːv]
B2

動 〈苦痛などを〉やわらげる
関連 relief 救援

219 ☑ be relieved to *do*

…してほっとしている

身体

220 ☑ physical
[fízikl]
A2

形 ❶ 身体の, 肉体の
関連 physically 身体的に, physician 内科医
対義 mental, spiritual 心の
❷ 物質の(◆material と同義)
関連 physics 物理

221 ☑ breath
[bréθ]
🔊 発音 **B1**

名 息, 呼吸
関連 breathe 呼吸する

222 ☑ pale
[péil]
B1

形 〈人が〉顔色の悪い, 〈顔が〉青ざめた

223 ☑ manual
[mǽnjuəl]
B2

形 〈仕事などが〉手を使う;〈機械などが〉手動式の
対義 automatic 自動式の
B2 **名** (機械などの)説明書, マニュアル

身体(派生的意味)

224 ☑ face
[féis]
A2

動 〈困難などに〉直面する, 立ち向かう
➡ 【be faced with ❹】❹に直面している

225 ☑ shoulder
[ʃóuldər]

動 ❶ 〈責任などを〉負う
❷ …を(肩で)かつぐ

226 ☑ tongue
[tʌ́ŋ]
B1

名 ❶ 言葉づかい
❷ 舌

☑ チャンク **lose** one's **sense of sight** | 視覚を失う
☑ The chef has a good **sense of** taste. | ▶そのシェフは鋭い味覚を持っている.
☑ He showed good **taste** in clothes. | ▶彼は服のセンスのよさを見せた.

☑ What he says doesn't **make sense** to me. | ▶彼の言うことが私には理解できない.

☑ チャンク **relieve stress** | ストレスをやわらげる
☑ This medicine will **relieve** your headache. | ▶この薬はあなたの頭痛をやわらげるでしょう.

☑ I **was relieved** to see the party of climbers back safely. | ▶私はその登山隊が無事に帰ってきたのを見て安心した.

☑ チャンク **physical exercise** | 身体運動
☑ His **physical** strength is amazing for his age. | ▶彼の体力は年齢からすると驚異的だ.
☑ We are influenced by our **physical** environment. | ▶私たちは物質的環境に影響を受けている.

☑ チャンク **hold my breath** | (自分の)息を止める
☑ You should take a deep **breath**. | ▶深呼吸したほうがいいよ.

☑ チャンク **turn pale** | 青ざめる
☑ You look **pale**. Are you OK? | ▶顔色が悪いけど, 大丈夫?

☑ チャンク **manual work** | 手作業
☑ I have a **manual** typewriter. | ▶私は手動式タイプライターを持っている.
☑ Consult the **manual**. | ▶説明書をご覧ください.

☑ チャンク **face a challenge** | 難題に直面する
☑ She **was faced with** reality. | ▶彼女は現実に直面していた.

☑ チャンク **shoulder a burden** | 負担する(◉ 負担を負う)
☑ I'll **shoulder** the responsibility. | ▶私が責任を負います.
☑ This pack is too heavy to **shoulder**. | ▶この荷物は重すぎてかつげない.

☑ チャンク **have a sharp tongue** | 辛辣(しん)な言葉づかいをする
☑ Watch your **tongue**. | ▶言葉づかいに気をつけなさい.
☑ The boy stuck his **tongue** out. | ▶その少年は舌を突き出した.

LESSON 14

---

227 ☑ **go** 〈励〉p. 141 〔道場〕
[góu]
過去 went
過分 gone　A1

動 (離れた場所に)行く
☞ 【go *doing*】…をしに行く

---

228 ☑ **take** 〈励〉p. 73 〔道場〕
[téik]
過去 took
過分 taken　A1

動 〈時間などが〉必要である
☞ 【it takes Ⓐ Ⓑ to *do*】または
【it takes Ⓑ for Ⓐ to *do*】
Ⓐが…するのにⒷを必要とする

---

229 ☑ **come** 〈励〉p. 140 〔道場〕
[kʌ́m]
過去 came 過分 come A1

動 (話し手の所に)来る
☞ 【come to *do*】…しに来る

---

230 ☑ **find** 〈励〉p. 242 〔道場〕
[fáind]
過去・過分 found

動 ❶ 〈探している物などを〉見つける
☞ 【find Ⓐ Ⓑ】または【find Ⓑ for Ⓐ】
ⒶにⒷを見つける
☞ 【find Ⓐ Ⓑ】ⒶがⒷであるのを見つける
☞ 【find Ⓐ *doing*】Ⓐが…しているのを見つける
❷ (経験などによって)…だと分かる, 気づく
☞ 【find that ...】…だと分かる, 気づく
☞ 【find Ⓐ (to be) Ⓑ】ⒶがⒷであると分かる
A1

---

231 ☑ **show** 〈励〉p. 208 〔道場〕
[ʃóu]
過去 showed
過分 shown, showed

動 ❶ 〈物などを〉見せる, 示す
☞ 【show Ⓐ Ⓑ】または【show Ⓑ to Ⓐ】
ⒶにⒷを見せる
❷ 〈その地を初めて訪れた人などを〉案内する
☞ 【show Ⓐ around Ⓑ】
ⒶをⒷのあちこちへ案内する
❸ 〈人に〉〈方法・道などを〉教える
☞ 【show Ⓐ Ⓑ】ⒶにⒷを教える

☞ 【show Ⓐ how to *do*】
Ⓐに…のしかたを教える
A1

---

232 ☑ **set**
[sét]
過去・過分 set　A1

動 〈物語などを〉(特定の時代に)設定する(◆通例受身で)
☞ 【be set in Ⓐ】(舞台が)Ⓐに設定されている
関連 setting (出来事の)舞台

☐ Let's **go** swimming! ▶泳ぎに行こうよ！

☐ **It took** me three days **to** read the novel. [≒ **It took** three days **for** me **to** read the novel.] ▶私がその小説を読むのに３日かかった（🔁 ３日を必要とした）.

☐ Please **come to** see me next Sunday. ▶今度の日曜日に遊びに来てね.

☐ He **found** me a job. [≒ He **found** a job **for** me.] ▶彼は私に仕事を見つけてくれた.

☐ I **found** him asleep during class. ▶私は授業中彼が眠っているのを見つけた.

☐ I **found** Sarah **reading** on the train. ▶私はサラが電車内で本を読んでいるのを見つけた.

☐ You will soon **find that** he really loves cats. ▶彼が大の猫好きだということがすぐに分かりますよ.

☐ I **found** her **(to be)** a good writer. ▶私は，彼女は文章がうまい（🔁 彼女がよい文章の書き手である）と分かった.

☐ **Show** me your driver's license. [≒ **Show** your driver's license **to** me.] ▶(私に)運転免許証を見せてください.

☐ I **showed** her **around** the city. ▶私は彼女を町のあちこちへ案内した.

☐ The woman **showed** me the way to the station. ▶その女性は私に駅への行き方を教えてくれた.

☐ **Show** me **how to** swim the butterfly. ▶バタフライ(の泳ぎ方)を教えて.

☐ This story **is set in** Japan in the near future. ▶この物語の舞台は近未来の日本だ(🔁 近い将来の日本に設定されている).

基本単語 コーパス道場 2

get [gét] →p. 38

コアイメージ 「ある物や状態を手に入れる」

2 1 3 [get + 形容詞] ランキング

S47 **第1位** get used to ...	▶ …に慣れる
We soon got used to our new life here.	▶ 私たちはすぐにここでの新しい生活に慣れた.
S48 **第2位** get better	▶ よくなる, 回復する
My grandfather was sick, but he is getting better now.	▶ 私の祖父は体調が悪かったが, 今はよくなってきている.
S49 **第3位** get involved in ...	▶ …に巻き込まれる
My friend got involved in a car accident.	▶ 私の友人は車の事故に巻き込まれた.
S50 **第4位** get ready	▶ 準備する
Get ready for bed.	▶ 寝る準備をしなさい.
S51 **第5位** get worse	▶ 悪くなる, 悪化する
The patient's condition suddenly got worse.	▶ その患者の容態は突然悪化した.

72

STAGE 2

take [téik] →p. 70

コアイメージ 「何かを取る, 取って自分といっしょにもっていく」

②①③[take + 副詞]ランキング

☐ S52 第1位 **take over** ▶ 〈仕事などを〉引き継ぐ

☐ I **took over** my father's bakery. ▶ 私は父のパン屋を継いだ.

☐ S53 第2位 **take off** ▶ 〈飛行機が〉離陸する;〈服などを〉脱ぐ

☐ The plane **took off**, and I fell asleep. ▶ 飛行機が離陸すると, 私は眠った.

☐ S54 第3位 **take out** ▶ …を取り出す;〈人を〉連れ出す

☐ She **took out** her coat from the closet. ▶ 彼女はクローゼットからコートを取り出した.

☐ S55 第4位 **take away** ▶ …を持ち去る, 奪う

☐ The girl **took away** my bag by mistake. ▶ 少女は間違って, 私のバッグを持ち去った.

☐ S56 第5位 **take in** ▶ …を吸収する

☐ How do plants **take in** water? ▶ 植物はどのようにして水を吸収するのですか.

3. ファッション1

S57 ☑ ① 帽子　　　　　**hat**[hǽt]

S58 ☑ ② シャツ　　　　**shirt**[ʃə́ːrt]

S59 ☑ ③ カーディガン　**cardigan**[káːrdigən]

S60 ☑ ④ パンツ　　　　**pants**[pǽnts]

S61 ☑ ⑤ ベルト　　　　**belt**[bélt]

S62 ☑ ⑥ ブレスレット　**bracelet**[bréislit]

S63 ☑ ⑦ ブーツ　　　　**boots**[búːts]

S64 ☑ ⑧ キャップ　　　**cap**[kǽp]

S65 ☐ ⑨ メガネ　　　　**glasses**[glǽsiz]

S66 ☑ ⑩ ポロシャツ　　**polo shirt**[póulou ʃə́ːrt]

S67 ☑ ⑪ 腕時計　　　　**watch**[wátʃ]

S68 ☑ ⑫ ジーンズ　　　**jeans**[dʒíːnz]

S69 ☐ ⑬ 靴下　　　　　**socks**[sáks]

S70 ☑ ⑭ スニーカー　　**sneakers**[sníːkərz]

S71 ☑ ⑮ リュックサック　**rucksack**[rʌ́ksæk]

STAGE 3

平均単語レベル
高校標準

経験・出来事

233 ☐ **experience** A2
[ikspíəriəns]

名経験

B1 動…を経験する
関連 experienced 経験を積んだ

234 ☐ **affair**
[əféər]
A2

名(しばしば公的・政治的な)出来事, 問題
(◆この意味では複数形を使う)

235 ☐ **incident**
[ínsidənt]
B1

名出来事, 事件(◆通例異常な, または暴力的な
ものを指すことが多い)

236 ☐ **phenomenon**
[finámənàn]
複数 phenomena
B1

名現象

調べる

237 ☐ **check** A2
[tʃék]

動❶…をチェックする, 点検する

❷〈増加・悪化などを〉防ぐ, 食い止める

A1 名❶小切手
❷(レストランなどの)勘定書

238 ☐ **check in**

(ホテルなどに)チェックインする(at ...)

239 ☐ **check out**

(ホテルなどを)チェックアウトする(of ...)

240 ☐ **examine**
[igzǽmin]
B1

動(注意深く)…を調査する
関連 examination 試験, 調査

241 ☐ **survey** A1
名[sə́ːrvei]
動[sərvéi]
アクセント

名(多くの人を対象とする, 意見などの)調査

動(多くの人に質問するなどして)…を調査する

☑ チャンク **share your** experience ／ あなたの経験を分かち合う

☑ She has a lot of experience as a nurse. ▶彼女は看護師として豊富な経験がある.

☑ I experienced the same problem as you. ▶私はあなたと同じ問題を経験した.

☑ チャンク **current** affairs ／ 時事問題

☑ He is the minister of foreign affairs. ▶彼は外務大臣だ(⑩ 外国との問題に当たる大臣だ).

☑ チャンク **a violent** incident ／ 暴力事件

☑ There was a shooting incident at the station yesterday. ▶きのう,その駅で銃撃事件があった.

☑ チャンク **a social** phenomenon ／ 社会現象

☑ Was the big bang a natural phenomenon? ▶ビッグバンは自然現象だったのだろうか？

☑ チャンク **check my** e-mail ／ E メールをチェックする

☑ I checked the answering machine. ▶私は留守番電話をチェックした.

☑ Bob tried to check his anger. ▶ボブは怒りを抑えようとした.

☑ I'll pay by check. ▶小切手で支払います.

☑ Can I have the check, please? ▶お勘定をお願いします.

☑ We have checked in at the hotel. ▶私たちはホテルにチェックインした.

☑ We have to check out of the room by noon. ▶私たちは正午までに部屋をチェックアウトしなければならない.

☑ チャンク **The study** examined **Ⓐ**. ／ その研究では **Ⓐ** を調査した.

☑ We are examining the influence of climate change. ▶我々は気候変動の影響を調査している.

☑ チャンク **conduct the** survey ／ 調査を実施する

☑ They carried out a survey of foreign workers. ▶彼らは外国人労働者について調査を行った.

☑ We surveyed the damage caused by the tornado. ▶私たちは竜巻による被害について調査した.

STAGE 3

音・声

242 ☑ **sound**¹
[sáund]

(A2) 名 音

(A2) 動 …に聞こえる；…に思われる
【sound as if ...】…であるかのように
聞こえる
🖊 sound には「健全な」という意味もあります．

243 ☑ **loud**
[láud]
(B1)

形〈音・声が〉大きい，騒々しい
関連 aloud 声を出して．loudly 大声で

244 ☑ **silent**
[sáilənt]
(B1)

形 ❶〈時間・場所などが〉静かな
関連 silence 静けさ，silently 静かに
❷〈人が〉沈黙している

受諾・拒絶

245 ☑ **allow**
[əláu]
🎺 発音
(A2)

動〈生徒・子どもなどに〉許可を与える
関連 allowance 手当
【allow ④ to do】④が…するのを許可する
【be allowed to do】…するのを許可され
ている

246 ☑ **allow for ...**

…を考慮に入れる

247 ☑ **accept**
[əksépt]
(A2)

動〈贈り物などを〉（喜んで）受け取る；
〈申し出などを〉受け入れる
関連 acceptable 受け入れられる

248 ☑ **adopt**
[ədápt]
(B1)

動〈方法・意見などを〉採用する
関連 adoption 採用

249 ☑ **permit**
[pərmít]
(B1)

動（規律などで）…を許可する（◆しばしば受身で）
関連 permission 許可
【be permitted to do】…することを許可
されている

250 ☑ **refuse**
[rifjú:z]
(B1)

動〈要求などを〉拒否する，〈申し出などを〉断る
関連 refusal 拒絶
【refuse to do】…することを拒絶する

251 ☑ **reject**
[ridʒékt]
(B1)

動〈申し出などを〉拒絶する
関連 rejection 拒絶

チャンク **produce the** sound	音を出す
I heard a strange sound.	▶私は奇妙な音を聞いた.
That sounds like fun.	▶それは楽しそうだね.
It sounds as if you're quitting your job.	▶君がまるで仕事をやめようとしているように聞こえる.

チャンク **a loud** noise	大きな騒音
The music was too loud.	▶音楽があまりにうるさかった.

チャンク **remain** silent	沈黙を保つ
The streets were silent.	▶通りは静かだった.
The audience fell silent.	▶観客は静かになった.

チャンク **allow access to** Ⓐ	Ⓐ へのアクセスを許可する
Dad allowed me to use his car.	▶父は私が車を使うのを許可してくれた.
Students are not allowed to use cell phones in class.	▶生徒は授業中携帯電話を使うのを許されていない.
My parents allowed for mistakes and failures.	▶両親は間違いや失敗を考慮に入れてくれた.

チャンク **accept the offer**	申し出を受ける
They accepted my invitation.	▶彼らは私の招待を受けた.

チャンク **adopt a policy**	政策を採用する
We adopted a new method.	▶私たちは新しい方法を採用した.

チャンク **permit the use of** Ⓐ	Ⓐ の使用を許可する
Photography is not permitted.	▶写真撮影は禁止されています(🔲 許可されていない).
You are not permitted to park here.	▶ここは駐車禁止です(🔲 許可されていない).

チャンク **refuse to accept** Ⓐ	Ⓐ を受け入れるのを拒む
She refused to answer my question.	▶彼女は私の質問に答えることを拒否した.

チャンク **reject a suggestion**	提案を拒絶する
She rejected my offer of help.	▶彼女は私の援助の申し出を拒絶した.

STAGE 3

79

分割・分配

252 ☑ **deal**
[díːl]
過去・過分 dealt

> B1 **動**〈トランプカードなどを〉配る
> 🎺 【deal Ⓐ Ⓑ】または【deal Ⓑ to Ⓐ】
> ⒶにⒷを配る

> A2 **名** (ビジネス上の)契約, 取引

253 ☑ **deal with ...**
〈問題などに〉対処する

254 ☑ **a great deal of ...**
(非常に)たくさんの…(◆数えられない名詞に用いる)

255 ☑ **divide**
[diváid]

> **動** …を(複数の要素に)分ける, 分割する
> **関連** division 分割, 区分
> 🎺 【divide Ⓐ into Ⓑ】ⒶをⒷに分ける
> 🎺 【divide Ⓐ between [among] Ⓑ】
> A2 Ⓑの間でⒶを分ける

大きさ

256 ☑ **huge**
[hjúːdʒ]
B1

> **形** (大きさが)巨大な;(数量が)莫大(ばく)な

257 ☑ **enormous**
[inɔ́ːrməs]
A2

> **形** (大きさが)巨大な;(数量が)莫大な(◆hugeと同義)

258 ☑ **tiny**
[táini]
B1

> **形** (大きさが)非常に小さい;(数量が)ごくわずかの

259 ☑ **minute**
[mainjúːt]
🎺 発音

> **形** (大きさが)非常に小さい;(数量が)ごくわずかな(◆tinyと同義)

260 ☑ **length**
[léŋkθ]

> **名 １** (物の)長さ
> **関連** long 長い
>
> B1 **２** (時間の)長さ, 期間

261 ☑ **expand**
[ikspǽnd]

> **動** (体積が)膨張する;(数量が)増大する;
> 〈範囲・大きさなどを〉拡大する
> **関連** expansion 拡大
> B1

☐ **チャンク deal face down** | カードの表を下にして配る
☐ **Deal** each player three cards. | ▶各プレーヤーにカードを3枚配りなさい.
　[≒ **Deal** three cards **to** each player.]

☐ They made a **deal** with the company for a million dollars. | ▶彼らはその会社と100万ドルで契約を結んだ.

☐ He **dealt with** all those complaints. | ▶彼がそれらすべての苦情に対処した.

☐ We took a **great deal of** time discussing the issue. | ▶その問題を議論するのに私たちはたくさんの時間を費やした.

☐ **チャンク divide the money equally** | お金を等分に分ける
☐ A screen **divided** the room **into** two parts. | ▶ついたてが部屋を2つの部分に区切っていた.
☐ **Divide** the candy **between** you two. | ▶お菓子をあなたたち2人で分けなさい.

☐ **チャンク a huge amount** | 膨大な量
☐ There was a **huge** crowd in the park. | ▶公園には大群集がいた.

☐ **チャンク have enormous potential** | 大変な可能性を持つ
☐ We made an **enormous** effort. | ▶私たちは多大な努力を払った.

☐ **チャンク a tiny little girl** | 小さくてかわいい女の子
☐ Her T-shirt is really **tiny**. | ▶彼女のTシャツは本当に小さい.

☐ **チャンク a minute quantity** | 微量
☐ The insect is **minute**. | ▶その昆虫はとても小さい.

☐ **チャンク at full length** | 長々と
☐ The fish can grow to a **length** of two feet. | ▶その魚は2フィートの長さまで大きくなることがある.
☐ Each class is fifty minutes in **length**. | ▶各授業の長さは50分だ.

☐ **チャンク expand the business** | 事業を拡大する
☐ Water **expands** when it forms ice. | ▶水は氷になるとき膨張する.

STAGE 3

情報・IT

262 ☐ **information**
[ìnfərméiʃn]

A1

名 情報
🖊 information は複数形にはなりません.「1つ
の情報」は a piece of information,「2つ
の情報」は two pieces of information のよ
うにいいます.

263 ☐ **monitor**
[mánitər]

B1 名 (コンピュータ・テレビの)モニター, 画面

B1 動 〈変化・異常を〉チェックする, 監視する

264 ☐ **cellular phone**
[séljələr fóun]

名 携帯電話(◆米国では cell phone ともいう;
英国では mobile phone がよく使われる)

見る

265 ☐ **appear**
[əpíər]

A2

動 ① (…のように)見える
関連 appearance 外見
🖊 【appear(to be)Ⓐ】Ⓐのように見える
② (突然)現れる
対義 disappear 消える

266 ☐ **observe**
[əbzə́:rv]

B1

動 ① …を(注意深く)観察する
関連 observation 観察, observatory 観測所,
observer 立会人
② (見て)…に気づく

267 ☐ **stare**
[stéər]

B1

動 (驚き・恐怖などの気持ちから)じっと見る
🖊 【stare at Ⓐ】Ⓐをじっと見る

268 ☐ **overlook**
[òuvərlúk]

B2

動 〈ミスなどを〉大目に見る;〈事実などを〉
(うっかり)見過ごす

269 ☐ **witness**
[wítnəs]

B2 名 (事故などの)目撃者(to ...)

B1 動 〈事故などを〉目撃する

270 ☐ **landscape**
[lǽndskèip]

A2

名 (自然が多く見られる)景色, 風景

STAGE 3

☑ **チャンク provide the** information 情報を提供する
☐ You can get all kinds of **information** ▶インターネットであらゆる情報を得ること
on the Internet. ができる.
☐ He gave me **a piece of** useful ▶彼は役に立つ情報を1つ教えてくれた.
information.

☑ **チャンク a television** monitor テレビ画面
☐ A beautiful image was on the ▶そのコンピュータのモニターに美しい画像
computer **monitor**. が映っていた.
☐ They **monitored** the change of the ▶彼らは水温の変化をチェックした.
water temperature.

☑ **チッ ク call her** cellular phone 彼女の携帯電話にかける
☐ Call me on my **cellular phone**. ▶私の携帯電話に電話してね.

☑ **チャンク what** appears **to be Ⓐ** Ⓐ のように見えるもの
☐ They **appeared (to be)** surprised at ▶彼らはその知らせに驚いたように見えた.
the news.
☐ The moon **appeared** in the night sky. ▶夜空に月が現れた.

☑ **チャンク observe the behavior carefully** 注意深く行動を観察する
☐ He **observed** the growth of the plant. ▶彼はその植物の成長を観察した.
☐ The doctor **observed** a cancer in his ▶医師は彼の胃にガンを見つけた.
stomach.

☑ **チャンク stare at the screen** スクリーンをじっと見つめる
☐ Don't **stare** at me like that. ▶そんなふうに私をじろじろ見ないで.

☑ **チャンク overlook my fault** 私のミスを大目に見る
☐ I **overlooked** the fact that the rule ▶私はそのルールが私たち全員に適用される
isn't applied to all of us. わけではないという事実を見過ごしていた.

☑ **チャンク a reliable witness** 信頼できる目撃者
☐ There was no **witness** to the ▶その事故の目撃者は1人もいなかった.
accident.
☐ I **witnessed** the car accident. ▶私はその車の事故を目撃した.

☑ **チャンク a rural landscape** 田園風景
☐ It was a beautiful **landscape**. ▶それは美しい景色だった.

時間

271 ☑ **period**
[píəriəd]
A1

名 (一定の)期間；(歴史上の)時代

272 ☑ **round**
[ráund]
B1

名 **1** (一連の活動の)ひと区切り

2 (ボクシングなどの)1 ラウンド

B1 形 (形が)丸い

273 ☑ **decade**
[dékeid]
🔊 アクセント
B2

名 10 年間
💬「時間の単位」を表す語：second(秒)，minute(分)，hour(時間)，day(日)，week(週)，month(月)，year(年)，century(100年間，世紀)，millennium(1000年間，千年紀)

274 ☑ **term**
[tə́:rm]

名 **1** (任期などの)期間；(3学期制の)学期
関連 **semester** (2学期制の)学期

B1 **2** (ある分野の専門的な)用語

275 ☑ **in terms of ...**

…の点では

276 ☑ **immediately**
[imí:diitli]
B1

副 すぐに(◆at once, right away と同義)
関連 **immediate** すぐさまの

中心・中央

277 ☑ **focus**
[fóukəs]
複数 focuses, foci
B2

名 (レンズなどの)焦点，ピント

A1 動 〈注意などを〉集中させる
➡ 【focus Ⓐ on Ⓑ】ⒶをⒷに集中させる

278 ☑ **core**
[kɔ́:r]
B2

名 (物体の)中心部，核；(物事・問題などの)核心 (of ...)

279 ☑ **average**
[ǽvəridʒ]
A2

形 〈数・量が〉平均の

A2 名 (数・量の)平均(値)

☑チャンク the same period last year	去年の同じ時期
☐ That novel was popular in the Edo period.	▶その小説は江戸時代に人気があった.

☑チャンク the final round	決勝戦
☐ We had another round of discussion.	▶私たちはもう一度話し合いをした.
☐ He was beaten in the first round.	▶彼は第1ラウンドで打ち負かされた.
☐ She has a round face.	▶彼女は丸顔だ.

☑チャンク for two decades	20年間
☐ These incidents happened in the last decade of the 20th century.	▶これらの出来事は20世紀最後の10年間に起きた.

☑チャンク the spring term	春学期
☐ The mayor is serving her second term.	▶市長は現在2期目を務めている.
☐ The article was full of scientific terms.	▶記事には科学用語がたくさん使われていた.
☐ The plan is not realistic in terms of cost.	▶その計画は費用の点から現実的ではない.

☑チャンク go home immediately	すぐに家に帰る
☐ I called the police immediately.	▶私はすぐに警察を呼んだ.

STAGE 3

☑チャンク shift the focus to Ⓐ	焦点を Ⓐ に移す
☐ The issue became the focus of the debate.	▶その問題が討論の焦点となった.
☐ I tried to focus my mind on the homework.	▶私は気持ちを宿題に集中させようとした.

☑チャンク the core of the earth	地球の核
☐ He got to the core of the problem.	▶彼は問題の核心に迫った.

☑チャンク the average temperature	平均気温
☐ The average age of the players is 24.	▶選手の平均年齢は24歳だ.
☐ His score was above average.	▶彼の点数は平均より上だった.

希望・願望

280 ☑ **wish**
[wíʃ]

`A2` **動 １** …したいと思う[願う]（◆want, would like より かたい語）

→ 【wish to *do*】…したいと思う

２ …であればいいのに[よかったのに]と思う
（◆現在, または過去の事実に反する願望などを 表す; that 節中の(助)動詞は過去形, または過去完 了形）

→ 【wish (that) ...】…であればいいのにと思う

`A1` **名** (…したいという)願い, 願望

→ 【wish to *do*】…したいという願い

281 ☑ **apply**
[əplái]

動 １ (求人などに)申し込む

関連 application 申し込み. applicant 応募者

→ 【apply for Ⓐ】Ⓐに申し込む

２ 〈技術・理論などを〉適用する, 応用する

`A2` → 【apply Ⓐ to Ⓑ】ⒶをⒷに適用する

282 ☑ **desire**
[dizáiər]

`B1` **名** (…に対する)(強い)願望, 欲望(for ...)

`B2` **動** …を(強く)望む

関連 desirable 望ましい

政治

283 ☑ **government**
[gʌ́vərnmənt] `A2`

名 政府；(地方の)自治体

関連 govern 治める. governor 知事

284 ☑ **president**
[prézidənt]
`B1`

名 (共和国の)大統領；(会社の)社長(of ...)

関連 presidential 大統領の

285 ☑ **minister**
[mínəstər]
`B2`

名 (行政府の)大臣, 閣僚

関連 ministry 省

286 ☑ **parliament**
[pɑ́ːrləmənt]
発音
`B2`

名 議会, 国会(◆大文字で始めると「英国議会」の 意味になる)

🖊 日本の国会は the Diet, 米国の国会は Congress といいます。

287 ☑ **political**
[pəlítikl]
`A2`

形 政治の, 政治に関する

関連 politics 政治. politician 政治家

☐ チャンク **if you** wish お望みならば

☐ Jim **wishes to** make a computer game.
▶ジムはコンピューターゲームを作りたいと思っている.

☐ I **wish** (**that**) I **were** taller.
▶もっと背が高かったらいいのに.

☐ I **wish** (**that**) I **hadn't quit** the club.
▶クラブをやめなきゃよかった.

☐ I have no **wish to** see her again.
▶彼女に二度と会いたいとは思わない（⑯ 会いたいという願望はない）.

☐ チャンク **apply for** a job 職に応募する

☐ I **applied for** a passport.
▶私はパスポートを申請した.

☐ New technologies are **applied to** industries.
▶新しい技術は産業に応用される.

☐ チャンク **express a** desire **to** do …したいという欲求を表す

☐ She has a strong **desire for** power.
▶彼女は権力欲が強い.

☐ Everyone **desires** happiness.
▶だれもが幸せを望んでいる.

☐ チャンク **a** government **official** 政府の職員；官僚

☐ The **government** is planning tax cuts.
▶政府は減税を計画している.

☐ チャンク **be elected** president 社長[大統領]に選ばれる

☐ Her mother is the **president of** a big company.
▶彼女の母は大会社の社長だ.

☐ チャンク **the foreign** minister 外務大臣

☐ His father was the prime **minister** of Japan.
▶彼の父親は日本の総理大臣だった.

☐ チャンク **the European** Parliament 欧州議会

☐ She was elected to **Parliament**.
▶彼女は（英国の）国会議員になった（⑯ 国会へと選ばれた）.

☐ チャンク **a** political **leader** 政治的指導者

☐ He started a **political** campaign.
▶彼は選挙（⑯ 政治の）運動を始めた.

STAGE 3

数・量

288 ☑ **lack**
[lǽk]

A2 名 (必要なものの)不足, 欠乏(of ...)

B2 動 〈必要なものを〉欠く, …に不足する

289 ☑ **empty**
[émpti]

A2 形 〈容器などが〉空の
対義 full いっぱいの
　◆ 劇場や列車などの座席が「空いている」と
　　言うには vacant を用います.

290 ☑ **measure**
[méʒər]
🎺 発音

B1 動 **1** 〈長さ・大きさなどを〉はかる
関連 measurement 測定
2 〈人・価値などを〉判断する, 評価する

B1 名 **1** (主に公的な)対策

2 (判断などの)基準(of ...)

空 気・気 体

291 ☑ **atmosphere**
[ǽtməsfiər]
🎺 アクセント

B1 名 **1** (地球を取り巻く)大気

2 (場所の)雰囲気

292 ☑ **mass**
[mǽs]

B2 名 **1** (特定の形をもたない)塊
2 多数(の…), 多量(の…)(of ...)
関連 massive 巨大な

293 ☑ **material**
[mətíəriəl]

A2 名 **1** (木材・金属など)材料, 原料;(衣服などの)
生地(◆「料理の材料」は ingredient)
2 (執筆や授業などで用いる)資料

294 ☑ **piece**
[píːs]

A1 名 1つ, 1個(◆a piece of ...のような形で,
数えられない名詞に用いる)

☑チャンク lack confidence	自信が足りない
☑ Lack of sleep can cause health problems.	▶睡眠不足は健康問題を引き起こすおそれがある.
☑ They lack the basic needs of life.	▶彼らは生活必需品にも事欠いている.

☑チャンク an empty bottle	空のビン
☑ His hands were empty.	▶彼の手には何もなかった（➡ 空っぽだった）.
☑ Are there any vacant seats?	▶空席はありますか？

☑チャンク measure the distance	距離を測定する
☑ They measured him for a suit.	▶彼らはスーツを作るため彼の寸法をとった.
☑ Success can't be measured only by money.	▶成功はお金だけでは判断できない.
☑ You should take safety measures when climbing.	▶登山するときは安全対策をとるべきだ.
☑ Grades are not the only measure of intelligence.	▶成績だけが知性をはかる基準ではない.

☑チャンク create an atmosphere of trust	信頼できる雰囲気を作る
☑ Part of the sun's energy is absorbed by the atmosphere.	▶太陽エネルギーの一部は大気に吸収される.
☑ The hotel offers a friendly atmosphere.	▶そのホテルは親しみやすい雰囲気がある.

☑チャンク a mass of evidence	膨大な証拠
☑ A glacier is a huge mass of ice.	▶氷河とは巨大な氷の塊だ.
☑ There were a mass of mistakes.	▶多数の間違いがあった.

☑チャンク organic materials	有機材料
☑ The toy was made of soft materials.	▶そのおもちゃは柔らかい材料でできていた.
☑ We have training materials for new employees.	▶新入社員用の研修資料があります.

☑チャンク a piece of music	1 曲
☑ He took out a piece of paper.	▶彼は 1 枚の紙を取り出した.

STAGE 3

89

目的・目標

295 ☑ **intend**
[inténd]
B1

動 (…する)つもりである(to *do*)(◆口語では be going to *do*を用いるのがふつう)
関連 intention 意図, intentional 故意の

296 ☑ **effort**
[éfərt]
A2

名 (困難なことを成し遂げようとする)努力

297 ☑ **purpose**
[pə́:rpəs]
A2

名 (行動などの)目的

298 ☑ **aim**
[éim]
B1

名 (銃などの)ねらい, 的(まと)

B2

動 (…することを)目標にする(to *do*)

能力・可能

299 ☑ **function**
[fʌ́ŋkʃn]
B1

名 (独自の)機能, 役目
関連 malfunction 機能不全

A2

動 〈機械などが〉作動する, 働く

300 ☑ **capacity**
[kəpǽsəti]
B1

名 (建物などの)収容能力；(容器などの)容量

301 ☑ **capable**
[kéipəbl]
B1

形 **1** (…するのに必要な)能力がある
関連 able (…することが) できる, capability 能力
対義 incapable 能力がない
☞ 【be capable of *do*ing】…する能力がある
2 〈人が〉有能な

302 ☑ **potential**
[pəténʃl]
B2

形 (将来…になる)可能性のある, 潜在的な

B1

名 (…の)可能性(for ...)

303 ☑ **enable**
[enéibl]
B1

動 〈物事が〉〈人に〉…できるようにする, …を可能にする
☞ 【enable **A** to *do*】**A**に…できるようにする

☑ ﾁｬﾝｸ **be intended to help Ⓐ** 　　Ⓐ に役立つように意図されている
☑ Bob **intends to** learn karate in Japan. ▶ボブは日本で空手を習うつもりだ.

☑ ﾁｬﾝｸ **despite his effort** 　　彼の努力のかいもなく
☑ He made a great **effort** to win. ▶彼は勝つために大変な努力をした.

☑ ﾁｬﾝｸ **on purpose** 　　故意に
☑ What was the **purpose** of his visit? ▶彼の訪問の目的は何だったのですか?

☑ ﾁｬﾝｸ **take aim at Ⓐ** 　　Ⓐ にねらいを定める
☑ The soldiers took **aim** at the building. ▶兵士たちはその建物にねらいを定めた.

☑ We **aim to** be back by six. ▶6時までに戻るつもりです(⦿ 戻ることを目標にしている).

☑ ﾁｬﾝｸ **perform the function of Ⓐ** 　　Ⓐ の機能を果たす
☑ The **function** of the brain is not fully known. ▶脳の機能は完全には分かっていない.

☑ Subways are **functioning** perfectly. ▶地下鉄は申し分なく動いている.

☑ ﾁｬﾝｸ **be filled to capacity** 　　満杯である(⦿ 容量を満たしている)
☑ The theater has a seating **capacity** of 1,200. ▶その劇場には 1,200 席ある(⦿ 1,200 人が座れるだけの収容能力がある).

☑ ﾁｬﾝｸ **be capable of high speed** 　　高速が出る(能力がある)
☑ She **is capable of looking** after children. ▶彼女は子どもたちの面倒をみる能力がある.

☑ He is a **capable** secretary. ▶彼は有能な秘書だ.

☑ ﾁｬﾝｸ **a potential risk** 　　潜在的な**危険性**
☑ They are **potential** customers. ▶彼らは顧客になる可能性がある.

☑ The company has the **potential for** change. ▶その会社は変わる可能性がある.

☑ ﾁｬﾝｸ **enable a person to do Ⓐ** 　　人に Ⓐ できるようにする
☑ The pass **enables** you **to** ride any bus. ▶そのパスがあればどのバスにも乗ることができる.

91

話す・伝える

304 ☑ **express**
[iksprés]

B1 動〈考え・感情などを〉表現する
關連 **expression** 表現；表情

A2 形〈列車が〉急行の
關連 **expressway** 高速道路

305 ☑ **claim**
[kléim]

A2 動 **1**〈正当性・真実性などを〉主張する
⤷ 【**claim that ...**】…だと主張する
2 (当然の権利として)…を要求する

B1 名 (正当性・真実性などの)(…という)主張(that ...)

306 ☑ **argue**
[ɑ́ːrgjuː]

動 (理由をあげて)…だと主張する(that ...)
關連 **argument** 議論・
A2 ⤷ 【**argue that ...**】…だと主張する

307 ☑ **state**²
[stéit]

動 …を(公式に)表明する
關連 **statement** 声明
🔘 state には「状態」，「国家」という意味も
B2 あります.

主題・問題点

308 ☑ **subject**
[sʌ́bdʒikt]

A1 名 **1** 主題；テーマ，(会話などの)話題

2 (授業の)科目

形 (主に悪いものの影響を)受けやすい
⤷ 【**be subject to Ⓐ**】Ⓐの影響を受けやすい

309 ☑ **issue**
[íʃuː]

A2 名 **1** (議論の対象となる)問題(点)

2 (雑誌などの)出版物；…号

B2 動〈声明などを〉出す

310 ☑ **theme**
[θíːm]

名 (文章・芸術作品などの)主題, テーマ

B2

☑ チャンク **express** an opinion 意見を述べる
☑ Our teacher encourages us to **express** ourselves. ▶先生は自分自身を表現するよう励ましてくれる.
☑ **Express** trains don't stop here. ▶急行列車はここには停まらない.

☑ チャンク **claim** ownership of Ⓐ Ⓐ の所有権を主張する
☑ He **claims that** the rules are unfair. ▶彼はルールが不公平だと主張している.
☑ They **claimed** five million yen for the damage. ▶彼らは損害に対して500万円を要求した.
☑ They turned down his **claim that** he did nothing wrong. ▶悪いことは何もしていないという彼の主張を彼らははねつけた.

☑ チャンク it could be **argued** that Ⓐ Ⓐ ということが言えるかもしれない
☑ She **argued that** we should change our plan. ▶彼女は私たちの計画を変更すべきだと主張した.

☑ チャンク **state** the obvious 当然のことを言う
☑ She **stated** her intention to run for the presidency. ▶彼女は大統領選に立候補するつもりであることを公式に表明した.

STAGE 3

☑ チャンク change the **subject** 話題を変える
☑ Just keep off the **subject**. ▶その話題には触れないように.
☑ Math is my favorite **subject**. ▶数学はいちばん好きな科目だ.
☑ Prices **are subject to** change. ▶価格は変動することがあります(🔁 変動の影響を受けやすい).

☑ チャンク a political **issue** 政治的な問題
☑ Nuclear power is a hot **issue** in Germany. ▶原子力はドイツで熱心に議論されている問題だ.
☑ The May **issue** of the magazine is missing. ▶その雑誌の5月号が見当たらない.
☑ A tornado warning was **issued**. ▶竜巻注意報が発令された.

☑ チャンク the main **theme** メインテーマ
☑ The **theme** of the movie is courage. ▶その映画のテーマは勇気だ.

つかむ・捕らえる

311 ☐ **catch** [kǽtʃ] **過去・過分** caught **A1**	**動 1** 〈注意などを〉引きつける **2** …を目撃する 🔷 【catch **A** doing】 **A** が…しているのを 目撃する
312 ☐ **catch up with ...**	…に追いつく
313 ☐ **capture** [kǽptʃər] **B1**	**動** 〈人・動物などを〉捕らえる

起点・源

314 ☐ **origin** [ɔ́(:)ridʒin] **B1**	**名** (…の)起源, 始まり(of ...) **関連** original 本来の, originally 元は
315 ☐ **source** [sɔ́:rs] **A2**	**名** (…の)源；情報源(of ...)
316 ☐ **resource** [ríːsɔːrs] **B1**	**名** 資源(◆通例複数形で用いる)

認識・識別

317 ☐ **realize** [ríː(:)əlàiz] **アクセント** **A2**	**動 1** 〈計画などを〉実現する **2** …を(十分に)理解する **関連** realization 認識
318 ☐ **recognize** [rékəgnàiz] **B1**	**動 1** (過去の経験から)…が(だれ[何]か)分かる **関連** recognition 見[聞き]覚え **2** …を(真実として)認める
319 ☐ **distinguish** [distíŋgwiʃ] **B1**	**動** …(の違い)を見分ける **関連** distinct はっきりした, distinction 区別, distinguished 著名な 🔷 【distinguish **A** from **B**】 **A** と **B** を見分ける
320 ☐ **acknowledge** [əknálidʒ] **B1**	**動** …を(真実であると)認める **関連** acknowledgment 認めること

☑ チャンク **catch my attention** 私の注意を引く
☑ His unique voice **caught** my attention. ▶彼の独特な声は私の注意を引いた.
☑ My mother **caught** a thief **stealing** into the house. ▶母は泥棒が家に忍び込むところを目撃した.

☑ They soon **caught up with** us. ▶彼らはまもなく私たちに追いついた.

☑ チャンク **capture a bird** 鳥を捕らえる
☑ A rabbit was **captured** in the park. ▶公園でウサギが捕まった.

☑ チャンク **the origin of the universe** 宇宙の起源
☑ The **origin** of the word is not known. ▶その言葉の起源は不明だ.

☑ チャンク **identify the source of information** 情報の発信源を特定する
☑ Music is my **source** of energy. ▶音楽が私の元気の素だ.

☑ チャンク **the lack of human resources** 人材不足
☑ We must protect natural **resources**. ▶我々は天然資源を守らなければならない.

☑ チャンク **realize my dream** 私の夢を実現する
☑ He **realized** his childhood dream. ▶彼は子どものころの夢を実現した.
☑ I **realized** that I was wrong. ▶私は自分が間違っていることに気づいた.

☑ チャンク **recognize the importance of Ⓐ** Ⓐ の重要性を認識する
☑ Do you **recognize** her? ▶彼女が(だれか)分かりますか?
☑ They **recognized** the need for change. ▶彼らは変わる必要性を認めた.

☑ チャンク **distinguish between right and wrong** 善悪の区別をつける
☑ I couldn't **distinguish** the real diamond **from** the imitations. ▶私はその本物のダイヤモンドと偽物を見分けられなかった.

☑ チャンク **acknowledge the existence of Ⓐ** Ⓐ の存在を認める
☑ She **acknowledged** her mistake. ▶彼女は自分のミスを認めた.

STAGE 3

起こる

321 □ **occur**
[əkə́:r]
B1

動 **1** 〈予期しないことが〉**起こる**（◆happen より改まった語）
関連 occurrence 出来事
2 〈考えなどが〉（心に）**思い浮かぶ**
【it occurs to **A** that ...】
Aの心に…ということが思い浮かぶ

322 □ **arise**
[əráiz]
B1
過去 arose 過分 arisen

動 〈問題などが〉**起こる, 生じる**

お金・財産

323 □ **property**
[prápərti]
B1

名 **1** (個人・組織の)**所有物, 財産**
2 **所有地**, (土地・建物などの)**不動産**

324 □ **possess**
[pəzés]
B1

動 〈財産・土地などを〉**所有する**
関連 possession 所有

325 □ **inherit**
[inhérit]
B2

動 〈財産・土地などを〉**相続する**；〈性格・体質などを〉**受け継ぐ**
関連 inheritance 相続財産

326 □ **purchase**
[pə́:rtʃəs]
B2

名 **購入**(品)
B2
動 …を**買う, 購入する**（◆buy より改まった語）

327 □ **expense**
[ikspéns]
B1

名 **支出, 出費**

328 □ **at the expense of ...**

…を**犠牲にして**

329 □ **wealth**
[wélθ]
A2

名 (莫大(ばくだい)な)**財産, 富**
関連 wealthy 裕福な

330 □ **poverty**
[pávərti]
B1

名 **貧困**(状態)
関連 poor 貧しい, poorly 貧しく

☑ チャンク **great changes** occur | 大きな変化が起きる
☑ The accident **occurred** at about 4 a.m. | ▶その事故は午前4時ごろに起こった.

☑ It **occurred** to me that I should keep it secret. | ▶ぼくはそれを秘密にするべきだとふと思った.

☑ チャンク A question **arises** about Ⓐ. | Ⓐ について疑問が生じる.
☑ A new problem has **arisen**. | ▶新たな問題が起こった.

STAGE 3

☑ チャンク a **property** owner | 財産の所有者
☑ The park is a national **property**. | ▶その公園は国有財産だ.
☑ "Private **Property**: Keep Out" | ▶「私有地につき立入禁止」

☑ チャンク **possess** a fortune | 莫大(ばく)な資産がある
☑ She **possesses** a large land. | ▶彼女は広大な土地を所有している.

☑ チャンク **inherit** property | 財産を相続する
☑ Haruka **inherited** her kindness from her mother. | ▶遥の優しさは母親譲りだ(直 遥は優しさを母親から受け継いだ).

☑ チャンク the **purchase** price | 購入価格
☑ Do you make **purchases** through the Internet? | ▶あなたはインターネットで買い物をしますか?

☑ I **purchased** the PC. | ▶私はそのパソコンを購入した.

☑ チャンク school **expenses** | 学費
☑ Rent is a big **expense** for me. | ▶家賃は私にとって大きな支出だ.

☑ He continued to paint pictures at **the expense** of his health. | ▶彼は健康を損ないながらも, 絵を描きつづけた.

☑ チャンク the **distribution** of wealth | 富の分配
☑ True **wealth** comes from the heart. | ▶真の豊かさとは心から生まれるものだ.

☑ チャンク hunger and **poverty** | 飢餓と貧困
☑ The famous painter died in **poverty**. | ▶その有名な画家は貧しいまま死んだ.

行動・ふるまい

331 ☑ **behavior** [bihéivjər] **A2**	**名** ふるまい, 行動	

| 332 ☑ **behave**
[bihéiv] **B1** | **動** ふるまう |

333 ☑ **tend**
[ténd] **B1**

動 傾向がある
関連 tendency 傾向
👉 【tend to *do*】…する傾向がある

334 ☑ **pretend**
[priténd] **A2**

動 …のふりをする
👉 【pretend to *do*】…するふりをする

335 ☑ **conduct**
[kəndʌ́kt] **B2**

動 **1** 〈調査・研究などを〉行う

2 〈オーケストラなどを〉指揮する
関連 conductor 指揮者

336 ☑ **imitate**
[ímitèit] **B1**

動 …を模倣する;〈人(の行動)を〉まねる
関連 imitation まね;模造品

輸送・配達

337 ☑ **carry**
[kǽri] **A1**

動 …を(手や乗り物で)運ぶ
関連 carrier 運ぶ人

| 338 ☑ **carry on with ...** | …を続ける |

| 339 ☑ **carry out** | …を実行する, 実施する |

340 ☑ **deliver**
[dilívər] **B1**

動 〈手紙・品物などを〉配達する
関連 delivery 配達
👉 【deliver **Ⓐ** to **Ⓑ**】**Ⓐ**を**Ⓑ**に配達する

341 ☑ **import** **B2**
動 [impɔ́:rt]
名 [ímpɔ:rt]
🔊 アクセント

動 …を(国外から)輸入する(from ...)
対義 export 輸出する
名 (国外からの)輸入(品)
対義 export 輸出(品)

342 ☑ **transport**
[trænspɔ́:rt] **B2**

動 〈人・商品などを〉(乗り物で)運ぶ, 輸送する
関連 transportation 輸送(手段)

☑ チャンク **change behavior** 行動を改める

☑ I can't stand his **behavior**. ▶彼のふるまいには我慢できない.

☑ チャンク **behave like a child** 子どものようにふるまう

☑ **Behave** yourself. ▶行儀よくしなさい.

☑ チャンク **tend to forget Ⓐ** Ⓐを忘れがちである

☑ She **tends to** get nervous. ▶彼女は緊張しがちだ.

☑ チャンク **I can't pretend to know Ⓐ.** Ⓐを知ったかぶりはできない.

☑ He **pretended** not to notice. ▶彼は気がつかないふりをした.

☑ チャンク **conduct an interview** インタビューを行う

☑ We'll **conduct** the experiment. ▶私たちはその実験を行う予定だ.

☑ The orchestra was **conducted** by Seiji Ozawa. ▶そのオーケストラは小澤征爾によって指揮された.

☑ チャンク **Art imitates nature.** 芸術は自然を模倣する.

☑ He **imitated** the actor's way of talking. ▶彼はその俳優の口調をまねた.

☑ チャンク **carry passengers** 乗客を運ぶ

☑ The women **carried** pots on their heads. ▶女性たちはかめを頭に載せて運んだ.

☑ I'll **carry on** with my work. ▶私は自分の仕事を続けます.

☑ He **carried out** his promise. ▶彼は約束を実行した.

☑ チャンク **deliver milk** 牛乳を配達する

☑ Letters are **delivered** once a day. ▶手紙は1日に1度配達される.

☑ They are **delivering** supplies to the area. ▶彼らはその地域に供給物を配っている.

☑ チャンク **import cars from Japan** 日本から車を輸入する

☑ We **import** wine **from** France. ▶私たちはフランスからワインを輸入している.

☑ Oil **imports** increased. ▶石油の輸入(量)が増えた.

☑ チャンク **transport goods** 商品を輸送する

☑ You'll be **transported** to the hotel by bus. ▶ホテルへはバスでお連れします(🔊 あなたはバスでホテルに運ばれるだろう).

STAGE 3

状況・場合

343 ☑ **situation**
[sìtʃuéiʃn] A2
图状況, 場合

344 ☑ **circumstance**
[sə́:rkəmstæns] B2
图事情, 状況

345 ☑ **opportunity**
[àpərtjú:nəti] A2
图(自分にとって幸運な)機会, チャンス
☞【opportunity to do】…する機会
☞【opportunity for Ⓐ】Ⓐの機会

346 ☑ **occasion**
[əkéiʒn] B1
图❶(特定の)場合, 時
関連 occasional 時々の, occasionally 時々
❷(特別な)行事

347 ☑ **emergency**
[imə́:rdʒənsi] A2
图緊急事態, 非常時

天気・気候

348 ☑ **weather**
[wéðər] A1
图(一時的な)天気, 天候

349 ☑ **climate**
[kláimit] B1
图(ある地域の平均的な)気候

350 ☑ **temperature**
[témpərətʃər] A2
图(物・場所などの)温度, 気温

351 ☑ **storm**
[stɔ́:rm] A2
图(雨や雷を伴うような)あらし

352 ☑ **blow**
[blóu]
過去 blew 過分 blown A1
動(風が)吹く;〈管楽器を〉吹く
🖉 blow には「殴打」, 「精神的打撃」という
意味もあります.

☐ **チャンク** **handle a difficult** situation　難局を処理する
☐ We are in a difficult **situation**.　▶我々は困難な状況にある.

☐ **チャンク** **depend on the** circumstances　状況による
☐ You can cancel the hotel reservation under certain **circumstances**.　▶事情によってはホテルの予約をキャンセルできます.

☐ **チャンク** **have an equal** opportunity　均等な機会を得る
☐ I had an **opportunity** to talk with her.　▶私は彼女と話す機会があった.
☐ It was a good **opportunity** for learning about other cultures.　▶それは異文化を学ぶよい機会だった.

☐ **チャンク** **on one** occasion　あるとき
☐ I wear this suit on special **occasions**.　▶私はこのスーツを特別な場合に着る.
☐ This festival is an annual **occasion**.　▶この祭りは年1回の行事だ.

☐ **チャンク** **an emergency exit**　非常口
☐ In an **emergency**, please call this number.　▶緊急の場合, この番号に電話してください.

☐ **チャンク** **if the weather permits**　天気が許せば
☐ How is the **weather** in Tokyo in summer?　▶夏の東京の天候はどんなふうですか？

☐ **チャンク** **climate change**　気候変動
☐ The **climate** here is warm and dry.　▶ここの気候は暖かく乾燥している.

☐ **チャンク** **the body temperature**　体温
☐ The **temperature** is kept at 15°C.　▶温度は摂氏15度に保たれている.

☐ **チャンク** **the calm before the storm**　あらしの前の静けさ
☐ A violent **storm** hit the city.　▶激しいあらしがその都市を襲った.

☐ **チャンク** **blow the trumpet**　トランペットを吹く
☐ A strong wind was **blowing** last night.　▶昨夜は強い風が吹いていた.

STAGE 3

101

基本単語頻出構文

353 ☐ **give** 📖p. 175 道場
[gív]
過去 gave 過分 given
A1

動 …を与える；…を手渡す
👉【give **A B**】または【give **B** to **A**】
Aに**B**を与える

354 ☐ **ask** 📖p. 174 道場
[ǽsk]
A1

動 **1** …を尋ねる
👉【ask **A B**】**A**に**B**を尋ねる
2（助けなどを）求める
👉【ask for **A**】**A**を求める

👉【ask **A B**】または【ask **B** of **A**】
Aに**B**を求める
👉【ask **A** to *do*】**A**に…するよう頼む，求める

355 ☐ **pay** 📖p. 175 道場
[péi]
過去・過分 paid
A1

動 **1**〈代金などを〉支払う
👉【pay **A** for **B**】**B**に対して**A**を支払う
2〈行為が〉…に利益をもたらす
👉【it pays **A** to *do*】…することは**A**のためになる

356 ☐ **look** 📖p. 106 道場
[lúk]
A1

動 **1**（見ようとして意識的に）見る
👉【look at **A**】**A**を見る
2（顔つき・様子などから）…に見える
（◆appear, seem と同義）
👉【look like **A**】**A**のように見える
👉【look as if ...】まるで…のように見える

357 ☐ **help** 📖p. 276 道場
[hélp]
A1

動〈困っている人などを〉手伝う，助ける
👉【help（to）*do*】…するのを手伝う

👉【help **A**（to）*do*】**A**が…するのを手伝う
👉【help **A** with **B**】**A**の**B**を手伝う

358 ☐ **bring** 📖p. 346 道場
[bríŋ]
過去・過分 brought
A1

動〈物を〉（ある場所へ）持ってくる；〈人を〉連れてくる
👉【bring **A B**】**A**に**B**を持ってくる

☐ He **gave** Mary the flowers. ▶彼はメアリーにその花をあげた.
　[≒ He **gave** the flowers to Mary.]

☐ The elderly man **asked** me the way to ▶そのお年寄りの男性は私にバス停への
　the bus stop. 　行き方を尋ねた.
☐ Although she was very poor, she never ▶彼女はとても貧しかったが, 決して援助を求
　asked for support. 　めなかった.
☐ May I **ask** you a favor? ▶ちょっとお願いしても (🔄 あなたに頼みごと
　[≒ May I **ask** a favor **of** you?] 　を求めても) いいですか?
☐ When I was a child, I used to **ask** my ▶子どものころ, 私はよく両親におもちゃを買っ
　parents **to** buy me toys. 　てくれるようせがんだ.

☐ I **paid** 400 yen **for** the book. ▶私はその本に 400 円払った.

☐ **It pays** you **to** do your work well. ▶仕事をきちんとすることは自分のために
　　　　　　　　　　　　　　　　　　　　　　なる.

☐ **Look at** that cloud. ▶あの雲を見てごらん.

☐ My dad **looks like** a pro wrestler. ▶私の父はプロレスラーのように見える.
☐ It **looks as if** it's going to snow. ▶雪が降りそうだ (🔄 まるで雪が降るかのよう
　　　　　　　　　　　　　　　　　　　　　に見える).

☐ He **helped** (**to**) set up the computer. ▶彼はコンピュータをセットアップするのを
　　　　　　　　　　　　　　　　　　　　　　手伝った.
☐ **Help** me (**to**) move this sofa. ▶このソファーを動かすのを手伝って.
☐ She often **helps** me **with** my ▶彼女はよく宿題を手伝ってくれる.
　homework.

☐ He **brought** me the newspaper. ▶彼は私に新聞を持ってきてくれた.

STAGE 3

103

基本単語頻出構文

---

359 ☐ **think**
[θíŋk]
過去・過分 thought
A1

動 …と思う, 考える
→ 【think that ...】…だと思う
→ 【think of Ⓐ as Ⓑ】ⒶをⒷと考える
→ 【think Ⓐ (to be) Ⓑ】ⒶをⒷだと思う

---

360 ☐ **tell** ⟐p.209 道場
[tél]
過去・過分 told
A1

動 ❶ 〈人に / 情報などを〉話す, 伝える
→ 【tell Ⓐ that ...】Ⓐに…だと話す
❷ 〈人に〉命じる
→ 【tell Ⓐ to do】Ⓐに…するように言う
❸ 〈人に / 住所・道順などを〉教える
→ 【tell Ⓐ Ⓑ】または【tell Ⓑ to Ⓐ】
　　Ⓐに Ⓑを教える
❹ 〈違いを〉見分ける
→ 【tell Ⓐ from Ⓑ】ⒶとⒷの違いを見分ける

---

361 ☐ **hear**
[híər]
過去・過分 heard
A1

動 (自然に)…が聞こえる, …を聞く
→ 【hear Ⓐ do】Ⓐが…するのが聞こえる
→ 【hear Ⓐ doing】
　　Ⓐが…しているのが聞こえる
→ 【hear Ⓐ done】Ⓐが…されるのが聞こえる

---

362 ☐ **seem**
[síːm]
A2

動 ❶ (外見などから)…のように思われる, 見える
　　(◆look, appear と同義)
→ 【seem (to be) Ⓐ】Ⓐであるように思われる,
　　見える
→ 【seem to do】…するように思われる
❷ (人には)…のように思われる(◆主語は it)
→ 【it seems to Ⓐ that ...】
　　Ⓐには…のように思われる
→ 【it seems Ⓐ to do】
　　…するのは Ⓐ であるように思われる
→ 【it seems as if ...】
　　まるで…のように思われる
→ 【it seems like ...】…のように思われる

- [ ] I think that he is right. ▶彼は正しいと思う.
- [ ] I think of her as a first-class tennis player. ▶彼女は一流のテニス選手だと思う.
- [ ] I think him (to be) a great singer. ▶彼は偉大な歌手だと思う.

- [ ] She told me that she likes you. ▶彼女が君のことを好きだって言ってたよ.

- [ ] Please tell him to come here. ▶ここに来るように彼に言ってください.

- [ ] Could you tell me your e-mail address? [≒ Could you tell your e-mail address to me?] ▶(私に)メールアドレスを教えてくださいますか?

- [ ] Can you tell a viola from a violin? ▶ビオラとバイオリンの区別がつきますか?

- [ ] I heard him speak German. ▶私は彼がドイツ語を話すのを聞いた.
- [ ] I heard her playing the violin. ▶彼女がバイオリンを弾いているのが聞こえた.
- [ ] I heard my name called. ▶私は自分の名前が呼ばれるのを聞いた.

- [ ] The cell phone seems (to be) a kind of card. ▶その携帯電話はカードの一種であるように見える.
- [ ] You seem to agree with us. ▶あなたは私たちと同じ意見のようですね.

- [ ] It seemed to me that he was a little tired. ▶私には彼が少し疲れているように思えた.
- [ ] It seems impossible to make Sophie change her mind. ▶ソフィーに考えを変えさせるのは無理であるように思われる.
- [ ] It seems as if I had known him for years. ▶彼とはもう何年も前から知り合いのような気がする.
- [ ] It seems like the flu is starting to spread. ▶インフルエンザがはやりはじめているように思われる.

STAGE 3

コーパス道場 3

look [lúk] →p. 102

コアイメージ 「意識して視線を向け，具体的な物を見る」

2 1 3 [look + 形容詞]ランキング

☑ S72 **第1位** look good	▶ よく見える
☐ The script looked good on paper.	▶ その台本は，読んだ限りではよさそうに見えた．

☑ S73 **第2位** look nice	▶ すてきに見える
☐ These shoes look nice with jeans.	▶ この靴はジーンズに合う．

☑ S74 **第3位** look different	▶ 違って見える
☐ This city will look different in 20 years.	▶ この街は20年後，違って見えるだろう．

☑ S75 **第4位** look great	▶ とてもよく見える
☐ You look great.	▶ (あなたは)すてきですね．

☑ S76 **第5位** look tired	▶ 疲れているように見える
☐ Our teacher looked a bit tired today.	▶ 先生は今日，少し疲れているように見えた．

686!

see [síː] →p. 38

→p. 38

コアイメージ 「自然と目に入ってくる, 視界にとらえる」

STAGE 3

🏆 [see + if [wh-, how] 節] ランキング

S77 🏆第1位 **see what ...**	▶ 何が…か分かる
☐ The little boy didn't see what was happening then.	▶ 少年はそのとき, 何が起こっているか分からなかった.
S78 (第2位) **see how ...**	▶ どう…か分かる
☐ The woman saw how the machine worked at once.	▶ 女性はすぐにその機械がどう動くのか分かった.
S79 (第3位) **see if ...**	▶ …かどうか分かる
☐ Go and see if the bath is ready.	▶ 風呂が沸いているか見てきなさい.
S80 (第4位) **see why ...**	▶ なぜ…か分かる
☐ He didn't see why his girlfriend left him.	▶ 彼は, なぜガールフレンドが彼の元を去ったのか分からなかった.
S81 (第5位) **see whether ...**	▶ …かどうか分かる
☐ The chef checked to see whether there was enough meat.	▶ 料理人は, 肉が十分にあるかどうか確かめた.

4. ファッション2

S82 □ ① 髪飾り　　　**hair ornament**[héər ɔ́ːrnəmənt]
S83 ☑ ② ネックレス　**necklace**[nékləs]
S84 ☑ ③ ショール　　**shawl**[ʃɔ́ːl]
S85 ☑ ④ ドレス　　　**dress**[drés]
S86 □ ⑤ ハンドバッグ **purse**[pə́ːrs]
S87 ☑ ⑥ パンプス　　**pumps**[pʌ́mps]

S88 ☑ ⑦ タキシード　　　**tuxedo**[tʌksíːdou]
S89 ☑ ⑧ 蝶ネクタイ　　　**bow tie**[bóu tái]
S90 ☑ ⑨ 花束　　　　　　**bouquet**[boukéi]
S91 ☑ ⑩ ポケットチーフ　**pocket handkerchief**
　　　　　　　　　　　　[pάkit hǽŋkərtʃif]
S92 ☑ ⑪ 革靴　　　　　　**leather shoes**[léðər ʃùːz]

STAGE 4

平均単語レベル
高校発展

関係

363 □ **related**
[riléitid]
B2

形 (…と)関係がある(to ...)
関連 relation 関係, relationship (親密な)関係

364 □ **relative**
[rélətiv]
B1

形 相対的な
対義 absolute 絶対的な

B1

名 親戚(蛍)

365 □ **depend**
[dipénd]
A2

動 1 …しだいである
⇒ 【depend on Ⓐ】Ⓐしだいである
2 (信用して)頼る, 依存する(◆rely と同義)
関連 dependence 依存
⇒ 【depend on Ⓐ】Ⓐに頼る

366 □ **independent**
[ìndipéndənt]
B1

形 (他の人, 物に)頼らない(of [from] ...)
関連 independence 独立,
independently 独立して, 自主的に

性質・状態

367 □ **complete**
[kəmplíːt]
A2

形 (何も欠けておらず, または程度が非常に高く)
完全な
関連 completely 完全に, completion 完成
対義 incomplete 不完全な

B1

動 (長い時間をかけて)…を仕上げる

368 □ **firm**
[fáːrm]

形 1 〈物体が〉堅い(◆形を変えるのにある程度の
力が必要となる堅さを表す)
関連 firmly 堅く
2 〈決心などが〉揺るぎない, 断固とした

B1

369 □ **solid**
[sálid]

形 1 〈物質が〉固体の, 固形の

B1

2 〈建築物などが〉頑丈な

370 □ **flexible**
[fléksəbl]
B2

形 1 〈物が〉曲げやすい, 柔軟な
関連 flexibility 柔軟性, flexibly 柔軟に
2 〈計画などが〉変更のきく

☑ 环幼 related **articles** 関連**記事**

☑ Your health is **related to** your lifestyle. ▶健康はライフスタイルと関係がある.

☑ 环幼 the relative **importance** 相対的な**重要性**

☑ I think 100 dollars is a lot, but it's all **relative**. ▶私は 100 ドルは大金だと思うが, これはまったく相対的なものだ.

☑ She visited her **relative** in London. ▶彼女はロンドンにいる親戚を訪ねた.

☑ 环幼 **Success** depends on **Ⓐ**. **成功するかは Ⓐ** しだいだ.

☑ It **depends on** what you do. ▶それは君がどうするかにかかっている.

☑ He still **depends on** his parents. ▶彼はいまだに両親に頼っている.

☑ 环幼 be financially independent 経済的に自立している

☑ She is financially **independent of** her parents. ▶彼女は親から経済的に自立している.

☑ 环幼 a complete **list** 完全な**リスト**

☑ I bought a **complete** set of Soseki Natsume's works. ▶私は夏目漱石全集を買った.

☑ The bridge was **completed** last month. ▶その橋は先月完成した.

☑ 环幼 firm **muscles** 引き締まった**筋肉**

☑ I don't like sitting on a **firm** sofa. ▶堅いソファーに座るのは好きじゃない.

☑ A **firm** belief makes the impossible possible. ▶揺るぎない信念は不可能を可能にする.

☑ 环幼 solid **food** 固形**食**

☑ The lake was frozen **solid** this morning. ▶湖はけさ, カチカチに凍っていた.

☑ The town is surrounded by **solid** walls. ▶その町は頑丈な壁に囲まれている.

☑ 环幼 flexible **plastic** 曲げやすい**プラスチック**

☑ She has a **flexible** body. ▶彼女は柔軟な体の持ち主だ.

☑ The plan is **flexible**. ▶その計画は変更がきく.

STAGE 4

連続・継続

371 ☑ **continue**
[kəntínjuː]
A2

動 〈行動などを〉続ける；〈動作・状態が〉(切れ目なく)続く
関連 continual (好ましくないことが)断続的な.
continuous 絶え間ない
【continue *doing* [**to** *do*]**】**…し続ける

372 ☑ **sustain**
[səstéin]
B2

動 …を(一定期間)維持する
関連 sustainable 持続可能な

373 ☑ **persist**
[pərsíst]
B2

動 1 (困難・反論があっても)あくまで主張する,
固執する
関連 persistence 固執, persistent しつこい
【persist in *doing*】…することをあくまで
主張する
2 〈現象などが〉持続する

歴史・時代

374 ☑ **modern**
[mádərn]
A2

形 〈場所・時間・様式などが〉現代の, 近代の
関連 modernize 近代化する

375 ☑ **contemporary**
[kəntémpərèri]
B2

形 1 〈芸術様式などが〉現代の, 現代的な
(◆modern と同義)
2 〈人・出来事などが〉同時代の
【be contemporary with Ⓐ】
Ⓐと同時代である

376 ☑ **ancient**
[éinʃənt]
A2

形 古代の

377 ☑ **primitive**
[prímitiv]
B1

形 〈時代・生物などが〉原始の, 太古の；
〈社会などが〉未開の

378 ☑ **era**
[írə]
B1

名 時代

☑**チャンク** continue my education	勉強を続ける
☑ The discussion continued until midnight.	▶議論は真夜中まで続いた.
☑ The rain continued falling [to fall] all day.	▶雨は一日中降り続いた.
☑**チャンク** sustain economic growth	経済成長を維持する
☑ Such a light breakfast won't sustain you until noon.	▶そんな軽い朝食ではお昼までもちませんよ (⑩ あなたを昼まで維持しないだろう).
☑**チャンク** persist in the old ways	古いやり方に固執する
☑ He persisted in creating a human-type robot.	▶彼はヒト型ロボットを作り出すことをあくまで主張した.
☑ The heavy snow persisted for a week.	▶大雪は1週間降り続いた.

☑**チャンク** modern technology	現代のテクノロジー
☑ Smartphones are indispensable in modern life.	▶スマートフォンは現代生活において不可欠だ.
☑**チャンク** contemporary art	現代美術
☑ Do you like contemporary pop music?	▶現代的なポップミュージックは好きですか?
☑ Picasso was contemporary with Dali.	▶ピカソはダリと同時代に活躍していた.
☑**チャンク** the ancient city	古代都市
☑ The cat was called "mau" in ancient Egypt.	▶古代エジプトでネコは「マウ」と呼ばれた.
☑**チャンク** a primitive society	未開社会
☑ We found some stone tools of primitive people there.	▶私たちはそこで原始人の石器を発見した.
☑**チャンク** the modern era	現代
☑ We are living in an era of technology revolution.	▶私たちは技術革命の時代に生きている.

STAGE 4

113

可能性・確実性

379 ☑ **likely**
[láikli]
(A2)

形 ありそうな, 起こりそうな
対義 unlikely ありそうもない
☞ 【be likely to *do*】たぶん…するだろう
☞ 【it is likely that ...】たぶん…だろう, …のようだ

380 ☑ **ensure**
[inʃúər]
(B1)

動 〈状況などを〉確かめる, 確認する

381 ☑ **prospect**
[práspekt]
(B2)

名 (何かよいことが起こる)可能性(of ...)

人間

382 ☑ **mankind**
[mænkáind]
(B1)

名 人類(◆性差別を避けるため, 代わりにhuman beings, the human raceなどを使う傾向にある)

383 ☑ **ancestor**
[ǽnsestər]
(A2)

名 祖先, 先祖
対義 descendant 子孫

384 ☑ **youth**
[jú:θ]
(A2)

名 (人生における)若いころ(◆10代を指すことが多い);若さ
関連 young 若い, youthful 若々しい

385 ☑ **infant**
[ínfənt]
(B2)

名 (1歳未満の)乳児;(7歳未満の)幼児

386 ☑ **sound**^{2}
[sáund]
(B2)

形 〈精神・肉体が〉健全な, 健康な;(状態が)いい

副 (睡眠が)ぐっすりと

387 ☑ **artificial**
[à:rtəfíʃl]
(A2)

形 〈物が〉人工の
対義 natural 自然の

388 ☑ **population**
[pàpjəléiʃn]
(A2)

名 (特定の地域の)人口;集団
関連 popular 人気のある, 大衆向きの, popularity 人気

☑ チャンク **the likely outcome**	起こりうる結果
☐ He **is likely to** win the race.	▶彼がレースに勝ちそうだ.
☐ **It's likely that** she knows the truth.	▶彼女は本当のことを知っているようだ.

☑ チャンク **ensure the safety**	安全性を確認する
☐ Please **ensure that** all the windows are closed.	▶すべての窓が閉まっているかどうか確かめてください.

☑ チャンク **future prospects**	将来の可能性（見通し）
☐ There is every **prospect of** his recovery.	▶彼が回復する可能性は十分ある.

☑ チャンク **the peace of mankind**	人類の平和
☐ I'm interested in the history of **mankind**.	▶私は人類の歴史に興味がある.

☑ チャンク **our early ancestors**	我々の古い先祖
☐ My **ancestors** were on the Mayflower.	▶私の祖先はメイフラワー号に乗っていた.

☑ チャンク **the energy of youth**	若々しいエネルギー
☐ In my **youth**, I lived in Britain.	▶私は若いころ，イギリスに住んでいた.

☑ チャンク **a healthy infant**	健康な幼児
☐ I saw a lot of newborn **infants** through the glass.	▶ガラス越しにたくさんの生まれたばかりの赤ちゃんが見えた.

☑ チャンク **a sound economy**	健全な経済状況
☐ She is of **sound** mind.	▶彼女は健全な精神の持ち主だ.
☐ The baby is **sound** asleep.	▶赤ちゃんは熟睡している（⑩ ぐっすりと眠っている）.

☑ チャンク **an artificial satellite**	人工衛星
☐ The **artificial** flowers looked like real ones.	▶その造花は本物のように見えた.

☑ チャンク **the world population**	世界の人口
☐ Tokyo has a **population** of about 13 million.	▶東京は約 1,300 万の人口をかかえている.

STAGE 4

115

支配・占有

389 ☑ **control** (A2) 名 (…に対する)支配(力)(over …);
[kəntróul] (危険なものなどの)規制

(B1) 動 〈場所などを〉支配する

390 ☑ **dominate** 動 (より大きな力で)…を支配する
[dámənèit] (B2) 関連 **dominant** 支配的な

391 ☑ **conquer** 動 (武力により)〈国などを〉征服する
[káŋkər]
(B1)

同一・同等・類似

392 ☑ **similar** 形 (…に)(よく)似ている(to …)
[símələr] 関連 **similarly** 同様に
(A2)

393 ☑ **equal** 形 **1** (…と)等しい(to …)
[í:kwəl] 対義 **unequal** 等しくない
2 平等な
(B1) 関連 **equality** 平等, **equally** 平等に

394 ☑ **equivalent** 形 (量・価値などが)(…に)等しい(to …)
[ikwívələnt]

395 ☑ **resemble** 動 (主に外見が)…に似ている
[rizémbl]
(B1)

396 ☑ **correspond** 動 (…と)一致する(with …)
[kɔ̀:rəspánd]
(B2)

397 ☑ **substitute** (B1) 名 (…の)代わり(for …)
[sʌ́bstitjùːt]

(B2) 動 …を代わりに使う
☞ 【**substitute Ⓐ for Ⓑ**】
　　ⒶをⒷの代わりに使う

☑ チャンク **gun** control	銃規制
☑ I have no **control over** my children.	▶子どもたちは私の言うことを全く聞かない (◉ 私には子どもたちに対する支配力がない).
☑ This area is **controlled** by the army.	▶この地域は軍隊に支配されている.
☑ チャンク **dominate** the conversation	（大声などで)会話を支配する
☑ Our team **dominated** the game.	▶我々のチームがその試合を支配した.
☑ チャンク **conquer** the world	世界を征服する
☑ The Romans **conquered** most of the European Continent.	▶ローマ人はヨーロッパ大陸の大部分を征服した.

☑ チャンク **a similar** problem	似た問題
☑ Your situation is very **similar to** mine.	▶あなたの置かれた状況は私ととてもよく似ている.
☑ チャンク **equal** rights	平等の権利
☑ One foot is **equal to** twelve inches.	▶1フィートは12インチに等しい.
☑ People are different but **equal**.	▶人はそれぞれ違うが平等だ.
☑ チャンク **equivalent** value	等しい価値
☑ One inch is **equivalent to** 2.54 cm.	▶1インチは2.54センチメートルに等しい.
☑ チャンク **resemble** each other	お互いに似ている
☑ Ann closely **resembles** her mother.	▶アンは彼女の母親にそっくりだ(◉ よく似ている).
☑ チャンク **correspond** exactly	正確に一致する
☑ His idea about victory doesn't **correspond with** those of the other teammates.	▶勝利についての彼の考えはほかのチームメイトたちの考えと一致しない.
☑ チャンク **a sugar** substitute	砂糖の代用品
☑ I used eggplants as a **substitute for** meat and cooked the meal.	▶私はナスを肉の代わりとして使い，その料理を作った.
☑ Let's **substitute** olive oil **for** butter.	▶バターの代わりにオリーブ油を使いましょうよ.

STAGE 4

117

距離・親密さ

398 ☐ **close**
[klóus]
🎯 発音
A1 | 形 **1** (距離・時間が)(…に)近い(to …)
2 (…と)(関係が)親密な, 密接な(to …)
関連 **closely** 密接に

副 (距離が)接近して, すぐ近くに

399 ☐ **distant**
[dístənt]
B1 | 形 (距離・時間が)(…から)遠い, 離れている
(from …)(◆far と同義)
関連 **distance** 距離
対義 **near** 近い

400 ☐ **separate**
動 [sépərèit]
形 [sépərit]
🎯 発音
B2 | 動〈2つの人や物などを〉分けている, 分ける
関連 **separation** 分離

A2 | 形 (…から)分かれている, 離れている(from …)
関連 **separately** 分かれて

生死

401 ☐ **live**
[láiv]
🎯 発音
B1 | 形 **1**〈放送・演奏などが〉生(殿)の, ライブの
2〈生物が〉生きている
関連 **lively** 元気のよい

402 ☐ **alive**
[əláiv]
A2 | 形〈生物が〉生きて(いる)

403 ☐ **survive**
[sərváiv]
A2 | 動 (危機・事故などを切り抜けて)生き残る
関連 **survival** 生存, **survivor** 生存者

404 ☐ **elderly**
[éldərli]
A2 | 形〈人が〉年配の(◆old の遠回しな言い方)
関連 **elder** 年上の, **eldest** 最年長の

405 ☐ **dead**
[déd]
A2 | 形〈生物が〉死んだ
関連 **deadly** 致命的な, **death** 死,
die 死ぬ

406 ☐ **bury**
[béri]
🎯 発音
A2 | 動〈死体を〉埋葬する(◆しばしば受身で)
関連 **burial** 埋葬

407 ☐ **suicide**
[súːəsàid]
B1 | 名 自殺

☐ **チャンク a close friend** ／ 親しい**友人**
☐ The hotel is **close to** the station. ／ ▶そのホテルは駅に近い.
☐ She is very **close to** her mother. ／ ▶彼女は母親ととても親密だ.

☐ We sat **close** together. ／ ▶私たちは寄り添って座った.

☐ **チャンク the distant future** ／ 遠い**未来**
☐ The school is two kilometers **distant from** my house. ／ ▶学校は家から2キロ離れている.

☐ **チャンク separate the areas** ／ 領域を**分ける**
☐ Once, the wall **separated** the city of Berlin. ／ ▶かつて, 壁がベルリンの街を分けていた.

☐ She keeps business **separate from** her private life. ／ ▶彼女は仕事をプライベートから分けている.

☐ **チャンク live music** ／ 生**演奏**
☐ Let's go to a **live** concert. ／ ▶ライブコンサートに行こうよ.
☐ **Live** chickens were sold there. ／ ▶そこでは生きた鶏が売られていた.

☐ **チャンク stay alive** ／ 生き**続ける**
☐ His grandparents are still **alive**. ／ ▶彼の祖父母はまだ健在だ.

☐ **チャンク survive the attack** ／ 攻撃から**生き延びる**
☐ He somehow **survived** in the jungle. ／ ▶彼は何とかジャングルで生き延びた.

☐ **チャンク elderly people** ／ 年配の**人たち**
☐ I met an **elderly** woman there. ／ ▶私はそこで1人の年配の女性に出会った.

☐ **チャンク a dead body** ／ **死体**
☐ Is she alive or **dead**? ／ ▶彼女は生きているのか, それとも死んだのか?

☐ **チャンク be buried in the cemetery** ／ 墓地に**埋葬される**
☐ He was **buried** in his hometown. ／ ▶彼は生まれ故郷に埋葬された.

☐ **チャンク an attempted suicide** ／ 自殺**未遂**(圓 試みられた自殺)
☐ No matter what happens, don't commit **suicide**. ／ ▶何があっても, 自殺してはいけない.

STAGE 4

確信・確認

408 ☑ **certain**
[sə́:rtn]

A2

形 **1** 確信して(いる)
☞ 【be certain of **A**】**A**を確信している
2 確かな, 確実な
対義 uncertain 不確かな
☞ 【it is certain that ...】…ということは確かだ

409 ☑ **confidence**
[kánfidəns]

B1

名 **1** (自分の能力に対する)自信(in ...)
関連 confident 確信して(いる)

2 (…に対する)信用, 信頼(in ...)

410 ☑ **convince**
[kənvíns]

B1

動 …を(事実であると)確信させる, 納得させる
☞ 【convince **A** of **B**】**A**に**B**を
確信させる

411 ☑ **confirm**
[kənfə́:rm]

B1

動 (証拠などにより)…が事実であると証明する

変化

412 ☑ **promote**
[prəmóut]

B1

動 **1** (商品の)販売促進をする, 売り込む
2 〈人を〉昇進させる(◆通例受身で用いる)
関連 promotion 昇進
☞ 【be promoted to **A**】**A**に昇進する

413 ☑ **adapt**
[ədǽpt]

B1

動 (新しい環境などに)適応する, 慣れる
関連 adapter アダプター
☞ 【adapt to **A**】**A**に適応する, 慣れる

414 ☑ **adjust**
[ədʒʌ́st]

A2

動 **1** (新しい環境などに)適応する, 慣れる
(◆adaptと同義)
☞ 【adjust to **A**】**A**に適応する, 慣れる
2 …を調節する

415 ☑ **freeze**
[frí:z]
過去 froze
過分 frozen

A2

動 〈物が〉凍る;〈物を〉凍らせる
関連 frost 霜, frozen 凍った
対義 melt 溶ける

416 ☑ **stimulate**
[stímjəlèit]

B2

動 〈活動などを〉活気づける, 刺激する
関連 stimulus 刺激

☑ **チャンク** **for** certain	確かに
☑ I am **certain** of her recovery.	▶私は彼女が回復することを確信している.
☑ Nothing could be more **certain**.	▶これほど確かなことはない.
☑ It is **certain** that you will win.	▶君が勝つことは確かだ.
☑ **チャンク** **build** confidence	自信を持つ,信頼を築く
☑ You should have more **confidence** in yourself.	▶あなたはもっと自分に自信を持つべきだ.
☑ I lost **confidence** in him.	▶私は彼への信用を失った.
☑ **チャンク** **be** convinced **of victory**	勝利を確信している
☑ He **convinced** us of the usefulness of the software.	▶彼は私たちにそのソフトの有用性を確信させた.
☑ **チャンク** **confirm** her identity	彼女の身元を証明する
☑ The new evidence **confirmed** his story.	▶その新しい証拠は彼の話が事実であると証明した.

☑ **チャンク** **promote** our products	自社の製品を売り込む
☑ My job is to **promote** our products to customers.	▶私の仕事は,自社の製品を顧客に売り込むことです.
☑ He'll **be promoted** to captain.	▶彼は船長に昇進するだろう.
☑ **チャンク** **adapt** quickly	すぐに適応する
☑ Bob **adapted** to the new school without any trouble.	▶ボブは難なく新しい学校に慣れていった.
☑ **チャンク** **adjust** the settings	セッティングを調節する
☑ My eyes **adjusted** to the dark after a while.	▶しばらくして目が暗さに慣れた.
☑ Will you **adjust** the height of the chair?	▶いすの高さを調節してくれる?
☑ **チャンク** **freeze** meat	肉を冷凍する
☑ The lake **froze** over last night.	▶昨夜は湖が一面に凍った.
☑ **チャンク** **stimulate** growth	成長を促す
☑ The news **stimulated** the economy.	▶そのニュースは景気を刺激した.

STAGE 4

121

真実・現実

417 ☑ **false**
[fɔ́:ls]
A1

形 **1** 〈考え・情報などが〉誤った, 間違った
対義 **true** 本当の
2 〈発言などが〉偽りの, うその

418 ☑ **practical**
[prǽktikl]
B1

形 **1** 〈考え・活動などが〉実際的な, 現実的な
関連 **practically** 事実上
対義 **theoretical** 理論(上)の
2 〈知識・道具などが〉実用的な, 役に立つ

419 ☑ **exist**
[igzíst]
A2

動 実在する, 存在する
関連 **existence** 存在

420 ☑ **assume**
[əsú:m]
B1

動 …を(証拠はないが真実であると)仮定する,
想定する
関連 **assumption** 仮定

司法・犯罪

421 ☑ **legal**
[lí:gl]
B1

形 **1** 法律(上)の
2 〈行為などが〉合法的な(◆lawful と同義)
対義 **illegal** 非合法の

422 ☑ **criminal**
[krímənl]
B1

名 犯人(◆「容疑者」は suspect)

B2

形 犯罪の
関連 **crime** 犯罪

423 ☑ **guilty**
[gílti]
B1

形 **1** 有罪の
関連 **guilt** 罪を犯していること, 有罪
対義 **innocent** 無罪の, **innocence** 無罪
➡ 【find Ⓐ guilty of Ⓑ】ⒶにⒷの罪で
有罪判決[有罪の評決]を下す
2 (…のことで)罪悪感をいだいている
(about ...)

424 ☑ **punish**
[pʌ́niʃ]
B1

動 〈人を〉罰する
関連 **punishment** 罰
➡ 【punish Ⓐ for Ⓑ】Ⓑの罪でⒶを罰する

☑ チャンク **the false claims** 間違った**主張**
☐ He gave me **false** information. ▶彼は私に誤った情報を教えた.
☐ It was a **false** promise. ▶それは偽りの約束だった.

☑ チャンク **practical experience** 実地の**経験**
☐ They came up with a **practical** solution. ▶彼らは現実的な解決策を見出した.
☐ We want a **practical** car. ▶私たちは実用的な車がほしいのです.

☑ チャンク **The problem exists in ⓐ.** 問題は ⓐ に存在する.
☐ Does life after death **exist**? ▶死後の世界は存在するのだろうか?

☑ チャンク **assume all risks** あらゆるリスクを**想定する**
☐ I **assume** everyone likes you. ▶みんなあなたのことが好きだと思う.

☑ チャンク **the legal right** 法律上の**権利**
☐ She gave me **legal** advice. ▶彼女は私に法的な助言をくれた.
☐ Alcohol is not **legal** here. ▶ここでは酒は違法だ(◉ 合法でない).

☑ チャンク **a habitual criminal** 常習的な**犯罪者**
☐ The **criminal** hasn't been arrested yet. ▶その犯人はまだ逮捕されていない.
☐ I don't think he is involved in any **criminal** activities. ▶彼はいかなる犯罪行為にも関与していないと思う.

☑ チャンク **be found not guilty** 無罪を宣告される
☐ The judge found the man **guilty** of murder. ▶裁判官はその男に殺人の罪で有罪判決を下した.
☐ I feel **guilty about** not calling you more often. ▶君にあまり電話をしなくて悪いと思っている(◉ 電話しないことに罪悪感を覚える).

☑ チャンク **punish a criminal** 犯罪者を罰する
☐ The teacher **punished** him **for** refusing to answer the question. ▶先生は彼が質問に答えなかったことで彼を罰した.

STAGE 4

場所

425 ☑ **lie**¹
[lái]
過去 lay 過分 lain A2

動〈人・動物が〉横たわる, 横になる
🖊 lie には「うそ」,「うそを言う」という意味もあります.

426 ☑ **lay**
[léi]
過去・過分 laid B1

動（やさしく, または注意深く）…を横たえる, 置く
関連 layer 層, layout レイアウト
🖊 lie(横たわる)の過去形も lay なので注意しましょう.

427 ☑ **lay off**
（一時的に）〈雇用者を〉解雇する

428 ☑ **hang**
[hǽŋ]
過去・過分 hung.
2 で hanged B1

動 ①〈コートなどを〉掛ける；〈絵などが〉（壁に）掛かる
関連 hanger ハンガー
② 〈人を〉絞首刑にする（◆通例受身で）

429 ☑ **hang around**
（特に何もせずに）うろつく, ぶらつく

430 ☑ **hang in there**
（困難な状況にあっても）がんばる

431 ☑ **hang up**
電話を切る

役割・地位・立場

432 ☑ **role**
[róul] A1

名 ①（行動などにおける）役割, 役目
②（劇などの）役（◆part と同義）
関連 role-playing 役割演技, ロールプレイ

433 ☑ **status**
[stéitəs] B1

名（公的な）地位, 身分

434 ☑ **post**
[póust]
発音 A1

名（大きな組織内における）地位（◆position と同義）
🖊 post には「（壁などに）…をはる」,「郵便」という意味もあります.

435 ☑ **expert**
[ékspə:rt] A2

名（特別な技能・知識のある）（…の）専門家, エキスパート(in ...)

436 ☑ **executive**
[igzékjətiv] B2

名（企業の）経営者[陣], 重役

☑ **チャンク** lie **in bed** | ベッドで横になる
☑ He lay under the tree. | ▶彼は木の下で横になった.

☑ **チャンク** lay **the foundation** | 土台を置く
☑ She laid her coat across the back of the chair. | ▶彼女はいすの背もたれにコートを掛けた.
☑ He laid himself under a tree. | ▶彼は木の下で身を横たえた.
☑ They laid off hundreds of workers. | ▶彼らは何百人もの労働者を(一時)解雇した.

☑ **チャンク** hang **my hat on the wall** | 帽子を壁に掛ける
☑ You can hang your jacket here. | ▶ここに上着を掛けられますよ.

☑ He was hanged for killing five people. | ▶彼は5人を殺害して絞首刑になった.

☑ They often hang around here. | ▶彼らはよくこのあたりをぶらぶらしている.

☑ Hang in there! You can do it! | ▶がんばれ! 君ならできる!

☑ Don't hang up! | ▶電話を切らないで!

☑ **チャンク** a major **role** | 主要な役割
☑ IT has a key role in economic growth. | ▶ITは経済成長に重要な役割を果たす.
☑ They played the roles of Romeo and Juliet. | ▶彼らはロミオとジュリエットの役を演じた.

☑ **チャンク** a special **status** | 特別な身分
☑ A professor holds a high status in society. | ▶教授は社会で高い地位にある.

☑ **チャンク** offer the post **of CEO** | 最高経営責任者の地位を提示する
☑ I got the post of manager. | ▶私は支配人の地位を得た.

☑ **チャンク** a team of **experts** | 専門家チーム
☑ He is an expert in marketing. | ▶彼はマーケティングのエキスパートだ.

☑ **チャンク** top **executives** | 最高経営陣
☑ My father is the chief executive of the company. | ▶私の父はその会社の社長(🔵 主要な経営者)だ.

STAGE 4

意識・注意・関心

437 ☑ **attitude**
[ǽtitjùːd]
A2

图 (…に対する)考え方, 態度(toward ...)

---

438 ☑ **aware**
[əwéər]
B1

形 (状況などを)理解して, 認識して(of ...)
関連 awareness 意識
対義 unaware 気づかない

---

439 ☑ **conscious**
[kánʃəs]
B1

形 ❶ (状況などに)気づいて(of ...)
関連 consciously 意識して, consciousness 意識
対義 unconscious 気づかない
❷ 〈人が〉意識のある

---

440 ☑ **ignore**
[ignɔ́ːr]
B1

動 〈警告・助言・事実などを〉無視する
関連 ignorant 無知な, ignorance 無知

場所・位置

441 ☑ **urban**
[ə́ːrbn]
B2

形 都市の, 都会の
関連 urbanization 都市化
対義 rural いなかの

---

442 ☑ **capital**
[kǽpitl]
A2

图 ❶ (国の)首都;(活動の)中心地

❷ (事業を興すのに必要な)資本(金)
関連 capitalism 資本主義

---

443 ☑ **downtown**
[dáuntáun]
A2

副 (都市の)中心街へ, 繁華[オフィス]街へ
(◆日本語の「下町」の意味はない)

---

444 ☑ **opposite**
[ápəzit]
A2

形 ❶ 〈位置が〉(…の)反対側の, 向こう側の(to ...)
❷ 〈性質・意味などが〉正反対の
関連 opponent (試合などの)相手,
oppose 反対する, opposition 反対

---

445 ☑ **aside**
[əsáid]
B1

副 わきに

---

446 ☑ **aside from ...**

…を除いては(◆except for ...と同義)

---

447 ☑ **wherever**
[hwèərévər]
B1

接 (…する所は)どこ(で)でも

☑ チャンク **a negative attitude** | 消極的な態度
☑ His **attitude toward** marriage has changed. | ▶彼の結婚に対する考え方が変わった.

☑ チャンク **be fully aware of Ⓐ** | Ⓐ を十分認識している
☑ I am well **aware of** the problem. | ▶その問題については重々承知している.

☑ チャンク **be conscious of the importance** | 重要性に気づいている
☑ She was **conscious of** the problem. | ▶彼女はその問題に気づいていた.
☑ The man was not **conscious**. | ▶その男は意識がなかった.

☑ チャンク **ignore the fact** | 事実を無視する
☑ She **ignored** my advice. | ▶彼女は私の忠告を無視した.

☑ チャンク **urban centers** | 中心市街地
☑ People began moving into **urban** areas. | ▶人々が都市部に移り始めた.

☑ チャンク **share capital** | 株式資本
☑ The **capital** of China is Beijing. | ▶中国の首都は北京です.
☑ She started business with **capital** of 3,000 dollars. | ▶彼女は3千ドルの資金金で事業を始めた.

☑ チャンク **work downtown** | 町の中心街で働く
☑ Shall we go **downtown**? | ▶繁華街へ行こうか?

☑ チャンク **the opposite side** | 反対側
☑ North is **opposite** to south. | ▶北は南の反対だ.
☑ Our opinions are completely **opposite**. | ▶私たちの意見はまったく正反対だ.

☑ チャンク **step aside** | わきへどく
☑ I moved some bikes **aside** so people could pass. | ▶私は人が通れるように自転車を何台かわきに寄せた.
☑ My father hardly ever watches TV **aside from** the news. | ▶父はニュースを除いて,テレビをほとんど見ない.

☑ チャンク **wherever possible** | 可能ならどこででも
☑ I can sleep well **wherever** I am. | ▶私はどこにいてもよく眠れる.

STAGE 4

127

伝統・慣習・習慣

448 ☑ **tradition** [trədíʃn] A2	**名** 伝統 **関連** traditional 伝統的な, traditionally 伝統的に
449 ☑ **custom** [kʌ́stəm] A2	**名 ❶** (社会・集団の)慣習, しきたり **関連** customary 習慣的な **❷** (空港などの)税関(◆複数形で用いる)
450 ☑ **habit** [hǽbit] A1	**名** (個人的な)習慣 **関連** habitual 習慣的な

生物

451 ☑ **evolve** [ivάlv] B2	**動** 〈生物が〉進化する **関連** evolution 進化
452 ☑ **species** [spíːʃiːz] **複数** species B2	**名** (生物分類上の)種
453 ☑ **mammal** [mǽml]	**名** ほ乳動物, ほ乳類 🔖 ─ そのほかの脊椎(せきつい)動物─ 魚類 fish / 両生類 amphibian / は虫類 reptile / 鳥類 bird
454 ☑ **gene** [dʒíːn] B1	**名** (生物の)遺伝子 **関連** genetic 遺伝子の, genetically 遺伝学的に
455 ☑ **fossil** [fάsl]	**名** (生物の)化石
456 ☑ **endangered** [indéindʒərd] A2	**形** 〈生物が〉絶滅の危険にさらされている **関連** danger 危険
457 ☑ **extinct** [ikstíŋkt] B1	**形** 〈生物が〉絶滅した **関連** extinction 絶滅

☑チャンク **cultural** traditions	**文化的な伝統**
☐ They are trying to pass on the **tradition**.	▶彼らは伝統を伝えようとしている.

☑チャンク the local **customs**	**地方の慣習**
☐ The Japanese have a **custom** of giving year-end gifts.	▶日本人にはお歳暮を贈る慣習がある.
☐ We got through **customs** without any difficulty.	▶私たちは問題なく税関を通過した.

☑チャンク **healthy** habits	**健康的な習慣**
☐ I can't break the **habit** of eating between meals.	▶間食する習慣をやめられない.

☑チャンク **evolve** constantly	**絶えず進化する**
☐ These species **evolved** from the same ancestor.	▶これらの種は同じ先祖から進化した.

☑チャンク a new **species**	**新種**
☐ These **species** of animals became extinct a long time ago.	▶これらの種類の動物ははるか昔に絶滅した.

☑チャンク a small **mammal**	**小型のほ乳動物**
☐ Platypuses are **mammals**, but they lay eggs.	▶カモノハシはほ乳類だが, 卵を産む.

☑チャンク carry a **gene**	**遺伝子を持っている**
☐ Intelligence is in the **genes**.	▶知性は遺伝する(⊕ 遺伝子に組み込まれている).

☑チャンク **fossil** fuel	**化石燃料**
☐ We found some **fossils** of dinosaurs.	▶私たちはいくつか恐竜の化石を発見した.

☑チャンク an endangered **bird**	**絶滅の危険にさらされている鳥**
☐ The salamander is an **endangered** species.	▶そのサンショウウオは絶滅危惧種だ.

☑チャンク an **extinct** volcano	**死火山**
☐ The dinosaurs became **extinct** about 65 million years ago.	▶恐竜は約 6,500 万年前に絶滅した.

STAGE 4

特徴・特色

458 ☐ **characteristic**
[kæ̀rəktərístik]

B1

名 (一般的な)特徴, 特色
関連 character 性格,
characteristically 特徴的に

B2 **形** (…に)特有の(of ...)

---

459 ☐ **feature**
[fíːtʃər]

A2

名 (目立った)特徴, 特色

B2 **動** …を呼び物にする

---

460 ☐ **aspect**
[ǽspekt]

B1

名 (物事の)(側)面, 局面

仕事・ビジネス

461 ☐ **employ**
[implɔ́i]

動 〈人を〉(…として)雇う(as ...)
関連 employee 従業員, employer 雇用者,
employment 雇用, unemployment 失業

B2 **対義** dismiss 解雇する

---

462 ☐ **hire**
[háiər]

動 **1** (短期間)〈人を〉雇う

B1 **2** 〈車などを〉(有料で)借りる

---

463 ☐ **application**
[æ̀plikéiʃn]

名 **1** (職などに)申し込むこと
関連 apply 申し込む

2 (…への)(技術などの)応用(to ...)
関連 apply 応用する

B1

---

464 ☐ **engaged**
[ingéidʒd]

形 **1** (仕事・活動に)従事して
関連 engage 従事する[させる]
➡ 【be engaged in ❹】❹に従事している
2 〈人が〉婚約している
関連 engagement 婚約
➡ 【be engaged to ❹】❹と婚約している

B1

☑ チャンク **the unique** characteristics　独特な特徴

☑ Strong winds are a **characteristic** of this area.　▶風が強いのはこの地域の特徴だ.

☑ Golden hair is **characteristic** of these monkeys.　▶金色の毛はこのサルに特有のものだ.

☑ チャンク **a new** feature　新たな特徴

☑ This new model has interesting **features**.　▶この新型には興味深い特徴がある.

☑ The magazine **features** the Beatles.　▶その雑誌はビートルズを特集している (⊜ 呼び物にしている).

☑ チャンク **various** aspects　さまざまな側面

☑ The war took on a new **aspect**.　▶その戦争は新たな局面を呈していた.

☑ チャンク **employ** workers　従業員を雇う

☑ I was **employed as** a secretary.　▶私は秘書として雇われた.

☑ チャンク **hire** part-time workers　アルバイトを雇う

☑ They **hired** five hundred guards for the concert.　▶彼らはそのコンサートのために 500 人の警備員を雇った.

☑ I will **hire** a car during my trip.　▶私は旅行中レンタカーを借りるつもりだ.

☑ チャンク **an** application **form**　申し込み用紙

☑ Please make an **application** by the end of this month.　▶今月末までに申し込みを済ませてください.

☑ Her speech was about the **application** of information technology **to** education.　▶彼女のスピーチは情報技術の教育への応用についてだった.

☑ チャンク **be** engaged **in volunteer activities** ボランティア活動に携わっている

☑ They **are engaged in** the protection of wild animals.　▶彼らは野生動物保護に従事している.

☑ Ross **is engaged to** Emily.　▶ロスはエミリーと婚約している.

STAGE 4

出席・欠席

465 ☑ **present**
[préznt]

B1

形 **1** (時間が)現在の, 今の
2 (会議などに)出席して;
(特別な場面に)居合わせて
関連 **presence** 存在:出席

466 ☑ **at present**

現在は, 今のところは

467 ☑ **absent**
[ǽbsənt]

B1

形 (休みを取っており)不在で, 欠席して
関連 **absence** 不在
➡ 【be absent from Ⓐ】Ⓐを欠席している

468 ☑ **attend**
[əténd]

B1

動 **1** 〈会・授業などに〉出席する
関連 **attendance** 出席, **attendant** 係員
2 〈学校・教会などに〉(規則的に)通う

見せる・示す

469 ☑ **perform**
[pərfɔ́:rm]

A2

動 **1** 〈劇を〉上演する;〈音楽を〉演奏する
関連 **performance** 演技, 演奏
2 〈仕事・任務などを〉行う

470 ☑ **indicate**
[índikèit]

A2

動 **1** 〈兆候などを〉示す
関連 **indication** 兆候
➡ 【indicate that ...】…であることを示す
2 (言葉・態度などで)…をそれとなく示す
➡ 【indicate that ...】…であることを
それとなく示す

471 ☑ **decorate**
[dékərèit]

B2

動 …を飾る
関連 **decoration** 装飾
➡ 【decorate Ⓐ with Ⓑ】ⒶをⒷで飾る

472 ☑ **reveal**
[rivíːl]

A2

動 〈秘密などを〉明らかにする, 暴露する
関連 **revelation** 暴露
対義 **conceal** 隠す

473 ☑ **display**
[displéi]
🔊 アクセント

A2

名 (鑑賞・商売などが目的の)展示;(人を楽しませる
ための)ショー

B1

動 (鑑賞・商売などを目的に)…を展示する

☑ チャンク **the present day** 現代
☑ The tradition has continued to the **present** day. ▶その伝統は今日まで続いている.
☑ I wasn't **present** at the ceremony. ▶私はその式に参列していなかった.

☑ He's not home **at present**. ▶今のところ彼は家にいない.

☑ チャンク **be regularly absent** しょっちゅう欠席している
☑ She has **been absent from** work for three days. ▶彼女は3日間仕事を休んでいる.

☑ チャンク **attend the meeting** 会議に出席する
☑ Will you **attend** my wedding? ▶私の結婚式に出席してくれる?
☑ We **attended** the same school. ▶ぼくたちは同じ学校に通った.

☑ チャンク **perform the work** 作品を演じる
☑ He **performed** magic tricks. ▶彼は手品を演じた.
☑ She **performed** the task well. ▶彼女はその仕事をうまくこなした.

☑ チャンク **indicate the presence of Ⓐ** Ⓐ の存在を示す
☑ The survey **indicates that** children's physical strength is declining. ▶その調査は子どもたちの体力が低下していることを示している.
☑ My brother **indicated** to me **that** he was going to get married soon. ▶兄は私にもうすぐ結婚するとほのめかした.

☑ チャンク **decorate the Christmas tree** クリスマスツリーを飾る
☑ My sister **decorated** her room **with** dolls. ▶妹は自分の部屋を人形で飾った.

☑ チャンク **reveal the truth** 真実を明らかにする
☑ The video will **reveal** the cause of the accident. ▶そのビデオが事故原因を明らかにするだろう.

☑ チャンク **public display** 一般公開
☑ Works by young artists were on **display**. ▶若い芸術家による作品が展示されていた.

☑ Students **displayed** their paintings at the fair. ▶生徒たちはそのフェアで自分たちの絵を展示した.

STAGE 4

133

程度・度合い

474 ☑ **extreme**
[ikstrí:m]
B1

形 **1** 極度の
関連 **extremely** 極度に

2 〈思想などが〉過激な

475 ☑ **rather**
[rǽðər]
A2

副 **1** かなり

2 (…よりも)むしろ(than ...)

476 ☑ **would rather** *do*

(むしろ)…したい

477 ☑ **totally**
[tóutəli]
B1

副 完全に, すっかり
関連 **total** 完全な

478 ☑ **fairly**
[féərli]
A2

副 **1** かなり

2 公平に
関連 **fair** 公平な

479 ☑ **somewhat**
[sʌ́mhwʌ̀t]
B2

副 やや, いくぶん

布・衣服・ファッション

480 ☑ **trend**
[trénd]
B1

名 (変化・発展などにおける)傾向;
(流行の)トレンド
関連 **trendy** 流行の先端をいく, トレンディーな

481 ☑ **suit**
[sú:t]
A2

A2 名 **1** (同じ生地のそろいである)スーツ
関連 **suitcase** スーツケース

2 訴訟, 告訴(◆lawsuit と同義)

A2 動 (…に)適する;(…に)好都合である

482 ☑ **strip**
[stríp]
B1

名 (布などの)細長い一片(of ...)
関連 **stripe** ストライプ

☑ チャンク extreme **pressure**	極度のプレッシャー
☑ A lot of people in the country are in **extreme** poverty.	▶その国の多くの人々は極度の貧困状態にある.
☑ They have **extreme** views.	▶彼らの思想は過激だ.
☑ チャンク be rather **difficult**	かなり難しい
☑ I'm **rather** tired.	▶私はかなり疲れている.
☑ Give me something cold **rather than** hot coffee.	▶熱いコーヒーよりもむしろ冷たい物を何かください.
☑ I'd **rather** go home and play some games.	▶家に帰ってゲームをしたい.
☑ チャンク be totally **new**	完全に新しい
☑ Their lifestyle is **totally** different from ours.	▶彼らのライフスタイルは私たちのものとは完全に違う.
☑ チャンク be fairly **simple**	かなり単純である
☑ My sister skis **fairly** well.	▶姉はかなりスキーが上手だ.
☑ Ms. Hudson treated her students **fairly**.	▶ハドソン先生は生徒たちに公平に接した.
☑ チャンク look somewhat **surprised**	いくぶん驚いたように見える
☑ His story was **somewhat** unnatural.	▶彼の話は少し不自然だった.

☑ チャンク the current **trend**	現在の流行
☑ There is a global **trend** toward small cars.	▶小型車が世界的に流行している(◉ 小型車への世界的傾向がある).
☑ チャンク a black **suit**	黒いスーツ
☑ Wear a **suit** and tie to the party.	▶パーティーにはスーツとネクタイ着用のこと.
☑ They brought a **suit** against the hospital.	▶彼らは病院に対して訴訟を起こした.
☑ "How about Friday?" "That **suits** me fine."	▶「金曜はどう？」「大丈夫だよ(◉ 自分に好都合である)」
☑ チャンク a strip **of cloth**	細長い布切れ
☑ A **strip of** paper was on the floor.	▶細長い紙切れが床に落ちていた.

STAGE 4

基本単語頻出構文

483 ☑ **keep** 　🔊 p. 347 [道場]
[kíːp]
過去・過分 kept
A1

動 **1** …を(…の状態に)保つ
🔊 **[keep Ⓐ Ⓑ]** ⒶをⒷの状態に保つ

🔊 **[keep Ⓐ doing]** Ⓐに…させ続ける
2 …し続ける(◆continue と同義)
🔊 **[keep (on) doing]** …し続ける

484 ☑ **stand**
[stǽnd]
過去・過分 stood
A2

動 **1** 〈人・動物・建物などが〉立つ, 立っている
(◆しばしば up を伴う)
🔊 **[stand still]** 動かずに立っている

2 〈不快なことを〉我慢する
🔊 **[stand doing [to do]]** …することを我慢する
🔊 **[stand Ⓐ doing]** Ⓐが…するのを我慢する

485 ☑ **care**
[kéər]
B1

動 …したいと思う(◆通例否定文・疑問文で用いる)
🔊 **[care to do]** …したいと思う

486 ☑ **enough**
[ináf]
A2

形 (数量などが)十分な
🔊 **[enough Ⓐ to do]** …するのに十分な Ⓐ

副 (数量などが)十分に
🔊 **[enough to do]** …するのに十分なだけ

487 ☑ **wonder**
[wʌ́ndər]
A2

動 …だろうかと思う(◆疑問詞(what,why など)を伴う)
🔊 **[wonder if ...]** …かどうかと思う

488 ☑ **mind**
[máind]
A2

動 いやがる;気にする(◆否定文・疑問文で用いる)
🔊 **[mind doing]** …するのをいやがる

🔊 **[mind Ⓐ doing]** Ⓐが…するのをいやがる

489 ☑ **short**
[ʃɔ́ːrt]
A1

形 (資金などが)不足した, 足りない
🔊 **[be short of Ⓐ]** Ⓐが不足している

☑ **Keep** your room clean. ▶自分の部屋を清潔にしておきなさい.

☑ I'm sorry to have **kept** you **waiting**. ▶お待たせしてごめんなさい.

☑ You should **keep on trying**. ▶あなたは挑戦を続けるべきだ.

☑ Please **stand still** while I'm taking your picture. ▶私が（あなたの）写真を撮っている間, 動かないでくださいね.

☑ I can't **stand waiting** [to wait] any longer. ▶これ以上待つなんて我慢できない.

☑ I won't **stand** you **talking** that way. ▶そんな口のきき方は許しませんよ(◉ 私は あなたがそのように話すのを我慢しない).

☑ **Would** you **care to** have something to drink? ▶何かお飲みになりますか？

☑ I have **enough** money to buy the PC. ▶私にはそのパソコンを買うのに十分なお金が ある.

☑ He is old **enough** to get a driver's license. ▶彼は運転免許証を取れる年齢(◉ 取るのに 十分なだけの年齢）だ.

☑ I **wonder if** her story is true. ▶彼女の話は本当だろうか.

☑ **Would** you **mind opening** the window? ▶窓をあけていただけませんか(◉ 窓をあける のがいやですか）？

☑ **Do** you **mind** me [my] **smoking** here? ▶ここでたばこを吸ってもよろしいですか (◉ 私がたばこを吸うのはいやですか）？

☑ We **are short of** funds. ▶我々には資金が足りない.

STAGE 4

基本単語頻出構文

490 ☑ **hard**
[háːrd]
A1

形〈問題・行為などが〉難しい（◆difficult と同義）

☞【it is hard for ❹ to do】
❹が…するのは難しい

☞【❹ is hard to do】❹は…するのが難しい

491 ☑ **like**
[láik]
A1

動…が好きである

☞【like doing [to do]】…するのが好きである

492 ☑ **love**
[lʌ́v]
A1

動…を愛する；…が大好きである（◆like よりも強い感情を表す）

☞【love doing [to do]】…するのが大好きである

493 ☑ **stop**
[stáp]
A1

動 **1**〈行為・活動を〉やめる

☞【stop doing】…することをやめる

2〈動いているものが〉止まる

☞【stop to do】…するために（立ち）止まる

494 ☑ **sure**
[ʃúər]
A1

形（正しいと）確信して（いる）（◆certain と同義）

☞【be sure of ❹】❹を確信している

☞【be sure to do】きっと…する

495 ☑ **lead**
[líːd]
過去・過分 led
B1

動 **1**（ある場所に）導く，案内する

☞【lead ❹ to ❸】❹を❸に導く

2〈道などが〉（ある場所に）通じる

☞【lead to ❹】❹に通じる

3（ある分野において）…の先頭に立つ

☞【lead ❹ in ❸】❸において❹の先頭に立つ

496 ☑ **charge**
[tʃáːrdʒ]
B1

動 **1**（…に対する）〈代金などを〉請求する（for ...）

☞【charge ❹ ❸】❹に❸を請求する

2〈人・会社などを〉告発する（◆しばしば受身で）

☞【be charged with ❹】❹の容疑で告発される

3 …だとして（公然と）非難する

☞【charge that ...】…だとして非難する

☐ **It is hard for** me **to** finish reading this book by tomorrow.
▶この本をあすまでに読み終えるのは私には難しい.

☐ Chinese characters **are hard to** understand.
▶漢字を理解するのは難しい.

☐ I **like having** [**to have**] strong coffee in the morning.
▶私は朝に濃いコーヒーを飲むのが好きだ.

☐ I **love playing** [**to play**] video games.
▶私はテレビゲームをするのが大好きだ.

☐ You should **stop eating** too much.
▶食べすぎはやめたほうがいいよ.

☐ I **stopped to read** the incoming e-mail.
▶私は着信メールを読むために立ち止まった.

☐ I'm **sure of** his innocence.
▶私は彼の無実を確信している.

☐ It **is sure to** rain this afternoon.
▶きょうの午後きっと雨が降るだろう.

☐ I'll **lead** you **to** the meeting room.
▶会議室までご案内いたします.

☐ This underpass **leads to** the subway station.
▶この地下道を行くと地下鉄の駅に着く(⬤ 地下鉄の駅に通じている).

☐ My country is **leading** the world **in** robotics.
▶ロボット工学において私の国は世界の先端を行っている.

☐ That café **charged** me 2,000 yen for a sandwich.
▶その喫茶店はサンドイッチ1つで私に2,000円を請求した.

☐ He **was charged with** having drugs.
▶彼は麻薬所持の容疑で告発された.

☐ She **charged that** the police arrested innocent people.
▶彼女は警察が無実の人々を逮捕したと非難した.

STAGE 4

139

come [kʌm]

→p. 70

コアイメージ 「自分のいる場所や話の中心になっている場所に移動する」

²1₃ [come + 副詞] ランキング (熟語は除く)

☑ S93 第1位 **come** back	▶ 戻る
☐ Come back by six.	▶ 6時までに戻ってきなさい.

☑ S94 第2位 **come** in	▶ 入る
☐ Please come in.	▶ どうぞお入りください.

☑ S95 第3位 **come** on	▶ さあ, 急いで
☐ Come on! The train is coming.	▶ さあ早く！ 電車が来ているよ.

☑ S96 第4位 **come** up	▶ 近づく
☐ A dog came up to me.	▶ 犬が私に近づいてきた.

☑ S97 第5位 **come** out	▶ 出る
☐ The book will come out next month.	▶ その本は来月出版される予定だ.

go [góu] →p. 70

→p. 70

コアイメージ 「自分のいる場所から離れていく」

2 1 3 [go + 副詞]ランキング

□ S98 第1位 **go on** ▶ 先に進む，続く

□ The meeting **went on** for three hours. ▶ その会議は3時間続いた.

□ S99 第2位 **go back** ▶ 帰る，戻る

□ He **went back** home after 7 p.m. ▶ 彼は午後7時過ぎに家に帰った.

□ S100 第3位 **go out** ▶ 外へ出る，外出する

□ He **went out** in the rain. ▶ 雨の中，彼は外へ出た.

□ S101 第4位 **go down** ▶ 降りる，下る

□ My big sister **went down** from the second floor. ▶ 姉は2階から降りた.

□ S102 第5位 **go up** ▶ 上がる，上る

□ A balloon is **going up** slowly. ▶ 風船がゆっくりと上がっていく.

5. 天気・天候

S103 ☑ 晴れた
sunny [sʌ́ni]

S104 ☑ 雨の
rainy [réini]

S105 ☑ 雪の
snowy [snóui]

S106 ☑ 曇った
cloudy [kláudi]

S107 ☑ 風の強い
windy [wíndi]

S108 ☑ 霧のかかった
foggy [fɑ́gi]

S109 ☑ あらしの
stormy [stɔ́ːrmi]

S110 ☑ 雷鳴
thunder [θʌ́ndər]

S111 ☑ 竜巻
tornado [tɔːrnéidou]

S112 ☑ 猛暑
heat wave
[híːt wèiv]

S113 ☑ 肌寒い
chilly [tʃíli]

S114 ☑ 湿気の多い
humid [hjúːmid]

STAGE 5

平均単語レベル
高校発展

苦しみ・痛み・恐怖

497 ☐ **suffer**
[sʌ́fər]
B1

動 **1** 〈苦痛・損害などを〉受ける, こうむる
2 (痛み・病気などで)苦しむ
☞【suffer from Ⓐ】Ⓐで苦しむ

498 ☐ **threaten**
[θrétn]
B2

動 …を(凶器などで)おどす
関連 **threat** 脅迫, 脅威
☞【threaten Ⓐ with Ⓑ】ⒶをⒷでおどす
☞【threaten to *do*】…するとおどす

499 ☐ **bear**
[béər] **A2**
過去 bore 過分 borne

動 〈痛み・つらい状況などを〉我慢する(◆stand と同義)
関連 **bearable** 我慢できる

住居・建築

500 ☐ **resident**
[rézidənt]
B2

名 (ある場所の)居住者, 在住者
関連 **residence** 住宅, **residential** 住宅の

501 ☐ **furniture**
[fə́ːrnitʃər]
A2

名 家具
関連 **furnish** 備えつける
🔖 furniture は複数形にはなりません.「家具1点」は a piece of furniture,「家具2点」は two pieces of furniture のようにいいます.

502 ☐ **architecture**
[ɑ́ːrkitèktʃər] **A2**

名 (方法・様式としての)建築;建築学
関連 **architect** 建築家

503 ☐ **underground** **B2**
[ʌ́ndərgràund]
B2

形 地下の

名 (英国の)地下鉄(◆米国の地下鉄は subway)

504 ☐ **construct**
[kənstrʌ́kt]
B1

動 〈ビル・橋・道路などを〉建設する(◆build よりも大がかりで複雑な建造物の「建造過程」に重点が置かれる)
関連 **construction** 建設
対義 **destroy** 破壊する

505 ☐ **collapse**
[kəlǽps]
B2

動 **1** 〈建物などが〉倒壊する

2 〈人が〉突然倒れる, 卒倒する

☑ チャンク **suffer an injury**　　損傷を受ける
☐ They **suffered** economic loss.　▶彼らは経済的損失をこうむった.
☐ I'm **suffering from** a toothache.　▶私は歯が痛くてつらい.

☑ チャンク **threaten his life**　　彼の生命を脅かす
☐ The robber **threatened** me with a knife.　▶強盗は私をナイフでおどした.
☐ She **threatened to** jump off.　▶彼女は飛び降りるわよとおどした.

☑ チャンク **bear the burden**　　重荷に耐える
☐ The pain was more than I could **bear**.　▶その痛みは我慢することができなかった.

☑ チャンク **foreign residents in Japan**　　在日外国人
☐ Local **residents** oppose building the nuclear power plant.　▶地元住民はその原子力発電所の建設に反対している.

☑ チャンク **antique furniture**　　アンティーク家具
☐ There is a lot of **furniture** in her room.　▶彼女の部屋には家具がたくさんある.
☐ I purchased two pieces of **furniture** at the department store.　▶私はデパートで家具を2点購入した.

☑ チャンク **the style of architecture**　　建築様式
☐ I want to study **architecture**.　▶私は建築学を学びたい.

☑ チャンク **underground water**　　地下水
☐ The car park is **underground**.　▶駐車場は地下にある.
☐ The London **Underground** is useful in getting around the city.　▶ロンドンの地下鉄は市内をまわるのに便利だ.

☑ チャンク **construct a highway**　　幹線道路を建設する
☐ This bridge was **constructed** in 1985.　▶この橋は1985年に建設された.

☑ チャンク **collapse completely**　　完全に倒壊する
☐ The bridge **collapsed** due to the earthquake.　▶その橋は地震で倒壊した.
☐ He **collapsed** while working.　▶彼は仕事中に突然倒れた.

STAGE 5

勧める・提案する

506 ☑ **suggest**
[səgdʒést]

動 1 〈計画などを〉提案する
関連 suggestion 提案
【suggest *doing***】**…することを提案する
2 …をほのめかす
【suggest that ...】…ということを
ほのめかす, それとなく示す

(A2)

507 ☑ **propose**
[prəpóuz]

動 1 〈計画などを〉提案する(◆suggestより積極的)
関連 proposal 提案
【propose *doing***】**…することを提案する
2 (恋人に)結婚を申し込む, プロポーズする
【propose to Ⓐ】Ⓐにプロポーズする

(B1)

508 ☑ **recommend**
[rèkəménd]

動 〈よいものなどを〉推薦する, 勧める
関連 recommendation 推薦

【recommend *doing***】**…することを勧める

(B1)

509 ☑ **urge**
[ə́:rdʒ]

(B2) **動** (必要上)…に強く勧める
【urge Ⓐ to *do***】**Ⓐに…するよう強く勧める

(B1) **名** (…したい)強い衝動(to *do*)

方法・手段

510 ☑ **method**
[méθəd]

名 (…の)(体系的な)方法(of ...)

(A2)

511 ☑ **means**
[mí:nz]

名 (…の)手段, 方法(of ...)

(B2)

512 ☑ **trick**
[trík]

(A2) **名 1** (他者をだまそうとする)たくらみ, 策略;
(悪意のない)いたずら
2 (人を楽しませるための)手品, トリック

(B2) **動** 〈人を〉だます
【trick Ⓐ into *doing***】**Ⓐをだまして…させる

513 ☑ **somehow**
[sʌ́mhàu]

副 何とかして, どうにかして

(B1)

☑ チャンク suggest the idea 考えを提案する
☑ I suggested going by train. ▶私は電車で行くことを提案した.

☑ The look on her face suggested that she was angry. ▶顔の表情から彼女が怒っていると分かった (⑩ 表情が示していた).

☑ チャンク propose changes 変更を提案する
☑ She proposed starting an NGO. ▶彼女は NGO を立ち上げることを提案した.

☑ Why don't you propose to her? ▶彼女にプロポーズしたらどう?

☑ チャンク recommend a good hotel いいホテルを推薦する
☑ Can you recommend a good restaurant? ▶いいレストランを推薦してくれますか?

☑ The doctor recommended walking 30 minutes a day. ▶医者は1日に30分ウォーキングすることを勧めた.

☑ チャンク urge me to stay 私に留まるよう強く勧める
☑ My mother urged me to read more books. ▶母は私にもっと多くの本を読むように強く勧めた.

☑ I had an urge to cry. ▶私は泣きたい衝動に駆られた.

☑ チャンク an effective method 効果的な方法
☑ The construction system was replaced by a new method. ▶建築方式は新しい方法に取って代わられた.

☑ チャンク provide a means 手段を提供する
☑ We had no other means of transportation. ▶ほかに交通手段がなかった.

☑ チャンク play tricks on him 彼にいたずらをする
☑ I saw through his dirty tricks. ▶私は彼の汚いたくらみを見抜いた.
☑ I can do some card tricks. ▶私はちょっとしたトランプの手品ができる.

☑ The man tricked me into buying the pot. ▶その男は私をだましてそのつぼを買わせた.

☑ チャンク somehow or other 何としてでも
☑ Somehow I caught the last train. ▶私は何とか終電に間に合った.

STAGE 5

金融

514 ☐ **account**
[əkáunt]
A2

名❶ 理由, 根拠

❷ (口頭・文書による)説明(書), 報告(書)

515 ☐ **take ... into account**

…を考慮する, 勘定に入れる

516 ☐ **account for ...**

❶ …の理由を説明する

❷ …の割合を占める

517 ☐ **bill**
[bíl]
A2

名❶ (料金の)請求書
❷ 紙幣, 札(◆主に米国で用いる；英国では note と
いうのがふつう)

518 ☐ **invest**
[invést]
B1

動〈お金を〉投資する
関連 investment 投資
➡ 【invest Ⓐ in Ⓑ】Ⓐを Ⓑ に投資する

準備

519 ☐ **prepare**
[pripéər]
A2

動〈食事などを〉準備する, 用意する
関連 preparation 準備
➡ 【prepare Ⓐ for Ⓑ】Ⓑのために Ⓐを
準備する
➡ 【prepare to *do*】…する準備をする

520 ☐ **organize**
[ɔ́ːrɡənàiz]
A2

動❶〈行動・催しなどを〉準備する, 手配する

❷〈団体などを〉組織する
関連 organization 組織
❸〈乱雑なものなどを〉整理する

521 ☐ **arrange**
[əréindʒ]
B1

動❶ (前もって)…を計画する；…の手はずを整える
関連 arrangement 手はず
➡ 【arrange to *do*】…する計画を立てる

❷ …を(一定の順番に)きちんと並べる, 整える

☑ **チャンク** on account of **Ⓐ** — **Ⓐ** の理由で

☑ I was late for school on **account** of the train delay. ▶私は電車の遅れが理由で学校に遅れた.

☑ I gave the police a full **account** of the accident. ▶私は警察に事故の詳しい説明をした.

☑ They **took** her experience **into account**. ▶彼らは彼女の経験を考慮した.

☑ There's no **accounting for** tastes. ▶たで食う虫も好き好き(⬛ 好みを説明することはできない).

☑ Russia **accounts for** 5 percent of Japan's oil imports. ▶ロシアは日本の石油輸入の5パーセントを占める.

☑ **チャンク** the medical bills — **医療費請求書**

☑ His parents pay his telephone **bills**. ▶彼の両親が彼の電話代を払っている.

☑ I broke a five-dollar **bill** into quarters. ▶私は5ドル札を25セント硬貨に崩した.

☑ **チャンク** invest heavily in **Ⓐ** — **Ⓐ** に多額の金を投資する

☑ He **invested** the money **in** stocks. ▶彼はその金を株に投資した.

☑ **チャンク** prepare meals — **食事のしたくをする**

☑ I'll **prepare** lunch for you. ▶あなたのために昼食を準備します.

☑ He **prepared to** leave his country. ▶彼は母国を離れる準備をした.

☑ **チャンク** organize a conference — **会議の手配をする**

☑ He **organized** our trip to Kyoto. ▶彼が私たちの京都旅行の手配をした.

☑ The workers **organized** a union in 1990. ▶労働者たちは1990年に労働組合を組織した.

☑ I need to **organize** the book shelves. ▶私は本棚を整理しなければならない.

☑ **チャンク** arrange a meeting — **会議の手はずを整える**

☑ I **arranged** her birthday party. ▶私は彼女の誕生日パーティーを計画した.

☑ Have you **arranged to** meet him this week? ▶今週, 彼と会う予定はある(⬛ 計画を立てた)のですか?

☑ Please **arrange** these books alphabetically. ▶これらの本をアルファベット順に並べてください.

STAGE 5

LESSON 4

人気・名声

522 ☐ **famous**
[féiməs]
A1

形 (よいイメージで)有名な
関連 fame 名声
対義 notorious 悪名高い, unknown 無名の
⇒ 【be famous for △】△で有名である

523 ☐ **reputation**
[rèpjətéiʃn]
B1

名 **1** (人々の間の)評判
⇒ 【a reputation for being △】
△ であるという評判
2 (…としての)名声(as ...)

知性

524 ☐ **clever**
[klévər]
A1

形 (機転が利き)利口な
関連 cleverly 利口に

525 ☐ **smart**
[smá:rt]
A1

形 (機転が利き)利口な(◆cleverと同義：
日本語の体格を表す「スマート」の意味はない)
関連 smartly 利口に

526 ☐ **wise**
[wáiz]
A2

形 (知識が豊富で)賢い
関連 wisdom 知恵, wisely 賢明に
対義 foolish, stupid ばかな
⇒ 【it is wise of △ to do】
△が…するのは賢明だ

527 ☐ **sensible**
[sénsəbl]
B2

形〈人・行動が〉(思慮)分別のある
関連 sensitive 敏感な
対義 senseless 無分別な
⇒ 【it is sensible of △ to do】
△が…するのは賢明である

528 ☐ **intellectual**
[ìntəléktʃuəl]
B2

形 **1** 知性の；知的な

2 (学識があり)知性的な

529 ☐ **intelligent**
[intélidʒənt]
A2

形〈人間・動物などが〉知能が高い

530 ☐ **intelligence**
[intélidʒəns]
A2

名 (言語などを学習する)知能

☑ チャンク **the famous brand** — 有名な**ブランド**
☑ The temple **is famous for** its cherry blossoms. ▶その寺は桜の花で有名です.

☑ チャンク **an international** reputation — **国際的な**評判
☑ Japan has **a reputation for being** clean. ▶日本は清潔だという評判がある.
☑ She has gained a **reputation as** one of the top dancers. ▶彼女はトップダンサーの1人としての名声を得た.

☑ チャンク **a clever man** — 利口な**男性**
☑ What a **clever** dog! ▶なんて利口な犬なんだ!

☑ チャンク **a smart move** — 賢明な**行動**
☑ He thinks himself to be **smart**. ▶彼は自分が賢いと思っている.

☑ チャンク **a wise choice** — 賢い**選択**
☑ I hope she'll make a **wise** decision. ▶彼女が賢い決断をすることを願っている.

☑ **It was wise of** Tom to refuse the offer. ▶トムがその申し出を断ったのは賢明だった.

☑ チャンク **sensible advice** — 思慮のある**アドバイス**
☑ She is a **sensible**, kind person. ▶彼女は分別のある, 優しい人だ.

☑ **It was sensible of** Mr. Smith **to** reject the money. ▶スミス氏がその金を拒絶したのは賢明だった.

☑ チャンク **intellectual disabilities** — 知的**障害**
☑ The practice of law is an **intellectual** occupation. ▶弁護士業は知的な職業だ.
☑ He is an **intellectual** person. ▶彼は学識豊かな人だ.

☑ チャンク **highly intelligent** — 非常に頭のよい
☑ Lee is one of the most **intelligent** students in our school. ▶リーはわが校で最も頭のよい生徒の1人だ.

☑ チャンク **artificial intelligence** — 人工知能
☑ Dolphins have high **intelligence**. ▶イルカは高い知能を持っている.

STAGE 5

151

単純・複雑

531 ☐ **simple**
[símpl]
A2

形 **1** (余計な要素がなく)単純な
関連 simply 単に

2 (不必要なものがなく)質素な

532 ☐ **complex** B1
形 [kəmpléks]
名 [kámpleks]
アクセント

形 (多くの要素があり)複雑な

名 (総合)施設

533 ☐ **complicated**
[kámplikèitid]
アクセント B1

形 (多くの要素があり)複雑な(◆complex と同義)

534 ☐ **elaborate**
形 [ilǽbərit]
動 [ilǽbərèit]
発音

形 〈デザイン・仕組みなどが〉精巧な

動 (さらに詳しく)述べる
【elaborate on Ⓐ】Ⓐについてさらに詳しく述べる

肯定・否定

535 ☐ **hardly**
[háːrdli] A2

副 ほとんど…ない

536 ☐ **hardly ever**

めったに…ない(◆rarely, seldom と同義)

537 ☐ **rarely**
[réərli] B1

副 めったに…ない
関連 rare まれな

538 ☐ **seldom**
[séldəm] B2

副 めったに…ない(◆rarely のほうがよく使われる)

539 ☐ **deny**
[dinái]

動 …を否定する, 否認する
関連 denial 否定
対義 affirm 肯定する
B1 【deny *do*ing】…することを否定する

540 ☐ **positive**
[pázitiv]

形 **1** (考え方などが)積極的な, 前向きな
対義 negative 消極的な
2 (よいことが起こると)確信している
【be positive about Ⓐ】Ⓐを確信している
B1

☑ チャンク **the simple fact**	単純な**事実**
☐ It was a **simple** addition, but I got it wrong.	▶それは単純な足し算だったが私は間違えた.
☐ **Simple** meals promote health.	▶質素な食事は健康を促進する.

☑ チャンク **a complex system**	複雑な**システム**
☐ Humans have **complex** language.	▶人間は複雑な言語をもつ.
☐ A new movie **complex** opened in the city.	▶街に新しい映画施設がオープンした.

☑ チャンク **a complicated situation**	込み入った**事情**
☐ The judging system is quite **complicated**.	▶採点方法はかなり複雑だ.

☑ チャンク **an elaborate mechanism**	精巧な**メカニズム**
☐ The church is famous for its **elaborate** design.	▶その教会は精巧なデザインで有名だ.
☐ He didn't **elaborate on** why he quit his job.	▶彼はなぜ仕事をやめるのかについて詳しく話さなかった.

☑ チャンク **be hardly surprising**	ほとんど**驚くべきことではない**
☐ I **hardly** know him.	▶私は彼のことをほとんど知らない.
☐ He **hardly ever** eats breakfast.	▶彼はめったに朝食をとらない.

☑ チャンク **rarely happen**	めったに**起こらない**
☐ These birds are **rarely** seen now.	▶これらの鳥は今ではめったに見られない.

☑ チャンク **be seldom seen**	めったに**見られない**
☐ He **seldom** gets angry.	▶彼はめったに怒らない.

☑ チャンク **deny access**	**アクセスを**拒否する
☐ Both men **denied** the charge.	▶2人の男はいずれも容疑を否認した.
☐ She **denied** hurting his feelings.	▶彼女は彼の気持ちを傷つけていないと言った(**直** 傷つけたことを否定した).

☑ チャンク **the positive aspects**	肯定的な**側面**
☐ I like your **positive** way of thinking.	▶私はあなたの前向きな考え方が好きだ.
☐ We **are positive about** his return.	▶私たちは彼の帰還を確信している.

STAGE 5

153

有利・利益

541 ☑ **advantage**
[ədvǽntidʒ]
A2

名 (他者に対する)利点, 有利な点
関連 advantageous 有利な
対義 disadvantage 不利

542 ☑ **take advantage of ...**

〈状況・機会などを〉利用する

543 ☑ **benefit**
[bénəfit]
B1

名 利益, 恩恵
関連 beneficial 有益な

544 ☑ **profit**
[práfit]
B2

名 (金銭的な)利益, もうけ；手当
関連 profitable 利益になる
対義 loss 損失

動 利益を得る
☞ 【profit from Ⓐ】Ⓐから利益を得る

集団・集まり

545 ☑ **participate**
[pɑːrtísəpèit]
🔈 アクセント
B1

動 (活動などに)参加する(◆take part と同義)
関連 participation 参加, participant 参加者
☞ 【participate in Ⓐ】Ⓐに参加する

546 ☑ **unite**
[ju(:)náit]
B1

動 (ある目的のために)団結する
関連 united 結束した
☞ 【unite against Ⓐ】Ⓐに反対して
　団結する
☞ 【unite to do】…するために団結する

547 ☑ **senior**
[síːnjər]
A2

形 (…よりも)(地位が)上の(to ...)
対義 junior (地位が)下の

548 ☑ **representative**
[rèprizéntətiv]
B1

形 (集団の考えなどを)表している(of ...)；代表的な
関連 represent 代表する

名 (集団の)代表者(of ...)

549 ☑ **folk**
[fóuk]
🔈 発音
B1

名 ❶ (一般の)人々(◆しばしば複数形で用いる)

❷ 両親(◆parents と同義；複数形で用いる)

☑ チャンク **have an advantage**	強みがある，有利である
☑ Height is a big **advantage** when playing volleyball.	▶バレーボールをするとき背の高さは大きな強みだ.
☑ She **took advantage of** the situation.	▶彼女はその状況を利用した.
☑ チャンク **provide benefits**	利益を提供する
☑ Taking my advice will be to your **benefit**.	▶私の忠告を聞くのは君のためになるよ.
☑ チャンク **generate profits**	利益を生み出す
☑ The company made a huge **profit** on the deal.	▶会社はその取引で莫大な利益を得た.
☑ Who is **profiting from** the new law?	▶だれがその新しい法律で得をする(⚫ から利益を得る)のか？

☑ チャンク **participate in the program**	プログラムに参加する
☑ We **participated in** the summer camp.	▶私たちはサマーキャンプに参加した.

☑ チャンク **unite behind the leader**	リーダーのもとに団結する
☑ Thousands of people **united against** nuclear power.	▶何千人もの人が原発に反対して団結した.
☑ They **united to** protect the nature.	▶彼らは自然を守るために団結した.
☑ チャンク **a senior official**	上級職員
☑ She is **senior to** me at the office.	▶彼女は職場では私の上司だ.
☑ チャンク **a representative sample**	代表サンプル
☑ The outcome of the election was **representative of** the nation.	▶その選挙結果は国民の意志を表していた.
☑ We chose her as the **representative** of our class.	▶私たちは彼女をクラスの代表に選んだ.
☑ チャンク **ordinary folks**	一般の人々
☑ The singer is very popular among young **folks**.	▶その歌手は若い人たちの間でとても人気がある.
☑ How are your **folks**?	▶ご両親はお元気ですか？

STAGE 5

155

話す・伝える

550 ☑ **refer**
[rifə́:r]

A2

動 **1** (会話・文章中で)言及する
関連 reference 言及
➡ 【refer to Ⓐ】Ⓐに言及する
2 (本などを)参照する
➡ 【refer to Ⓐ】Ⓐを参照する

551 ☑ **mention**
[ménʃn]

B1

動 …に(簡単に)言及する

552 ☑ **Don't mention it.**

(礼などに対して)どういたしまして

553 ☑ **not to mention ...**

…は言うまでもなく

554 ☑ **inform**
[infɔ́:rm]

B1

動 …に(正式な知らせなどを)知らせる
関連 information 情報
➡ 【inform Ⓐ of Ⓑ】ⒶにⒷを通知する

555 ☑ **discuss**
[diskʌ́s]

A1

動 …について話し合う(◆前置詞〔about, on など〕は
付かない)
関連 discussion 話し合い

司法・犯罪

556 ☑ **steal**
[stí:l]

A2

過去 stole 過分 stolen

動 〈物などを〉盗む

➡ 【have Ⓐ stolen】Ⓐを盗まれる

557 ☑ **commit**
[kəmít]

B1

動 〈罪を〉犯す;〈よくないことを〉する

558 ☑ **judge**
[dʒʌ́dʒ]

B1

名 裁判官, 判事;(競技・コンテストなどの)審判員,
審査員
関連 court 法廷

A1

動 …を判断する
関連 judgment 判決, 判断, 意見

559 ☑ **fine**
[fáin]

B1

名 罰金

B2

動 …に罰金を科す(◆通例受身で)
➡ 【be fined for Ⓐ】
Ⓐのかどで罰金を科せられる

☑ チャンク refer **to the fact**	事実に言及する
☑ He never **referred to** the matter again.	▶彼は二度とその件に言及しなかった.
☑ Please **refer to** the website for more information.	▶詳しくはウェブサイトを参照してください.

☑ チャンク mention **his name**	彼の名をあげる
☑ This is the book he **mentioned**.	▶これが彼が言っていた本だ.
☑ "Thank you for your help." "**Don't mention it.**"	▶「手伝ってくれてありがとう」「どういたしまして」
☑ He is kind and intelligent, **not to mention** cool.	▶彼はかっこいいのは言うに及ばず, 親切で頭もいい.

☑ チャンク **be fully** informed	詳細を知らされている
☑ I **informed** them **of** the government decision.	▶私は彼らに政府の決定を通知した.

☑ チャンク discuss **the issue**	その問題について話し合う
☑ We **discussed** the plan with the manager.	▶私たちは部長とその計画について話し合った.

☑ チャンク steal **a car**	車を盗む
☑ They **stole** 50,000 yen in cash.	▶彼らは現金5万円を盗んだ.
☑ I had my bicycle **stolen**.	▶ぼくは自転車を盗まれた.

☑ チャンク commit **a minor offense**	軽犯罪を犯す
☑ He has never **committed** a crime.	▶彼は1度も犯罪を犯したことがない.

☑ チャンク **a high court** judge	高等裁判所判事
☑ He was one of the **judges** of the World Cup.	▶彼はワールドカップの審判員の1人だった.
☑ Don't **judge** children only by report cards.	▶成績表だけで子どもを判断してはいけない.

☑ チャンク **a heavy** fine	重い罰金
☑ I paid a **fine** of 30 dollars.	▶私は30ドルの罰金を払った.
☑ I was **fined for** speeding.	▶私はスピード違反で罰金を科せられた.

STAGE 5

分割・分配

560 ☑ **share**
[ʃéər]

A1 　動 (人と)…を共有する, 分かち合う
　　➡ 【share Ⓐ with Ⓑ】ⒶをⒷと共有する
　　➡ 【share Ⓐ between Ⓑ】ⒶをⒷの間で
　　　　分かち合う

A2 　名 **1** (…における)負担分(of ...)
　　2 (企業の)株式(◆通例複数形で用いる. stock と
　　　同義)

561 ☑ **distribute**
[distríbju:t]

　動 〈食糧・印刷物などを〉分配する, 配布する
　　関連 distribution 分配
B1 　➡ 【distribute Ⓐ to Ⓑ】ⒶをⒷに分配する

562 ☑ **spare**
[spéər]

B2 　動 **1** 〈時間などを〉割く
　　➡ 【spare Ⓐ for Ⓑ】Ⓑのために Ⓐを割く
　　2 〈努力・お金などを〉惜しんで使わない
　　➡ 【spare no Ⓐ】Ⓐを惜しまない

B2 　形 〈時間・部屋・かぎなどが〉余分の；予備の

程度・度合い

563 ☑ **degree**
[digrí:]
A2

　名 程度, 度合い

564 ☑ **grade**
[gréid]

　名 **1** (品質などの)等級
　　関連 gradual 段階的な, gradually 徐々に
　　2 学年(◆米国では学年を小学・中学・高校を通し
A1 　て数えるため, 1年級から12年級まである)

565 ☑ **extent**
[ikstént]

　名 **1** (問題・損害などの)程度

　　2 (空間における)広がり
B1 　関連 extensive 広い, extend 広げる

566 ☑ **to some extent**　　　ある程度まで

567 ☑ **relatively**
[rélətivli]

　副 比較的(に)
　　関連 relative 相対的な
B1

568 ☑ **merely**
[míərli]

　副 ただ…だけ, ほんの(◆only よりもかたい語)
　　関連 mere ほんの
B1

☑ チャンク share **their experiences**　　彼らの経験を分かち合う
☑ I share the room with my sister.　　▶私は部屋を妹と共有で使っている.
☑ Let's share the pizza between us.　　▶ピザをぼくたちで分けよう.

☑ Do your share of the work.　　▶自分の(分の)仕事をしなさい.
☑ Share prices are down in New York.　　▶ニューヨークで株価が下がっている.

☑ チャンク distribute **leaflets**　　リーフレットを配布する
☑ They distributed food to the earthquake victims.　　▶彼らは地震の被災者に食べ物を配った.

☑ チャンク spare **a few minutes**　　少しだけ時間を割く
☑ Could you spare five minutes for me?　　▶(私のために)5分お時間を割いていただけますか?
☑ Spare no effort to achieve success.　　▶成功するためには努力を惜しむな.

☑ What do you usually do in your spare time?　　▶ふだん暇なときには(値 余分な時間には)何をしているの?

☑ チャンク to a large **degree**　　大いに(値 大きな度合いまで)
☑ That's only a matter of degree.　　▶それは単に程度の問題だ.

☑ チャンク the lower **grades**　　低学年
☑ We can buy the best grades of tea there.　　▶そこでは最高級の紅茶が買えます.
☑ What grade are you in?　　▶あなたは何年生ですか?

☑ チャンク to a certain **extent**　　ある程度は
☑ The extent of his injuries is not known.　　▶彼のけがの程度は明らかになっていない.
☑ You can see the full extent of the beach from the room.　　▶その部屋からビーチの全景(値 完全な広がり)を望める.

☑ She'll recover to some extent.　　▶彼女はある程度まで回復するだろう.

☑ チャンク a relatively **small number of ⒜**　　比較的**少数の ⒜**
☑ This English book is relatively easy to read.　　▶この英語の本は読むのに比較的簡単だ.

☑ チャンク be merely **a question of time**　　ただ単に**時間の問題である**
☑ He is merely a child.　　▶彼はほんの子どもだ.

STAGE 5

159

多様

569 ☑ **vary**
[véəri]

動 ① 〈同種類のものが〉さまざまである, 異なる
関連 variable 変わりやすい
➡ 【vary in Ⓐ】Ⓐにおいてさまざまである
② (状況に応じて)変化する, 変わる

➡ 【vary from Ⓐ to Ⓐ】Ⓐごとに変化する, 異なる

B1

570 ☑ **various**
[véəriəs]

形 いろいろな, さまざまな
関連 variation 差異, variety 多様性

B1

571 ☑ **diverse**
[divə́:rs]

形 多様な, 多岐に渡る
関連 diversity 多様性

B1

計画・予定・約束

572 ☑ **due**
[djú:]

形 ① (…する)予定で(ある)
➡ 【be due to do】…する予定である
② 〈金銭などが〉当然支払われるべき

A1

573 ☑ **due to ...**

…が原因で, …のために(◆because of ...と同義)

574 ☑ **reserve**
[rizə́:rv]

動 ① 〈部屋・座席などを〉予約する
関連 reservation 予約
② …を取っておく
➡ 【reserve Ⓐ for Ⓑ】ⒶをⒷのために 取っておく

B1

575 ☑ **postpone**
[poustpóun]

動 〈予定などを〉延期する, 遅らせる(◆put offと 同義)

B2

576 ☑ **appointment**
[əpɔ́intmənt]

名 (…との)(面会の)約束(with ...);
(病院・美容院などの)予約

A2

577 ☑ **strategy**
[strǽtədʒi]

名 戦略, 戦術

A2

☑ チャンク **vary widely** 　大きく異なる
☑ Natural products **vary** in color. ▶天然の製品は色が異なる.

☑ The menu **varies** with the seasons and locations. ▶メニューは季節と地域によって変わる.

☑ Laws **vary from** state **to** state. ▶法律は州によって異なる.

☑ チャンク **various kinds** 　さまざまな**種類**
☑ These candles come in **various** shapes and colors. ▶このロウソクにはいろいろな形と色があります.

☑ チャンク **diverse groups** 　多様な**集団**
☑ The magazine covers **diverse** topics. ▶その雑誌は多様な話題を扱う.

☑ チャンク **be due next Sunday** 　今度の日曜日に予定されている
☑ The plane **is due to** arrive at two. ▶その飛行機は2時に到着する予定だ.
☑ Their salaries are **due** in a week. ▶彼らの給料は1週間後に支払われる.

☑ He was late **due to** a traffic jam. ▶彼は渋滞のために遅刻した.

☑ チャンク **reserve a table** 　テーブルを予約する
☑ I **reserved** a room at the hotel. ▶私はそのホテルに部屋を予約した.
☑ These seats are **reserved for** the elderly and disabled. ▶これらの席はお年寄りと体の不自由な方専用です(◉ お年寄りと体の不自由な方のために取っておかれている).

☑ チャンク **postpone going to Tokyo** 　東京行きを延期する
☑ We **postponed** the meeting until next Friday. ▶我々はその会議を次の金曜日に延期した.

☑ チャンク **make a dentist's appointment** 　歯医者の予約をする
☑ I have an **appointment with** her tomorrow. ▶あす, 私は彼女と会う約束をしている.

☑ チャンク **a marketing strategy** 　市場戦略
☑ The government announced its economic **strategy**. ▶政府は経済戦略を発表した.

STAGE 5

言葉

578 ☑ **sentence** A1
[séntəns]

名 **1** (法律上の)刑

2 (文法上の)文

B2 動 …に刑を宣告する(◆しばしば受身で)

☞ 【be sentenced to Ⓐ】 Ⓐの刑を宣告される

579 ☑ **literature**
[lítərətʃər]

名 文学

関連 **essay** エッセー, **literal** 文字どおりの, **literally** 文字どおりに, **literary** 文学の, **novel** 小説, **poem** 詩

B1

580 ☑ **context**
[kántekst]

名 (文章などの)前後関係, 文脈

A2

581 ☑ **translate**
[trænsléit]

動 〈外国語を〉翻訳する, 訳す

関連 **translation** 翻訳, **translator** 翻訳者

☞ 【translate Ⓐ from Ⓑ into Ⓒ】
Ⓐを Ⓑ から Ⓒ に翻訳する

B1

使う

582 ☑ **operate**
[ápərèit]

動 **1** 〈機械などを〉操作する

関連 **operator** オペレーター

2 (人・患部の)手術をする

関連 **operation** 手術

☞ 【operate on Ⓐ】 Ⓐの手術をする

A2

583 ☑ **consume**
[kənsú:m]

動 〈燃料・エネルギーなどを〉消費する

関連 **consumer** 消費者, **consumption** 消費

B1

584 ☑ **exploit**
[iksplóit]

動 **1** 〈人を〉不当に使う

2 〈機会などを〉活用する

B2

585 ☑ **available**
[əvéiləbl]

形 **1** (…に)利用できる(for ...)

2 〈商品・情報などが〉手に入る

B1

☑ チャンク **serve a** sentence	刑に服する
☑ She received a prison **sentence**.	▶彼女は実刑を受けた.
☑ Speak in complete **sentences**.	▶ちゃんとした文で話しなさい.
☑ He **was sentenced to** death.	▶彼は死刑を宣告された.

☑ チャンク **English** literature	英文学
☑ Chris is interested in Japanese **literature**.	▶クリスは日本文学に興味がある.

☑ チャンク **in this** context	この文脈では
☑ Can you guess the meaning of this word from the **context**?	▶この単語の意味を文脈から推測できますか?

☑ チャンク **translate the text**	文章を翻訳する
☑ He **translated** the novel **from** Spanish **into** Japanese.	▶彼はその小説をスペイン語から日本語に翻訳した.

☑ チャンク **operate a vehicle**	乗り物を操作する
☑ She began learning how to **operate** a computer.	▶彼女はパソコンの操作のし方を習い始めた.
☑ A famous doctor **operated on** his knee.	▶有名な医者が彼のひざの手術をした.

☑ チャンク **consume energy**	エネルギーを消費する
☑ This engine **consumes** a lot of fuel.	▶このエンジンは大量の燃料を消費する.

☑ チャンク **exploit part-time workers**	アルバイトの人を不当に使う
☑ A lot of children are being **exploited** as soldiers in the country.	▶その国では多くの子どもたちが兵士として不当に使われている.
☑ You should **exploit** every opportunity.	▶あなたはあらゆる機会を利用するべきだ.

☑ チャンク **available** resources	利用可能な**資源**
☑ Funds are **available for** the project.	▶そのプロジェクトに基金が利用できる.
☑ Tickets are **available** here.	▶チケットはこちらでお求めになれます (⊜ 手に入る).

STAGE 5

必要・必然

586 ☑ **necessary**
[nésəsèri]
〔アクセント〕
A2

形 (…にとって)必要な(for ...)
関連 necessity 必要(性)
対義 unnecessary 不必要な
➡ 【it is necessary for Ⓐ to *do*】
　Ⓐは…する必要がある

587 ☑ **essential**
[isénʃl]
B1

形 ❶ (…にとって)不可欠の, 絶対に必要な(for ...)

❷ (特徴などが)本質的な
関連 essence 本質, essentially 本質的には

588 ☑ **inevitable**
[inévitəbl]
B1

形 〈発生・展開などが〉避けられない, 必然的な
関連 inevitably 必然的に

589 ☑ **necessarily**
[nèsəsérəli]
〔アクセント〕
B2

副 ❶ 必ず, 必然的に
対義 unnecessarily むだに
❷ 必ずしも(…でない)(◆否定語を伴い, 部分
否定を表す)

思う・考える

590 ☑ **estimate**
動 [éstəmèit]
名 [éstəmit]
〔発音〕
B1
B2

動 〈金額などを〉見積もる
➡ 【estimate Ⓐ at Ⓑ】ⒶをⒷと見積もる

名 (金額などの)見積もり

591 ☑ **confuse**
[kənfjú:z]
A2

動 ❶ 〈人を〉困惑[混乱]させる
関連 confused 困惑した, confusion 混乱
❷ …を(別の人・物と)混同する
➡ 【confuse Ⓐ with Ⓑ】ⒶをⒷと混同する

592 ☑ **doubt**
[dáut]
〔発音〕
A2
B2

名 (…に対する)疑い, 疑念(about ...)
対義 belief 信じること

動 …を(真実かどうか)疑う, 疑問に思う
関連 doubtful 疑わしい,
　　　 undoubtedly 疑いなく
対義 believe 信じる
➡ 【doubt if [whether] ...】…かどうか疑う

593 ☑ **conceive**
[kənsí:v]
B2

動 ❶ 〈状況などを〉想像する
➡ 【conceive of Ⓐ】Ⓐを想像する
❷ 〈案などを〉考えつく

☐ **チャンク** the necessary **skills** 　必要な**技能**

☐ Individual effort is **necessary for** the team's success. 　▶個人の努力がチームの成功に必要だ.

☐ **It is necessary for** you to rest. 　▶君は休む必要がある.

☐ **チャンク** an essential **nutrient** 　不可欠の**栄養素**

☐ Exercise is **essential for** good health. 　▶運動は健康に欠かせない.

☐ What's the **essential** difference between humans and animals? 　▶人間と動物の本質的な違いは何ですか?

☐ **チャンク** an inevitable **consequence** 　必然的な**結末**

☐ I think globalization is **inevitable**. 　▶グローバル化は避けられないと思う.

☐ **チャンク** necessarily need **A** 　必然的に **A** を必要とする

☐ Practice **necessarily** involves making mistakes. 　▶練習は必然的に失敗を伴う.

☐ "We are going to lose."
"**Not necessarily**." 　▶「ぼくらは負ける」
　　「そうとは限らないよ」

☐ **チャンク** estimate **the population** 　人口を見積もる

☐ We **estimated** the cost **at** two million yen. 　▶私たちは費用を200万円と見積もった.

☐ He gave us an **estimate** for the repair. 　▶彼は私たちに修理費の見積もりを出してくれた.

☐ **チャンク** confuse **people** 　人々を困惑させる

☐ Her explanation **confused** us. 　▶彼女の説明は私たちを混乱させた.

☐ I often **confuse** Paul **with** his twin brother, Steve. 　▶私はよくポールを彼の双子の弟スティーブと混同してしまう.

☐ **チャンク** cast doubt 　疑いをかける

☐ There's **no doubt about** it. 　▶それはまず間違いない(⑩ それに対する疑いはない).

☐ "He'll make it this time." "I **doubt** it." 　▶「彼は今回はうまくいくさ」「そうは思わないな」

☐ I **doubt if** [**whether**] she'll keep that promise. 　▶彼女がその約束を守るかどうか疑わしい.

☐ **チャンク** conceive **a romantic meeting** 　ロマンチックな出会いを想像する

☐ I can't **conceive of** life without TV. 　▶テレビなしの生活なんて想像できない.

☐ She **conceived** a good plan. 　▶彼女はよい案を考えついた.

STAGE 5

165

経済・金融

594 ☑ **economy**
[ikánəmi]
B1

名 **1** 経済
関連 **economic** 経済の, **economical** 経済的な,
economically 経済的に,
economist 経済学者
2 (時間・お金などの)節約, 倹約

595 ☑ **financial**
[finǽnʃl]
B1

形 財政上の, 金融上の
関連 **finance** 財政, **financially** 財政的に

596 ☑ **trade**
[tréid]
A2
B2

名 貿易, 取引
関連 **trader** 貿易業者
動 貿易する, 取引する
【trade with Ⓐ】Ⓐと貿易する

597 ☑ **prosperity**
[praspérəti]
B1

名 (経済的な)繁栄
関連 **prosper** 繁栄する, **prosperous** 繁栄した

変化

598 ☑ **exchange**
[ikstʃéindʒ]
B1

動 **1** …を交換する, 取り替える
【exchange Ⓐ for Ⓑ】ⒶをⒷと交換する
2 〈お金を〉両替する
【exchange Ⓐ for Ⓑ】ⒶをⒷに両替する

599 ☑ **transform**
[trænsfɔ́:rm]
B1

動 …を(よい方向に)変える
関連 **transformation** 変化

600 ☑ **modify**
[mádəfài]
B1

動 〈計画などを〉(目的に応じて部分的に)変える,
修正する

601 ☑ **alter**
[ɔ́:ltər]
B2

動 …を(一部)変える, 変更する

602 ☑ **burst**
[bə́:rst]
過去・過分 burst
B1

動 (内側からの圧力などにより)破裂する

603 ☑ **reform**
[rifɔ́:rm]
B2

名 (制度・社会などの)改革, 改善(◆家などの改装を
意味する日本語の「リフォーム」の意味はない)
動 〈制度・法律などを〉改善する, 改正する

☑ チャンク **a free** economy | 自由経済
☑ The **economy** has been slow. | ▶経済は停滞している.

☑ We will have to practice **economy**. | ▶私たちは倹約せざるをえないだろう.

☑ チャンク financial **assistance** | 財政**援助**
☑ There are a lot of **financial** institutions in this area. | ▶この地域にはたくさんの金融機関がある.

☑ チャンク **international** trade | 国際貿易
☑ Japan's **trade** with Asia has increased. | ▶日本のアジアとの貿易は拡大している.
☑ China **trades with** the rest of the world. | ▶中国は世界中の国々と貿易をしている.

☑ チャンク **economic** prosperity | 経済的繁栄
☑ I wish you all **prosperity**. | ▶みなさまのご繁栄をお祈りいたします.

☑ チャンク exchange **information** | 情報を**交換する**
☑ I **exchanged** the battery **for** a new one. | ▶私は電池を新しいものに換えた.
☑ Where can I **exchange** dollars **for** pounds? | ▶どこでドルをポンドに両替できますか?

☑ チャンク transform **society** | 社会を**変革する**
☑ E-mail **transformed** the way of communication. | ▶Eメールはコミュニケーションの方法を変えた.

☑ チャンク modify **my views** | **私の見方を**変える
☑ We must **modify** this plan. | ▶我々はこの計画を修正せねばならない.

☑ チャンク alter **the course of** Ⓐ | Ⓐ **の流れを**変える
☑ She **altered** her dress by herself. | ▶彼女は自分で服をつくり変えた.

☑ チャンク burst **suddenly** | **突然**破裂する
☑ The test tube **burst** into pieces. | ▶その試験管は破裂して粉々になった.

☑ チャンク political **reform** | 政治**改革**
☑ Economic **reform** must be made. | ▶経済改革がなされなくてはならない.
☑ Do you think we need to **reform** the law? | ▶あなたはその法律を改正する必要があると思いますか?

STAGE 5

情熱・興味

604 ☑ **interest**
[íntərəst]
🔊 アクセント
A2

名 ❶ (…に対する)興味, 関心(in ...)
関連 **interested** 興味をもった.
interesting 興味深い
❷ (預金・借金の)利子

605 ☑ **eager**
[íːɡər]
B1

形 (…を)熱望して(for ...);熱心な
関連 **eagerly** 熱心に
☞ **【be eager to** *do*】…することを熱望
している

606 ☑ **indifferent**
[indífərənt]
B2

形 (…に)無関心で(to ...)
関連 **indifference** 無関心

607 ☑ **dull**
[dʌ́l]
B1

形 ❶ 〈出来事などが〉退屈な, おもしろくない
(◆boring と同義)
❷ 〈感覚などが〉鈍い

仕事・ビジネス

608 ☑ **manage**
[mǽnidʒ]
🔊 アクセント
A2

動 ❶ 〈事業などを〉経営する, 管理する
関連 **management** 経営, **manager** 経営者
❷ 〈困難なことを〉何とかやりとげる
☞ **【manage to** *do*】何とか…する

609 ☑ **commercial** B1
[kəmə́ːrʃl]
B2

形 商業(上)の
関連 **commerce** 商業, 貿易

名 (テレビなどで放送される)コマーシャル

610 ☑ **career**
[kəríər]
🔊 アクセント
B1

名 (専門的な)職業

611 ☑ **labor**
[léibər]
A2

名 (主に肉体的な)労働;労働者(全体)
対義 **management** 経営(者)

612 ☑ **department**
[dipáːrtmənt]
B1

名 ❶ (組織・会社などの)部, 課

❷ (デパートの)売り場(◆日本語の「デパート」は
department store)

☑ チャンク **a special** interest | 特別な**興味**
☑ He has lost **interest in** games. | ▶彼はゲームに興味がなくなった.
☑ The **interest** rate will drop to 2.0 percent. | ▶利率は 2.0 パーセントに下がるだろう.

☑ チャンク **eager** fans | 熱心な**ファン**
☑ She is **eager for** the position. | ▶彼女はその地位につきたがっている.
☑ I'm **eager to** learn karate. | ▶私は空手を習いたくてたまらない.

☑ チャンク **an indifferent** attitude | 無関心な**態度**
☑ He is **indifferent to** environmental problems. | ▶彼は環境問題に無関心だ.

☑ チャンク **a dull** movie | 退屈な**映画**
☑ The party was **dull**. | ▶そのパーティーはおもしろくなかった.
☑ I have a **dull** pain in my shoulder. | ▶肩に鈍い痛みがある.

☑ チャンク **manage** the project | プロジェクトを**管理する**
☑ He **manages** a small hotel in Hawaii. | ▶彼はハワイで小さなホテルを経営している.
☑ I **managed to** catch a taxi. | ▶私は何とかタクシーをつかまえた.

☑ チャンク **a commercial** center | 商業の**中心地**
☑ The movie was a **commercial** success. | ▶その映画は商業的に成功した（**®** 商業的な成功だった）.
☑ I don't like TV **commercials**. | ▶私はテレビコマーシャルが好きではない.

☑ チャンク **a teaching** career | **教職**
☑ Her **career** as a journalist started at the BBC. | ▶彼女のジャーナリストとしての経歴は BBC 放送で始まった.

☑ チャンク **cheap** labor | **低賃金**労働
☑ Our company needs more skilled **labor**. | ▶わが社には熟練した労働者がもっと必要だ.

☑ チャンク **the sales** department | **営業部**
☑ Anita belongs to the marketing **department**. | ▶アニータは市場調査部に所属している.
☑ Where is the children's clothing **department**? | ▶子ども服売り場はどこですか？

STAGE 5

重要英熟語

613 ☑ **have got to** *do*	…しなければならない
614 ☑ **have to** *do*	…しなければならない
615 ☑ **be made from ...**	…から作られる
616 ☑ **be made of ...**	…でできている
617 ☑ **make it**	**1** （活動・職業・人生などで）成功する
	2 （乗り物などに）間に合う(to ...)
618 ☑ **make up**	…に化粧をする
619 ☑ **make up for ...**	…を埋め合わせる
620 ☑ **go by**	〈時間が〉経過する
621 ☑ **go for ...**	〈散歩などに〉出かける
622 ☑ **go off**	**1** （明確な目的があって）立ち去る，出かける
	2 〈爆弾などが〉爆発する
623 ☑ **go on**	**1** （…することを）続ける(*doing*)
	2 〈事が〉起こる
624 ☑ **go out**	（楽しいことをするために）外出する
625 ☑ **go through ...**	**1** 〈苦難などを〉経験する
	2 〈法案などが〉…を通過する，承認される
626 ☑ **go without ...**	〈ふだん必要とするものを〉なしですます
627 ☑ **to go**	**1** 〈レストランなどの食べ物が〉持ち帰り用の
	2 〈時間などが〉残されている
628 ☑ **work out**	**1** 〈答えなどを〉見つけ出す
	2 〈問題などを〉解決する
	3 〈物事が〉（結局は）うまくいく

☐ I've got to finish reading this book by tomorrow.	▶私はあすまでにこの本を読み終えなければならない.
☐ I'll have to get up early tomorrow morning.	▶私はあすの朝早起きしなければならない.
☐ Cheese is made from milk.	▶チーズは牛乳から作られる.
☐ This table is made of wood.	▶このテーブルは木でできている.
☐ He made it as a fashion designer.	▶彼はファッションデザイナーとして成功した.
☐ We didn't make it to the last train.	▶私たちは最終電車に間に合わなかった.
☐ Don't make up your face on the train.	▶電車内で化粧をしてはだめだよ.
☐ We must make up for lost time.	▶私たちは遅れを取り戻さなければ(⬤ 失われた時間を埋め合わせなければ)ならない.
☐ The summer vacation went by very fast.	▶夏休みはあっという間に終わった(⬤ 経過した).
☐ Let's go for a walk.	▶散歩に出かけようよ.
☐ They went off to have coffee.	▶彼らはコーヒーを飲みに行った.
☐ The bomb didn't go off.	▶その爆弾は爆発しなかった.
☐ We went on walking for two hours.	▶私たちは2時間歩き続けた.
☐ What's going on here?	▶ここで何が起こっているんだ?
☐ I went out to a concert last night.	▶私は昨夜コンサートに出かけた.
☐ He went through a divorce.	▶彼は離婚した(⬤ 離婚を経験した).
☐ The bill didn't go through Congress.	▶その法案は議会を通過しなかった.
☐ I often go without breakfast.	▶私はよく朝食を抜く(⬤ 朝食なしですます).
☐ For here or to go?	▶こちらで召し上がりますか,それともお持ち帰りになりますか?
☐ There are still two weeks to go before the exam.	▶試験までまだ2週間ある.
☐ Let's work out a solution.	▶解決方法を見つけましょう.
☐ We worked out the problem with her help.	▶私たちは彼女の助けを借りてその問題を解決した.
☐ Everything worked out well.	▶万事うまくいった.

STAGE 5

171

重要英熟語

629 ☑ **as if ...**	（まるで）…であるかのように
630 ☑ **even if ...**	（たとえ）…だとしても
631 ☑ **What if ...?**	（もし）…だったらどうしよう？
632 ☑ **take after ...**	〈年上の血縁者に〉似ている
633 ☑ **take ... apart**	〈機械などを〉分解する
634 ☑ **take Ⓐ for Ⓑ**	ⒶをⒷだと（誤って）思う
635 ☑ **take in**	〈水・空気などを〉吸収する
636 ☑ **take off**	❶ 〈飛行機などが〉離陸する ❷ 〈服・靴などを〉脱ぐ
637 ☑ **take out**	❶ （食事などに）…を連れていく ❷ （ポケットなどから）…を取り出す
638 ☑ **take over**	〈商売などを〉引き継ぐ
639 ☑ **get along**	❶ （生活・仕事などで）順調に進む ❷ （人と）仲よくやっていく（with ...）
640 ☑ **get back**	❶ （場所から）戻る（from ...） ❷ 〈失った物を〉取り戻す
641 ☑ **get into ...**	❶ …の中に入る ❷ 〈よくないことに〉巻き込まれる
642 ☑ **get out of ...**	…から（外へ）出る
643 ☑ **get over**	〈病気・つらい経験などを〉乗り越える
644 ☑ **get through ...**	〈つらい状況などを〉乗り越える
645 ☑ **get together**	〈人が〉集まる

☑ He talks about France **as if** he had lived there for years.	▶彼はまるで何年も住んでいたかのようにフランスについて話す.
☑ **Even if** you say no, I'm not going to give up.	▶たとえあなたが「ノー」と言っても, 私はあきらめません.
☑ **What if** my cell phone is gone?	▶もし携帯電話がなくなったらどうしよう?
☐ Liz **takes after** her father.	▶リズは父親に似ている.
☑ I **took** the watch **apart**.	▶私はその腕時計を分解した.
☑ I often **take** Susan **for** her sister.	▶私はスーザンを彼女の姉とよく間違える.
☐ I want to **take in** some fresh air.	▶新鮮な空気を吸いたい.
☑ The plane **took off** on time.	▶その飛行機は定刻に離陸した.
☑ Please **take off** your coat here.	▶こちらでコートをお脱ぎください.
☑ He **took** me **out** for dinner.	▶彼は私を夕食に連れていってくれた.
☑ She **took out** her license.	▶彼女は免許証を取り出した.
☑ He **took over** the family business after finishing high school.	▶彼は高校卒業後, 家業を継いだ.
☐ How are you **getting along** at school?	▶学校生活は順調ですか?
☑ She **gets along** well **with** her new classmates.	▶彼女は新しいクラスメートと仲よくやっている.
☑ When did you **get back from** Paris?	▶パリからいつ戻ったの?
☑ I **got back** my lost wallet.	▶私はなくした財布を取り戻した.
☑ Please **get into** this taxi.	▶このタクシーに乗ってください.
☑ We **got into** a traffic jam.	▶私たちは渋滞に巻き込まれた.
☑ Please **get out of** the car.	▶車から降りてください.
☐ She **got over** her cancer.	▶彼女は癌(がん)を克服した.
☑ How could you **get through** such a hard time?	▶そのようなつらい日々をどうやって乗り越えたの?
☑ Let's **get together** next Saturday.	▶今度の土曜日に集まろうよ.

STAGE 5

173

ask [ǽsk] →p. 102

コアイメージ 「言葉を使って情報や助けを求める」

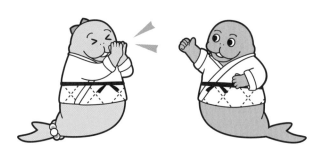

[ask for + 名詞] ランキング

☑ S115 **第1位** **ask for** help ▶ 助けを求める

☑ Don't ask for help so soon. ▶ そんなにすぐ助けを求めるな.

☑ S116 **第2位** **ask for** advice ▶ アドバイスを求める

☑ She asked for advice from her teacher. ▶ 彼女は教師にアドバイスを求めた.

☑ S117 **第3位** **ask for** information ▶ 情報を求める

☑ The tourist asked for information at the tourist office. ▶ その観光客は, 観光案内所で情報を求めた.

☑ S118 **第4位** **ask for** money ▶ お金を無心する

☑ Some people were asking for money on the street. ▶ 通りでお金を求めている人々がいた.

☑ S119 **第5位** **ask for** details ▶ 詳細な情報を求める

☑ He asked for details on the phone. ▶ 彼は電話口で詳細な情報を求めた.

give [gív] →p. 102

コアイメージ 「自分から相手へ与える」

2**1**3 [give + 名詞]ランキング

☑ S120 👑第1位 **give a chance** ▶ チャンスを与える

☑ She gave a second chance to her boyfriend. ▶ 彼女はボーイフレンドにセカンドチャンスを与えた.

☑ S121 第2位 **give time** ▶ 時間を与える

☑ I gave myself time to think carefully about it. ▶ 私は, それについてしっかり考えるために時間を取った.

☑ S122 第3位 **give an opportunity** ▶ 機会を与える

☑ His parents gave an opportunity to him to study abroad. ▶ 彼の両親は, 彼に留学する機会を与えた.

☑ S123 第4位 **give details** ▶ 詳細を述べる

☑ We're giving details about the concert in a few hours. ▶ 数時間後, そのコンサートに関する詳細をお知らせいたします.

☑ S124 第5位 **give the impression of ...** ▶ …という印象を与える

☑ He often gives the impression of being shy. ▶ 彼はよく内気という印象を与える.

6. 数

$$\frac{1}{3}$$

S125 ☑ 1/3
a third

$$\frac{3}{4}$$

S126 ☑ 3/4
three fourths

0.5

S127 ☑ 0.5
zero point five

3.14

S128 ☑ 3.14
three point one four

S129 ☑ 正方形
square[skwéər]

S130 ☑ 三角形
triangle[tráiæ̀ŋgl]

S131 ☐ 長方形
rectangle[réktæ̀ŋgl]

S132 ☑ 平行四辺形
parallelogram
[pæ̀rəléləgræ̀m]

S133 ☑ 台形
trapezoid[træpəzɔ̀id]

S134 ☑ 円
circle[sə́:rkl]

S135 ☑ だ円
ellipse[ilíps]

S136 ☑ 円すい
cone[kóun]

S137 ☑ 球
sphere[sfíər]

S138 ☑ 円柱
cylinder[sílindər]

S139 ☑ 立方体
cube[kjú:b]

S140 ☑ 三角すい
triangular pyramid
[traiæ̀ŋgjələr pírəmid]

S141 ☐ 折れ線グラフ
line chart
[láin tʃà:rt]

S142 ☑ 棒グラフ
bar chart
[bá:r tʃà:rt]

S143 ☐ 円グラフ
pie chart
[pái tʃà:rt]

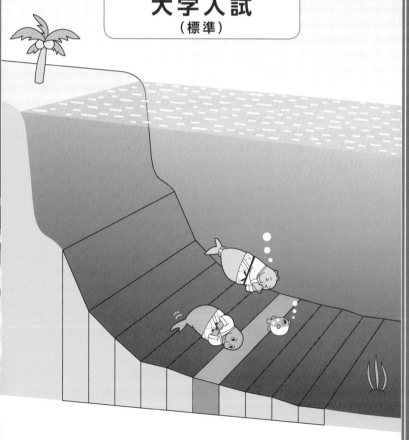

STAGE 6

平均単語レベル
大学入試
（標準）

場所·位置

646 ☑ **local**
[lóukl]
A2

形1 (ある特定の)地域の, 地元の(◆日本語の
「ローカル」とは異なり, 「いなかの」という意味
合いはない)
2〈列車が〉各駅停車の
対義 express 急行の

647 ☑ **region**
[ríːdʒən]
B1

名(広く, 明確な境界線のない)地方
関連 regional 地方の

648 ☑ **territory**
[térətòːri]
B2

名(国などの統治下にある)領土

649 ☑ **district**
[dístrikt]
B1

名(特色をもつ)地域；(行政などの目的で区分
された)地区

650 ☑ **suburb**
[sábəːrb]
B2

名(都市の)郊外
関連 suburban 郊外の

性格

651 ☑ **character**
[kǽrəktər]
🔊 アクセント
A1

名1 (人の)性格；(事物の)特色

2 (表意)文字(◆漢字など；アルファベットなどの
表音文字は letter)
3 (映画·小説などの)登場人物

652 ☑ **active**
[ǽktiv]
B1

形1〈人·行動などが〉活動的な, 活発な
関連 actively 活発に, **activity** 活動
対義 inactive 活動していない
2 (姿勢が)積極的な
対義 passive 消極的な
➡**【be active in A】A**に積極的だ

653 ☑ **curious**
[kjúəriəs]
B1

形(…に対して)好奇心の強い(about ...)
関連 curiosity 好奇心
➡**【be curious to do】**…したがっている

☑ チャンク **the local community** 　地域社会
☑ We all went to the **local** school. 　▶私たちはみな地元の学校に通った.

☑ Only the **local** trains stop here. 　▶ここは各駅停車の列車しか止まりません.

☑ チャンク **the entire region** 　地方全体
☑ A violent storm hit the **region**. 　▶激しいあらしがその地方を襲った.

☑ チャンク **Japanese territory** 　日本の領土
☑ India was a British **territory**. 　▶インドはイギリスの領土だった.

☑ チャンク **the shopping district** 　商店街
☑ We visited the historic **districts** of Kamakura. 　▶私たちは鎌倉の歴史的地区を訪ねた.

☑ チャンク **live in the northern suburbs** 　北部郊外に住む
☑ They moved to a **suburb** of Boston. 　▶彼らはボストン郊外へ引っ越した.

☑ チャンク **out of character** 　性格と異なる, 柄に合わない
☑ Ann has a cheerful **character**. 　▶アンは快活な性格だ.
☑ This is the Chinese **character** for a cat. 　▶これは猫を表す漢字です.
☑ Which Disney **character** is your favorite? 　▶ディズニーのキャラクターでどれが一番好きですか?

☑ チャンク **active participation** 　積極的参加
☑ Koalas are not very **active**. 　▶コアラはあまり活動的ではない.

☑ He always takes an **active** role in discussions. 　▶彼はいつも議論で積極的な役割を果たす.
☑ She **is active in** helping her mother. 　▶彼女は母親を手伝うことに積極的だ.

☑ チャンク **curious eyes** 　好奇心に満ちた目
☑ My cat is **curious about** insects. 　▶うちの猫は虫に好奇心が強い.
☑ I'm **curious to** know the result. 　▶私はその結果が知りたい.

STAGE 6

179

生物

654 ☐ **cell**
[sél] B1
图 (生物の)細胞

655 ☐ **bacteria**
[bæktíəriə]
图 バクテリア, 細菌

656 ☐ **protein**
[próuti:n]
图 タンパク質

657 ☐ **instinct**
[ínstiŋkt] B2
图 (動物の)本能
　　関連 **instinctive** 本能的な

658 ☐ **female**
[fí:meil] A2
形 女の; (生体組織が)雌の

659 ☐ **male**
[méil] B1
形 男の; (生体組織が)雄の

660 ☐ **reproduce**
[rì:prədjú:s] B1
動 **1** 〈生物が〉繁殖する
　　関連 **reproduction** 生殖

2 〈写真などを〉複写する

結末・結論

661 ☐ **conclude**
[kənklú:d] B1
動 **1** …だと結論を下す
　　関連 **conclusion** 結論
　　⤷【**conclude that ...**】…だと結論を下す
2 〈スピーチ・本などを〉(…で)終える,
締めくくる(with ...)

662 ☐ **consequence**
[kánsikwèns]
アクセント A2
图 結果, 影響(◆通例望ましくない内容について
用いられる)
　　関連 **consequently** その結果として

663 ☐ **eventually**
[ivéntʃuəli] B1
副 結局, 最後には(◆finallyと同義)

☑ チャンク brain cells	脳細胞
☑ T-cells fight cancer.	▶T細胞はガンと闘う.

☑ チャンク harmful bacteria	有害なバクテリア
☑ Bacteria play important roles in the ecosystem.	▶バクテリアは生態系において重要な役割を果たしている.

☑ チャンク an animal protein	動物性タンパク質
☑ Milk is rich in protein.	▶牛乳はタンパク質が豊富だ.

☑ チャンク by instinct	本能で
☑ Animals have an instinct for survival.	▶動物には生存本能が備わっている.

☑ チャンク the female characters	女性の登場人物
☑ She is the first female mayor.	▶彼女は初の女性市長だ.

☑ チャンク a male friend	男性の友人
☑ More male students should study abroad.	▶もっと多くの男子学生が留学すべきだ.

☑ チャンク reproduce rapidly	急速に繁殖する
☑ Some mammals reproduce by laying eggs.	▶あるほ乳類は卵を産んで繁殖する.
☑ Any pictures you like can be reproduced on T-shirts.	▶お好きな写真をTシャツに複写することができます.

☑ チャンク conclude the argument	議論を締めくくる
☑ We concluded that Bill should change schools.	▶私たちはビルが転校するべきだと結論を下した.
☑ He concluded his speech with thanks to everyone.	▶彼はみんなへの感謝のことばでスピーチを終えた.

☑ チャンク negative consequences	マイナスの結果
☑ That event has caused serious consequences.	▶その出来事は深刻な結果を招いた.

☑ チャンク eventually become Ⓐ	結局 Ⓐ になる
☑ He'll get bored eventually.	▶彼はいずれ飽きるだろう.

STAGE 6

181

関係

664 ☑ **marry**
[mǽri]
A2

動 …と結婚する(◆×marry with ... とはいわない)
関連 marriage 結婚
対義 divorce 離婚する

665 ☑ **be married**

結婚している

666 ☑ **get married**

(…と)結婚する(to ...)

667 ☑ **divorce**
[divɔ́:rs]
B2

名 離婚

B2

動〈夫・妻と〉離婚する

668 ☑ **get divorced**

離婚する

669 ☑ **interact**
[intərǽkt]

動 **1** 交流する, うちとける
➤ 【interact with Ⓐ】Ⓐと交流する
2 相互に作用する
関連 interaction 相互作用,
interactive 相互に作用し合っている
B1
➤ 【interact with Ⓐ】Ⓐと相互に作用する

明確・明白

670 ☑ **obvious**
[ábviəs]

形〈理由・事実などが〉明白な, 明らかな
(◆clearと同義)
関連 obviously 明らかに
➤ 【it is obvious to Ⓐ that ...】
B1
Ⓐにとって …であるのは明らかだ

671 ☑ **apparent**
[əpǽrənt]

形〈理由・事実などが〉明白な, 明らかな(◆clear,
obvious と同義)
関連 apparently 見たところでは, …らしい
➤ 【be apparent to Ⓐ】Ⓐにとって明らかで
ある
➤ 【it is apparent from Ⓐ that ...】
B1
Ⓐから …であるのは明らかだ

672 ☑ **define**
[difáin]

動 …を(明確に)定義する
関連 definite 明確な, definitely 確かに,
definition 定義
B1
➤ 【be defined as Ⓐ】Ⓐと定義される

☑ **チャンク Will you marry me?** 結婚してくれませんか？

☐ Aya married Mike. ▶アヤはマイクと結婚した.

☐ I wonder if he is married. ▶彼は結婚しているのかしら.

☐ He got married to a rich American woman. ▶彼は金持ちのアメリカ人女性と結婚した.

☑ **チャンク the divorce rate** 離婚率

☐ She got a divorce from him last month. ▶先月，彼女は彼と離婚した.

☐ He divorced her three years later. ▶彼は3年後に彼女と離婚した.

☐ They got divorced a long time ago. ▶彼らはずいぶん前に離婚した.

☑ **チャンク a way to interact** 交流する方法

☐ Emma interacted well with her colleagues. ▶エマは同僚たちとすっかりうちとけた.

☐ People and the environment interact with each other. ▶人間と環境は互いに作用し合っている.

☑ **チャンク the obvious question** 明白な疑問

☐ It was obvious to everyone that he had made a mistake. ▶彼が失敗したことはだれの目にも明らかだった.

☑ **チャンク an apparent change** 明らかな変化

☐ The failure was apparent to all. ▶その失敗はだれの目にも明らかだった.

☐ It is apparent from the study that gesture was born before language. ▶その研究から言葉よりも先に身ぶりが生まれたことは明らかだ.

☑ **チャンク define the term** 語を定義する

☐ Can you define "happiness"? ▶「幸せ」を定義することはできますか？

☐ High blood pressure is defined as 140/90 or higher. ▶高血圧は140/90以上と定義される.

STAGE 6

183

交 通

673 ☑ **traffic**
[trǽfik]　A2
> 名 交通, (人・乗り物の)行き来(◆形容詞的に用いられることも多い)

674 ☑ **vehicle**
[víːikl]　B1
> 名 (主に陸上の)乗り物

世 界

675 ☑ **global**
[glóubl]　B1
> 形 全世界の, 地球規模の
> 関連 globalization グローバル化. globe 地球

676 ☑ **universal**
[jùːnivə́ːrsl]　B2
> 形 全世界の人々に共通する
> 関連 universally 普遍的に. universe 宇宙

677 ☑ **worldwide**
[wə́ːrldwáid]　B2
> 形 世界的な
> 関連 world 世界

場 所・位 置

678 ☑ **enter**
[éntər]　A2
> 動 〈場所などに〉入る
> 関連 entrance 入り口. entry 入ること. 参加

679 ☑ **surround**
[səráund]　B1
> 動 〈場所を〉囲む
> 関連 surrounding 周囲の

680 ☑ **isolate**
[áisəlèit]
> 動 〈国・地域などを〉孤立させる
> 関連 isolation 孤立

681 ☑ **occupy**
[ákjəpài]　B1
> 動 〈場所などを〉占める；…を(武力などにより)占領する
> 関連 occupation 職業

682 ☑ **be occupied with ...**
> …で忙しい

683 ☑ **transfer**
[trænsfə́ːr]　B1
> 動 ❶ (新しい場所へ)移る；〈従業員を〉異動させる
> ❷ (乗り物を)乗り換える
> 【transfer from Ⓐ to Ⓑ】
> Ⓐから Ⓑへ乗り換える

☑ チャンク **traffic accident**	交通**事故**
☑ There is not much **traffic** on this road.	▶この道路は交通量があまり多くない.

☑ チャンク **electric vehicles**	電気**自動車**
☑ Tractors are farm **vehicles**.	▶トラクターは農場の乗り物だ.

☑ チャンク **the global economy**	世界**経済**
☑ We must be aware of **global** issues.	▶私たちは世界的な問題について知るべきだ.

☑ チャンク **a universal appeal**	全世界に通用する**魅力**
☑ Can English be a **universal** language?	▶英語は世界共通語になりえるだろうか？

☑ チャンク **worldwide recognition**	世界的な**認知**
☑ BMW has a **worldwide** reputation.	▶ BMW は世界的な評判を得ている.

☑ チャンク **enter the market**	市場に**参入する**
☑ She knocked on the door and then **entered** the room.	▶彼女はドアをノックしてから部屋に入った.

☑ チャンク **surround the area**	地域を**囲む**
☑ Tall trees **surround** the house.	▶高い木がその家を取り囲んでいる.

☑ チャンク **isolate the country**	その国を**孤立させる**
☑ The island was completely **isolated** by the typhoon.	▶台風によりその島は完全に孤立した (⑩ 孤立させられた).

☑ チャンク **occupy a village**	村を**占領する**
☑ My bed is very large and **occupies** most of the room.	▶私のベッドはとても大きく, 部屋のほとんどを占めている.
☑ My mother is always **occupied** with her work.	▶母はいつも仕事で忙しい.

☑ チャンク **transfer to New York**	ニューヨークに**移る**
☑ John was **transferred** to Paris.	▶ジョンはパリに転勤になった(⑩ 異動させられた).
☑ **Transfer from** the Yamanote Line to the Chuo Line.	▶山手線から中央線に乗り換えてください.

STAGE 6

185

LESSON 5

方向・方角

684 ☐ **direction**
[dirékʃn]

A2

名 ❶ (空間上の)方向, 方角
関連 direct まっすぐな:直接の, **directly** 直接
❷ (やり方などの)指示:説明(書)(◆複数形で用いる)
関連 director 重役:(映画の)監督

---

685 ☐ **reflect**
[riflékt]

A2

動 ❶ 〈光・熱を〉反射する:〈鏡・水面などが〉…を映す
関連 reflection 反射
❷ (…を)よく考える, 回想する(on ...)

---

686 ☐ **reverse**
[rivə́:rs]

B2

動 〈決定・傾向などを〉くつがえす
関連 reversible 逆にできる

名 (予想などとは)反対(であること)

---

687 ☐ **ahead**
[əhéd]

A2

副 ❶ (特に方向を表して)前へ[の]
対義 behind 後ろへ
❷ (時間を表して)前もって

---

688 ☐ **go ahead**

(相手の行為を促して)どうぞ

心・精神

689 ☐ **soul**
[sóul]

B1

名 ❶ (肉体に対して)魂, 霊魂
❷ 心

---

690 ☐ **stress**
[strés]

B1

B2

名 (精神的な)緊張, ストレス
関連 stressful ストレスの多い
動 〈考えなどを〉強調する, 力説する

---

691 ☐ **crazy**
[kréizi]

A2

形 ❶ 〈人が〉正気でない:〈行動・考えなどが〉ばかげている
【it is crazy of Ⓐ to *do***】** または
【Ⓐ is crazy to *do***】**
Ⓐが…するとは正気でない
❷ (…に)夢中で(about ...)

ﾁｬﾝｸ the right direction
正しい方向

☑ Which **direction** did he go in?
▶彼はどっちの方向に行きましたか？

☑ Read the **directions** before using it.
▶使う前に説明(書)を読みなさい.

ﾁｬﾝｸ reflect sunlight
日光を反射する

☑ The windows **reflected** the sunlight.
▶窓が日光を反射していた.

☑ He **reflected** on his school days.
▶彼は学生時代を思い返した.

ﾁｬﾝｸ reverse a decision
決定をくつがえす

☑ What can we do to **reverse** the trend toward the falling birth rate?
▶出生率の低下傾向をくつがえすために我々には何ができるのだろうか？

☑ Quite the **reverse** was true.
▶(自分の考えていたことと)全く逆のことが正しかった.

ﾁｬﾝｸ move ahead
前へ動く

☑ A fallen tree blocked the road **ahead**.
▶倒木が前方の道路をふさいでいた.

☑ Why didn't you call me **ahead** of time?
▶なぜ前もって電話してくれなかったの？

☑ "Can I borrow your bike?" "Sure, **go ahead**."
▶「自転車, 借りてもいい？」「うん, いいよ」

ﾁｬﾝｸ body and soul
肉体と魂

☑ We prayed for the **souls** of the dead.
▶私たちは死者の冥福(※)を(◉ 死者の魂のために)祈った.

☑ He felt anxious deep in his **soul**.
▶心の奥で彼は不安を感じていた.

ﾁｬﾝｸ emotional stress
精神的ストレス

☑ **Stress** can damage your health.
▶ストレスは健康を害することがある.

☑ He **stressed** the need for a change.
▶彼は変革の必要を強調した.

ﾁｬﾝｸ That's crazy!
そんなのばかげている!

☑ It is **crazy** of you to go surfing in this rough weather.
[≒ You are **crazy** to go surfing in this rough weather.]
▶こんなに天気が荒れているのにサーフィンに行くなんて君は正気じゃないよ.

☑ He's **crazy about** Jennifer.
▶彼はジェニファーに夢中だ.

問題・困難

692 ☑ **struggle** `B2`
[strʌ́gl]

動 **1** (困難な目標を達成するために)一生懸命に
努力する
☞ 【struggle to *do*】…するために努力する
2 (病気などと)闘う
☞ 【struggle with **Ⓐ**】**Ⓐ**と闘う

`B1` 名 (…を得ようとする)闘い, 努力(for ...)

---

693 ☑ **settle**
[sétl]
`B1`

動 **1** 〈争いなどを〉解決する
関連 settlement 解決
2 (場所に)定住[移住]する(in ...)

694 ☑ **be settled by ...**

〈場所が〉…によって移住される

695 ☑ **settle down**

1 (…に)腰を落ち着けて取り組む(to ...)
2 (気持ちが)落ち着く

感情・気持ち

696 ☑ **emotion**
[imóuʃn]
`B1`

名 (強い)感情
関連 emotional 感情的な,
emotionally 感情的に

---

697 ☑ **nervous**
[nə́:rvəs]
`A2`

形 (これから起こることなどが原因で)神経質に
なって；緊張して
関連 nerve 神経

---

698 ☑ **relax**
[rilǽks]
`A2`

動 くつろぐ, リラックスする
関連 relaxed リラックスした, relaxation 息抜き

---

699 ☑ **impress**
[imprés]
`A2`

動 〈人に〉感銘を与える(◆しばしば受身で)
関連 impression 印象, impressive すばらしい
☞ 【be impressed by **Ⓐ**】**Ⓐ**に感銘を受ける

---

700 ☑ **bother**
[báðər]

動 **1** 〈人を〉(じゃまするなどして)悩ます

2 (わざわざ)…しようとする(◆通例否定文で)
`A2` ☞ 【not bother to *do*】…しようとしない

☐ チャンク struggle for survival	生き残るために努力する
☐ She struggled to support her family.	▶彼女は家族を養うために努力した.
☐ I've been struggling with hay fever.	▶私は花粉症と闘っています.
☐ The country had its struggle for independence.	▶その国は独立を求めて闘った.

☐ チャンク settle the case	問題を解決する
☐ They finally settled the argument.	▶彼らはついに論争を解決した.
☐ His family settled in Kobe.	▶彼の家族は神戸に定住した.
☐ That part of Canada was settled by the French.	▶カナダのその地域にはフランス人が移住した(⦿ フランス人に移住された).
☐ She settled down to her work.	▶彼女は仕事に本腰を入れて取り組んだ.
☐ He'll settle down when he gets married.	▶結婚したら彼も落ち着くだろう.

☐ チャンク negative emotions	負の感情
☐ I couldn't hide my emotions.	▶私は感情を隠すことができなかった.

☐ チャンク nervous tension	緊張状態
☐ I got nervous in front of the large audience.	▶私は大勢の観客の前で緊張した.

☐ チャンク help me relax	私がリラックスするのに役立つ
☐ Take a deep breath and relax.	▶深呼吸をしてリラックスしなさい.

☐ チャンク impress the audience	聴衆に感銘を与える
☐ I was deeply impressed by his speech.	▶私は彼の演説に強く感銘を受けた.

☐ チャンク What's bothering you?	何を悩んで(⦿ 何があなたを悩ませて)いるの?
☐ Don't bother Julia while she's studying.	▶ジュリアが勉強しているときはじゃまをしちゃだめだよ.
☐ He didn't bother to reply to my question.	▶彼は私の質問に答えようとしなかった.

STAGE 6

189

付ける・付く

701 ☐ **connect**
[kənékt]
B1

動 **1** …を(別の物に)つなぐ
関連 connection 関係
➡ 【connect Ⓐ to Ⓑ】ⒶをⒷにつなぐ
2 (ネットワークなどに)接続する(to ...)

702 ☐ **link**
[líŋk]
B1

動 …を(別の物と)関連づける(◆通例受身で)
➡ 【be linked with Ⓐ】Ⓐと関連がある

B1

名 (…間の)結びつき, 関連(between ...)

703 ☐ **combine**
[kəmbáin]
B1

動 …を(別の物と)結合させる
関連 combination 結合
➡ 【combine Ⓐ with Ⓑ】ⒶをⒷと結合させる

重要・重大

704 ☐ **chief**
[tʃíːf]
B1

形 主な, 最も重要な(◆main と同義)
関連 chiefly 主に

B2

名 (集団・組織の)長, チーフ

705 ☐ **vital**
[váitl]

形 **1** (…にとって)きわめて重要な, 不可欠な
(to ...)
2 〈器官などが〉生命の維持に必要な
関連 vitality 生命力

B2

706 ☐ **principal**
[prínsəpl]
A2

形 主な, 最も重要な(◆main, chief と同義)

B2

名 (学校の)校長

707 ☐ **crucial**
[krúːʃl]
B2

形 (影響力が非常に大きく)決定的な
関連 crucially 決定的に
➡ 【be crucial to Ⓐ】Ⓐにとって決定的である

708 ☐ **ultimate**
[ʌ́ltəmit]
B2

形 〈目的・決定などが〉最終的な
関連 ultimately 最終的に

709 ☐ **emphasize**
[émfəsàiz]
B1

動 〈重要性などを〉強調する
関連 emphasis 強調

☑ **チャンク** connect **the device**	装置をつなぐ
☑ He **connected** the TV **to** the computer.	▶彼はテレビをパソコンにつないだ.
☑ Click here to **connect to** the Internet.	▶ここを押してインターネットに接続しなさい.

☑ **チャンク** be strongly **linked**	強い関連がある
☑ Alcohol **is** closely **linked with** violence.	▶アルコールは暴力と密接な関連がある.
☑ It shows the **link between** stress and heart diseases.	▶それはストレスと心臓疾患の関連を示している.

☑ **チャンク** combine **elements**	要素を結合させる
☑ He **combined** street dance **with** ballet.	▶彼はストリートダンスをバレエと結合させた.

☑ **チャンク** a chief **reason**	主な理由
☑ New York is one of the **chief** cities in the world.	▶ニューヨークは世界の主要な都市の1つだ.
☑ My father is the **chief** of police.	▶私の父は警察署長だ.

☑ **チャンク** a vital **role**	きわめて重要な役割
☑ Learning foreign languages is **vital to** modern education.	▶外国語学習は現代の教育に不可欠だ.
☑ The heart is a **vital** organ.	▶心臓は生命の維持に必要な器官だ.

☑ **チャンク** the principal **investigator**	主任研究員
☑ What was the **principal** reason for the failure?	▶その失敗の主な原因は何だったのか？
☑ The **principal's** speech was long.	▶校長先生のスピーチは長かった.

☑ **チャンク** a crucial **factor**	決定的な要因
☑ Passing the audition **is crucial to** my future.	▶そのオーディションに合格することは私の将来にとって決定的な意味をもっている.

☑ **チャンク** make the ultimate **decision**	最後の決断を下す
☑ The **ultimate** goal is to win a gold medal.	▶最終的な目標は金メダルを勝ち取ることだ.

☑ **チャンク** emphasize **the fact**	事実を強調する
☑ They **emphasized** the safety of the food.	▶彼らはその食品の安全性を強調した.

STAGE 6

191

広がる・広げる

710 ☐ **spread**
[spréd]
🎺 発音
過去・過分 spread

B2 　動 …を(平面に)広げる

A2 　名 (時間・空間における)広がり

---

711 ☐ **extend**
[iksténd]

B1

動 **1** 〈時間的・空間的に〉(…を)延ばす
　　2 〈範囲などを〉広げる;〈範囲などが〉広がる
　関連 extensive 広い, extent 範囲

---

712 ☐ **prevail**
[privéil]

B2

動 〈考え・習慣などが〉広く行き渡っている
　関連 prevalent 普及している

誇り・恥

713 ☐ **honor**
[ánər]
🎺 発音

A2 　名 名誉, 光栄(であること)
　関連 honorable りっぱな
　対義 dishonor 不名誉
　☞ 【it is an honor to do】…して光栄に思う

B2 　動 …に名誉を与える(◆しばしば受身で)
　☞ 【be honored to do】…することを光栄に
　　思う

---

714 ☐ **proud**
[práud]

B1

形 (業績などを)誇りに思っている
　関連 pride 誇り
　☞ 【be proud of Ⓐ】Ⓐを誇りに思っている
　☞ 【be proud to do】…することを誇りに
　　思っている

---

715 ☐ **ashamed**
[əʃéimd]

B1

形 (自分の行為などを)恥じて
　関連 shame 恥ずかしさ, shameful 恥ずべき
　☞ 【be ashamed of Ⓐ】Ⓐを恥じている
　☞ 【be ashamed to do】
　　恥ずかしくて…できない[したくない]

---

716 ☐ **embarrass**
[embǽrəs]

B1

動 (人前で)…に恥ずかしい思いをさせる
　　(◆しばしば受身で)

🗾チャンク spread the newspaper	新聞を広げる
☐ Tom spread the map out on the table.	▶トムはテーブルに地図を広げた.
☐ Shut the doors to stop the spread of fire.	▶延焼(🔊 火事の広がり)を防ぐためにドアを閉めなさい.
🗾チャンク extend the deadline	期限を延ばす
☐ There are plans to extend the subways.	▶地下鉄を延長する計画がある.
☐ His career extends over 40 years.	▶彼の経歴は 40 年に及ぶ.
🗾チャンク prevail among children	子どもたちの間で広まっている
☐ A lot of superstitions still prevail on the island.	▶その島では今でも多くの迷信が広く信じられている(🔊 広く行き渡っている).

🗾チャンク receive the honor	名誉を受ける
☐ Athletes compete for the honor of their countries.	▶選手たちは自国の名誉のために競う.
☐ It is a great honor to be here.	▶出席させていただきたいへん光栄です.
☐ I am honored to introduce our guest.	▶ゲストをご紹介できて光栄です.

🗾チャンク be proud of her accomplishments	彼女の成果を誇りに思っている
☐ I am proud of you.	▶私はあなたを誇りに思います.
☐ We are proud to work together as a team.	▶私たちはチームとして共に働くことを誇りに思う.
🗾チャンク nothing to be ashamed of	恥じる必要のないこと
☐ You should be ashamed of telling such a lie.	▶そんなうそをつくなんて恥を知りなさい.
☐ I was ashamed to say that I couldn't solve the problem.	▶私は恥ずかしくてその問題が解けないとは言えなかった.
🗾チャンク look embarrassed	恥ずかしそうに見える
☐ I was embarrassed when I ran onto the train as the doors were closing.	▶電車に駆け込み乗車をしたとき, 私は恥ずかしかった.

STAGE 6

認識・識別

717 ☑ **admit**
[ədmít]

動 **1** …を(いやいやながら)認める
2 (スタジアム・映画館などに)…を入れる
(◆しばしば受身で)
関連 admission 入れること
A2
➡ 【be admitted to ❹】❹への入場が許される

718 ☑ **identify**
[aidéntəfài]

動 **1** …を(正しく)見分ける，〈身元などを〉確認する
関連 identification (身元などの)確認，
identity 身元
➡ 【identify ❹ as ❺】❹を❺だと確認する
B2
2 …(の本質など)を発見する

719 ☑ **interpret**
[intə́ːrprit]
🔊 アクセント

動 **1** …を(ある意味に)解釈する
関連 interpretation 解釈
➡ 【interpret ❹ as ❺】❹を❺だと解釈する
2 …を(別の言語に)通訳する(into ...)
B2
関連 interpreter 通訳者

政治

720 ☑ **democracy**
[dimάkrəsi]
🔊 アクセント
B1

名 民主主義
関連 democratic 民主主義の

721 ☑ **liberal**
[líbərəl]

形 **1** (政治などで)自由主義の
関連 liberty 自由
対義 conservative 保守的な
2 (ほかの考えなどに対して)寛大な
B2

722 ☑ **election**
[ilékʃn]
B1

名 選挙
関連 elect (投票で)選ぶ

723 ☑ **candidate**
[kǽndidèit]
B2

名 (選挙などの)(立)候補者

724 ☑ **campaign**
[kæmpéin]
🔊 発音
B2

名 (社会的・政治的な)運動，キャンペーン
➡ 【campaign to do】…するための運動

動 (社会的・政治的な)運動を行う
➡ 【campaign for ❹】❹のための運動を行う

☑ チャンク **admit** his guilt 彼の罪を認める

☑ Why don't you admit defeat? ▶負けを認めたらどうだい?

☑ Children under five are not admitted
to the theater. ▶5歳未満の子どもは劇場へ入れません
（⑩ 5歳未満の子どもは劇場への入場が許
されていない）.

☑ チャンク **identify** the need 必要性を確認する

☑ Lisa identified the book as hers. ▶リサはその本が自分のものであると確認し
た.

☑ They have identified the source of
the problem. ▶彼らはその問題の根源を突き止めた.

☑ チャンク **interpret** the meaning of Ⓐ Ⓐ の意味を解釈する

☑ Why did you interpret his silence as
refusal? ▶どうして彼の沈黙を拒否だと解釈したの
ですか?

☑ She interpreted the President's
speech into Japanese. ▶彼女は大統領のスピーチを日本語に通訳
した.

☑ チャンク **liberal** democracy 自由民主主義

☑ The country returned to democracy. ▶その国は民主主義に戻った.

☑ チャンク a **liberal** view 自由主義的な考え方

☑ You should listen to his liberal ideas. ▶彼の自由主義思想は傾聴に値する（⑩ あな
たは彼の自由主義思想を聞くべきだ）.

☑ The government had a liberal
attitude toward religion. ▶政府は宗教に対して寛大な態度をとった.

☑ チャンク the **presidential** election 大統領選挙

☑ He decided to run for election. ▶彼は選挙に出馬することを決めた.

☑ チャンク an **independent** candidate 無所属の立候補者

☑ She is the strongest candidate for
President. ▶彼女は大統領選挙の最有力候補だ.

☑ チャンク **launch** a campaign キャンペーンを起こす

☑ There is a campaign to reduce food waste. ▶食べ物のごみを減らすための運動がある.

☑ They campaigned for the right to
have an education. ▶彼らは教育を受ける権利のための運動を
行った.

時期

725 ☑ **latest**
[léitist] A2

形 最新の
関連 late 最近の

726 ☑ **lately**
[léitli] B1

副 最近, 近ごろ

727 ☑ **recently**
[rí:sntli] A2

副 最近, 近ごろ（◆latelyと同義）
関連 recent 最近の

728 ☑ **nowadays**
[náuədèiz] A2

副 （以前と比べて）今日（ﾆﾝ）では, 近ごろは

729 ☑ **current** B1
[kə́:rənt]

形 現在の, 現在起きている
関連 currently 現在は

名 （水・空気などの）流れ

入手・達成・獲得

730 ☑ **gain**
[géin] B1

動 ❶ 〈望ましいものを〉得る, 手に入れる
対義 lose 失う
❷ 〈数・量などを〉増す

731 ☑ **obtain**
[əbtéin] B1

動 （努力などによって）…を得る

732 ☑ **achieve**
[ətʃí:v] A2

動 〈目標などを〉成し遂げる, 達成する
関連 achievement 業績

733 ☑ **accomplish**
[əkámpliʃ] B1

動 〈目標などを〉成し遂げる, 達成する
（◆achieveと同義）
関連 accomplishment 業績

734 ☑ **derive**
[diráiv] B1

動 〈心地よい感覚などを〉得る
【derive Ⓐ from Ⓑ】ⒷからⒶを得る

735 ☑ **fulfill**
[fulfíl] B2

動 〈責任などを〉果たす；〈約束などを〉守る

☑ **チャンク** the latest **technology** 　　最新**技術**
☑ This is the **latest** fashion. 　　▶これが最新の流行だ.

☑ **チャンク** just **lately** 　　つい最近
☑ I haven't talked with John **lately**. 　　▶私は最近ジョンと話をしていない.

☑ **チャンク** recently **released** 　　最近**発売された**
☑ Lisa got married **recently**. 　　▶リサは最近結婚した.

☑ **チャンク** but **nowadays,** 　　しかし今日では,
☑ **Nowadays** downloading music is common. 　　▶近ごろでは音楽をダウンロードするのはふつうのことだ.

☑ **チャンク** the current **situation** 　　現在の**状況**
☑ Let's talk about **current** issues. 　　▶現在起きている問題について話そう.
☑ The warm **current** flows north. 　　▶暖流が北に向かって流れている.

☑ **チャンク** gain **knowledge about** Ⓐ 　　Ⓐ **についての知識を**得る
☑ John **gained** support from his family. 　　▶ジョンは家族の支援を得た.
☑ I've **gained** weight recently. 　　▶最近体重が増えた.

☑ **チャンク** obtain **information** 　　**情報を**得る
☑ Documents can be **obtained** at the office. 　　▶書類は事務所で入手できます.

☑ **チャンク** achieve **the objectives** 　　**目標を**達成する
☑ Our school **achieved** good results in the contest. 　　▶わが校はコンテストでよい成績を収めた.

☑ **チャンク** accomplish **my task** 　　私の仕事を成し遂げる
☑ The mayor **accomplished** all of his campaign promises. 　　▶市長は選挙公約のすべてを達成した.

☑ **チャンク** derive **satisfaction** 　　満足感を得る
☑ You can **derive** a lot of pleasure **from** reading. 　　▶読書からは多くの楽しみを得ることができる.

☑ **チャンク** fulfill **my responsibility** 　　私の責任を果たす
☑ She always **fulfills** her promises. 　　▶彼女は常に約束を守る.

STAGE 6

197

好き・嫌い

736 ☐ **prefer**
[prifə́:r]
A2

動 (むしろ)…のほうを好む
関連 preference 好み
☞ 【prefer Ⓐ to Ⓑ】 ⒷよりもⒶを好む
☞ 【prefer to do】(むしろ)…したい

737 ☐ **hate**
[héit]
A2

動 …をひどく嫌う, 憎む
関連 hatred 憎しみ
☞ 【hate doing [to do]】…するのをひどく
いやがる, 嫌う

738 ☐ **dislike**
[disláik]
B1

動 …を嫌う
対義 like …が好きである
☞ 【dislike doing】…することを嫌う

障害・福祉

739 ☐ **welfare**
[wélfèər]
B2

名 福祉
関連 welfare state 福祉国家: 社会保障制度

740 ☐ **volunteer**
[vὰləntíər]
🔊 アクセント
B2
B1

名 ボランティア
関連 voluntarily 自発的に, voluntary 自発的な

動 (無償,または善意で)…を進んで提供する
☞ 【volunteer to do】進んで…する

741 ☐ **disabled**
[diséibld]
B1

形 (身体・精神に)障害をもつ, 体の不自由な
関連 disability 身体[精神]障害

742 ☐ **handicapped**
[hǽndikæpt]
A2

形 (身体・精神に)障害をもつ, 体の不自由な
(◆差別的ととられることも多いのでdisabledを
用いるほうが好ましい)
関連 handicap 身体[精神]障害

743 ☐ **blind**
[bláind]
B1

形 〈人が〉目の見えない, 目の不自由な
関連 blindness 目が見えないこと,
blind spot 盲点

744 ☐ **deaf**
[déf]
🔊 発音
B1

形 〈人が〉耳が聞こえない, 耳の不自由な

☑ **チャンク** prefer **this method** | この方法のほうを好む
☑ I prefer summer to winter. | ▶私は冬より夏のほうが好きだ.
☑ Go ahead and take a seat. I prefer to stand. | ▶どうぞ座ってください. 私は立っていたいので.

☑ **チャンク** hate **crimes** | 犯罪を憎む
☑ I hate insects. | ▶私は虫が大嫌いだ.
☑ I hate singing [to sing] in front of people. | ▶私は人前で歌うのがほんとうにいやだ.

☑ **チャンク** dislike **the idea** | その考えを嫌う
☑ I dislike wet weather. | ▶私はじめじめした天気が嫌いだ.
☑ I dislike being alone. | ▶私はひとりでいるのが嫌いだ.

☑ **チャンク** welfare **service** | 福祉サービス
☑ The politician promised to promote social welfare. | ▶その政治家は社会福祉を促進すると約束した.

☑ **チャンク** dedicated **volunteers** | 献身的なボランティア
☑ These cakes were made by volunteers. | ▶これらのケーキはボランティアによって作られた.
☑ They volunteered to clear the roads of snow. | ▶彼らは進んで道路の雪を取り除いた.

☑ **チャンク** disabled **people** | 障害をもつ人々
☑ We should support parents of disabled children. | ▶障害をもつ子どもたちの親を支援すべきだ.

☑ **チャンク** handicapped **children** | 障害をもつ子ども
☑ There is a parking space for the handicapped. | ▶障害をもつ人のための駐車スペースがある.

☑ **チャンク** a blind **man** | 目の見えない男性
☑ The doctor said he would go blind. | ▶医者は彼は目が見えなくなるだろうと言った.

☑ **チャンク** a deaf **person** | 耳が聞こえない人
☑ He was born deaf. | ▶彼は生まれながらに耳が聞こえなかった.

STAGE 6

勇気

745 ☑ **encourage**
[inkə́:ridʒ]
🎺 発音
A2

動 (希望などを与えて)…を勇気づける, 励ます
関連 encouragement 激励,
encouraging 励みになるような
➡ 【encourage Ⓐ to do】
Ⓐに…するよう強く勧める

746 ☑ **courage**
[kə́:ridʒ]
🎺 発音
B1

名 (困難な状況において示される)勇気
関連 courageous 勇気のある,
courageously 勇敢に

747 ☑ **brave**
[bréiv]
A2

形 (危険などにひるむことなく)勇敢な
関連 bravely 勇敢に, bravery 勇敢 (な行為)
対義 cowardly 臆病(おくびょう)な
➡ 【it is brave of Ⓐ to do】
Ⓐが…するとは勇敢である

目的・目標

748 ☑ **miss**
[mís]
A1

動 1 〈ねらった物・標的などを〉はずす
2 〈列車・飛行機などに〉乗り遅れる
対義 catch …に間に合う
3 〈機会などを〉逃す
4 〈…が〉いないのを寂しく思う
関連 missing 行方不明の

749 ☑ **attempt**
[ətémpt]
A2
B1

動 〈困難なことを〉試みる
➡ 【attempt to do】…することを試みる
名 (…しようとする)試み(to do)

750 ☑ **objective**
[əbdʒéktiv]
B1
B2

名 (行動などの)目標, 目的
形 〈考え・証拠・事実などが〉客観的な
関連 objectively 客観的に
対義 subjective 主観的な

751 ☑ **motive**
[móutiv]
B1

名 (行動などの)動機
関連 motivate 動機を与える,
motivation 動機づけ

752 ☑ **destination**
[dèstənéiʃn]
B1

名 (旅行などの)目的地

☐ **チャンク** encourage **students**	生徒を勇気づける
☐ My family and friends have always **encouraged** me.	▶家族と友人がいつも私を励ましてくれた.
☐ We **encouraged** him to go to college.	▶私たちは彼に大学へ行くよう強く勧めた.

☐ **チャンク** have the **courage** to tell the truth　　真実を話す勇気がある
--- | ---
☐ She is a person of great **courage**. | ▶彼女は非常に勇気のある人だ.

☐ **チャンク** Be **brave**!	勇気を出して!
☐ He was a **brave** man.	▶彼は勇敢な男だった.
☐ It was **brave** of her to criticize the government.	▶彼女は勇敢にも政府を批判した.

☐ **チャンク** miss **the target**	的をはずす
☐ Unfortunately, his arrow **missed** the mark.	▶残念なことに, 彼の矢は的をはずした.
☐ We can't **miss** the last train.	▶私たちは終電に乗り遅れるわけにはいかない.
☐ Don't **miss** this chance to visit Europe.	▶ヨーロッパに行けるこの機会を逃してはならない.
☐ We'll all **miss** you.	▶みんな君がいないと寂しくなるよ.

☐ **チャンク** attempt **the task**	仕事を試みる
☐ He **attempted** to escape but failed.	▶彼は逃亡しようと試みたが失敗した.
☐ She succeeded on the first **attempt**.	▶彼女は最初の試みで成功した.

☐ **チャンク** business **objectives**	仕事の目標
☐ First, set an **objective**.	▶まず最初に目標を設定しなさい.
☐ Thank you very much for your **objective** opinion.	▶客観的なご意見をありがとうございます.

☐ **チャンク** the **motive** for the crime	犯罪の動機
☐ His **motive** is still unclear.	▶彼の動機はまだ明らかになっていない.

☐ **チャンク** the final **destination**	最終目的地
☐ We finally arrived at our **destination**.	▶私たちはようやく目的地に着いた.

STAGE 6

201

違い

753 ☑ **unique**
[juːníːk]

B1

形 **1** (唯一無二で)すばらしい(◆日本語の「ユニーク」にある「おかしな」「変わった」という意味はない)
2 (世界で)唯一の

754 ☑ **compare**
[kəmpéər]

A2

動 (相違点などにおいて)…を比較する, 比べる
関連 comparison 比較
☞ 【compare Ⓐ with Ⓑ】ⒶをⒷと比較する

755 ☑ **contrast**
名 [kántræst]
動 [kəntræst]
〰️🔊 アクセント

A2

名 (…との)対照, 対比(with ...)

動 対照をなす
☞ 【contrast with Ⓐ】Ⓐと対照をなす

数・量

756 ☑ **figure**
[fígjər]

A2

名 **1** (公式データなどの)数値

2 (重要な)人物

A2

動 (考えた末に)…だと思う
☞ 【figure that ...】…だと思う

757 ☑ **figure out**

…が分かる, …を理解する

758 ☑ **quarter**
[kwɔ́ːrtər]

A1

名 **1** 4分の1;四半期
関連 quarterly 年に4回の
2 15分(1時間の4分の1)

759 ☑ **dozen**
[dʌ́zn]

B1

名 **1** ダース, 12個(◆前にtwo以上の数詞がきても複数形にはならない)
2 たくさん(の…)(of ...)(◆この意味では複数形になる)

760 ☑ **quantity**
[kwántəti]

B1

名 (…の)量(of ...)(◆amountと同義)
関連 quantitative 量的な

☑ **チャンク** a **unique** experience	またとない**経験**
☑ This is a **unique** opportunity to learn about yourself.	▶これは自分自身を知る絶好の機会だ.
☑ Every person's DNA is **unique**.	▶各人の DNA は(世界で)唯一のものだ.

☑ **チャンク** **compare** the costs	**費用を**比べる
☑ **Compare** the two pictures carefully.	▶2枚の絵を注意深く比べてみなさい.
☑ He **compared** the copy **with** the original.	▶彼は写しを原本と比べた.

☑ **チャンク** a **sharp** contrast	明確な**対照**
☑ The old temple is in **contrast with** its modern neighborhood.	▶その古い寺は近代的な近隣地域と対照的だ.
☑ The white beach **contrasted with** the emerald-green sea.	▶その白い浜辺はエメラルドグリーンの海と対照をなしていた.

☑ **チャンク** in round **figures**	概数で
☑ Sales **figures** continue to go up.	▶販売数値が上昇を続けている.
☑ She is a leading **figure** in that field.	▶彼女はその分野における主要人物だ.
☑ I **figured** that it was the best plan.	▶私はそれが最善策だと思った.

☑ He **figured out** how to use it.	▶彼はその使い方が分かった.

☑ **チャンク** the first **quarter**	第一四半期,第一クォーター
☑ He cut the cake in **quarters**.	▶彼はケーキを4等分した.
☑ It's **quarter** to one.	▶1時15分前です.

☑ **チャンク** a **dozen** eggs	1 ダースの卵
☑ I bought two **dozen** apples.	▶私は2ダースのリンゴを買った.
☑ I saw **dozens of** bikes in front of the station.	▶駅前でたくさんの自転車を見た.

☑ **チャンク** small **quantities**	少ない**量**
☑ She bought a large **quantity of** chocolate.	▶彼女は大量のチョコレートを買った.

STAGE 6

203

重要英熟語

761 ☑ **see off**	〈人を〉見送る
762 ☑ **see through**	〈隠れた本質を〉見抜く
763 ☑ **think of ...**	**1**〈考えなどを〉思いつく **2**〈名前などを〉思い出す
764 ☑ **think over**	（結論を下す前に）…についてじっくり考える
765 ☑ **hear from ...**	（手紙などで）…から連絡がある
766 ☑ **hear of ...**	…のうわさを聞く
767 ☑ **come about**	（偶然に）起こる
768 ☑ **come across ...**	（偶然）…に出会う
769 ☑ **come into ...**	〈ある状態に〉なる
770 ☑ **come out**	**1**〈本などが〉発売される **2**〈事実などが〉明らかになる
771 ☑ **come to** *do*	…するようになる
772 ☑ **come under ...**	**1**〈攻撃などを〉受ける **2** …（の部類）に属する
773 ☑ **come up with ...**	〈考えなどを〉思いつく
774 ☑ **How come ...?**	なぜ, どうして
775 ☑ **when it comes to ...**	…に関して言えば, …のことになると
776 ☑ **find** *oneself*	（気づいてみると）（ある場所に）いる
777 ☑ **find out**	（研究·調査などの結果）（…だと）分かる (that ...)

☑ I **saw** her **off** at the airport.	▶私は空港で彼女を見送った.
☐ I **saw through** his surface kindness.	▶私は彼の親切心がうわべだけのものだと (⊜ 彼のうわべだけの親切心を)見抜いた.
☐ I can't **think of** any good ideas.	▶よい考えが何も思い浮かばない.
☐ I can't **think of** the actor's name.	▶その俳優の名前が思い出せない.
☑ I **thought over** the matter.	▶私はその件についてじっくり考えた.
☐ I haven't **heard from** her recently.	▶最近彼女から便りがない.
☑ I've never **heard of** him for the last few years.	▶ここ数年, 彼のうわさをまったく聞いていない.
☐ How did the accident **come about**?	▶どのようにしてその事故は起こったのですか?
☑ I **came across** an old friend on a train.	▶電車の中でばったり旧友に会った.
☐ Plain T-shirts **came into** fashion last year.	▶昨年は地味なTシャツが流行した (⊜ 流行になった).
☑ The novel will **come out** soon.	▶その小説は間もなく発売される予定だ.
☐ The truth finally **came out**.	▶ついに真実が明らかになった.
☐ I **came to** think of Tokyo as my second hometown.	▶私は東京を第2の故郷と考えるように なった.
☐ The town **came under** attack.	▶その町は攻撃を受けた.
☐ Whales **come under** mammals.	▶クジラはほ乳類に属する.
☑ I **came up with** a good idea.	▶私はいい考えを思いついた.
☐ **How come** you didn't call her?	▶どうして彼女に電話しなかったの?
☑ **When it comes to** playing the guitar, Bob is the best in our school.	▶ギターを弾くことに関して言えば, ボブは 私たちの学校で一番上手い.
☑ I **found myself** in the hospital.	▶気がつくと私は病院にいた.
☑ I **found out** that it was not a UFO.	▶私はそれがUFOではないと分かった.

STAGE 6

重要英熟語

778 ☐ **give in**	（誘惑・欲望などに）負ける（to ...）
779 ☐ **give off ...**	〈におい・熱などを〉発する
780 ☐ **give up**	**1** 〈規則的に続けていることを〉やめる **2** 〈一生懸命やっていることを〉あきらめる
781 ☐ **give way**	**1** 〈建物などが〉崩れる **2** （自分の意思に反して）（…に）譲歩する （to ...）
782 ☐ **pay back**	〈借金などを〉返済する
783 ☐ **pay off**	〈借金などを〉完済する
784 ☐ **look after ...**	〈子どもなどの〉世話をする
785 ☐ **look back**	**1** （…を）振り返って見る（at ...） **2** （過去の出来事を）回想する（on ...）
786 ☐ **look down on ...**	〈人を〉見下す
787 ☐ **look for ...**	〈なくした物などを〉探す
788 ☐ **look into ...**	〈事件などを〉調査する
789 ☐ **look out**	（危険などに）気をつける
790 ☐ **look up to ...**	〈人を〉尊敬する
791 ☐ **as far as ...**	**1** （場所を表して）…まで **2** （意見などを言うときに用いて）…の 限りでは
792 ☐ **far away**	はるか遠くに
793 ☐ **so far**	今までは，これまでのところ

☑ She didn't **give in to** temptation. ▶彼女は誘惑に負けなかった.

☑ This milk is **giving off** a strange smell! ▶このミルク, 変なにおいがする!

☑ My father **gave up** drinking. ▶父はお酒をやめた.
☐ Don't **give up** your dream. ▶夢をあきらめるな.

☑ The old building **gave way** in the earthquake. ▶その古い建物は地震で倒壊した.
☐ He **gave way to** our demands. ▶彼は我々の要求に譲歩した.

☐ I **paid back** the money the next day. ▶翌日, 私はそのお金を返済した.

☑ She **paid off** her loan. ▶彼女はローンを完済した.

☑ I **looked after** the baby while she was shopping. ▶彼女が買い物をしている間, 私が赤ちゃんの世話をした.

☑ She **looked back** at me. ▶彼女は振り返って私を見た.
☐ I often **look back** on those days. ▶私はよくあの日々を回想する.

☐ Don't **look down on** people whatever the reason. ▶理由はどうあれ人を見下してはいけない.

☐ What are you **looking for**? ▶何を探しているの?

☐ The police are **looking into** the case. ▶警察はその事件を調査している.

☑ **Look out**! A car's coming. ▶気をつけて! 車が来ているよ.

☑ Who do you **look up to**? ▶あなたはだれを尊敬していますか?

☑ We walked **as far as** the station. ▶私たちは駅まで歩いた.
☑ **As far as** I know, he is very kind. ▶私の知る限りでは, 彼はとても親切だ.

☐ My grandparents live **far away**. ▶私の祖父母は遠く離れた所に住んでいる.

☑ **So far** I haven't received a letter from her. ▶今のところ, 私は彼女から手紙を受け取っていない.

基本単語 コーパス道場 6

show [ʃóu] →p. 70

コアイメージ 「人前に見せる, 示す」

[show + 名詞] ランキング

☐ S144 **第1位** show signs of ... ▶ …の兆候［形跡］を示す
☐ The clouds show signs of rain. ▶ 雨の降りそうな雲行きだ.

☐ S145 **第2位** show (an) interest ▶ 興味を示す
☐ Many people showed interest in the new shop. ▶ 多くの人が, その新しい店に関心を示した.

☐ S146 **第3位** show evidence of ... ▶ …の形跡を示す
☐ The computer showed evidence of being hacked. ▶ コンピュータがハッキングされた形跡を示した.

☐ S147 **第4位** show courage ▶ 勇気を示す
☐ She showed courage and spoke to him. ▶ 彼女は勇気を出し, 彼に話しかけた.

☐ S148 **第5位** show symptoms of ... ▶ …の症状を示す
☐ The patient showed symptoms of flu. ▶ その患者はインフルエンザの症状を示していた.

tell [tél] →p. 104

コアイメージ 「情報を相手に言葉で伝える」

2 1 3 [tell + 名詞] ランキング

☐ S149 第1位 **tell** a story | ▶ 物語を話して聞かせる
☐ Local volunteers tell stories to children every Friday. | ▶ 地元のボランティアは毎週金曜日に子供たちに物語を話して聞かせている.

☐ S150 第2位 **tell** the truth | ▶ 真実を伝える
☐ He did not tell the truth to the police. | ▶ 彼は警察に真実を伝えなかった.

☐ S151 第3位 **tell** a tale | ▶ 物語を話して聞かせる
☐ I told a tale to my baby. | ▶ 私は赤ん坊に物語を話して聞かせた.

☐ S152 第4位 **tell** a lie | ▶ うそを言う
☐ Don't tell a lie. | ▶ うそをつくな.

☐ S153 第5位 **tell** the news | ▶ ニュースを伝える
☐ The TV program tells the news every Saturday afternoon. | ▶ そのテレビ番組は毎週土曜日の午後にニュースを伝える.

STAGE 6

7. 感情1

S154 ☑ 喜んでいる
delighted[diláitid]

S155 ☑ 興奮した
excited[iksáitid]

S156 ☑ 疲れ果てた
exhausted[igzɔ́ːstid]

S157 ☑ がっかりした
disappointed
[dìsəpɔ́intid]

S158 ☑ 緊張した
nervous[nə́ːrvəs]

S159 ☑ 怒った
angry[ǽŋgri]

S160 ☑ 驚いた
surprised[sərpráizd]

S161 ☑ おびえた
scared[skéərd]

S162 ☑ 退屈した
bored[bɔ́ːrd]

S163 ☑ 誇りに思っている
proud[práud]

S164 ☑ リラックスした
relaxed[rilǽkst]

S165 ☑ 困惑した
confused[kənfjúːzd]

STAGE 7

平均単語レベル
大学入試
（標準）

正確

794 ☐ **correct**
[kərékt]

A1 形 〈答えなどが〉正しい, 正確な（◆right と同義）
関連 correction 訂正, correctly 正しく
対義 incorrect 間違った

B2 動 …を訂正する

795 ☐ **accurate**
[ǽkjərit]

形 〈情報・数値などが〉正確な
関連 accuracy 正確さ, accurately 正確に
B1 **対義** inaccurate 不正確な

796 ☐ **precise**
[prisáis]

形 **1** 〈数値・情報などが〉（きわめて）正確な
（◆exact と同義）
関連 precisely 正確に, precision 正確さ
A2 **2** まさにその

797 ☐ **exactly**
[igzǽktli]

副 （情報・数値などが）正確に；
（強調して）まったくの, まさしく
A2 **関連** exact 正確な

怒り・絶望・必死

798 ☐ **mad**
[mǽd]

形 **1** （…に）怒って（at ...）

A2 **2** 〈行動などが〉（制御できず）気の狂ったような

799 ☐ **miserable**
[mízərəbl]

形 （孤独・病気などのために）みじめな, ひどく不幸な
B1 **関連** misery みじめさ

800 ☐ **desperate**
[déspərit]

形 **1** （悪い状況を改善しようと）必死になっている

B1 **2** 〈状況が〉絶望的な

801 ☐ **offend**
[əfénd]

動 （失礼な言動などで）〈人の〉感情を害する
（◆しばしば受身で）
B2 **関連** offensive 不快な

802 ☐ **frustrate**
[frʌ́streit]

動 （ストレスなどで）〈人を〉いらいらさせる
関連 frustration 欲求不満

803 ☐ **irritate**
[írritèit]

動 （不快な行動を繰り返したりして）〈人を〉いらいら
させる, 怒らせる
B1 **関連** irritation いらだち

☑ **チャンク the correct information** 正確な**情報**
☑ What's the **correct** answer to this question? ▶この問題の正解は何ですか？
☑ **Correct** errors, if any. ▶間違いがあれば正しなさい．

☑ **チャンク an accurate measurement** 正確な**測定，寸法**
☑ My watch is not very **accurate**. ▶私の時計はあまり正確ではありません．

☑ **チャンク a precise report** 正確な**報告書**
☑ What's the **precise** number? ▶正確な数値はいくつなのですか？
☑ At that **precise** moment, an e-mail arrived at my cell phone. ▶まさにそのとき，私の携帯電話にメールが届いた．

☑ **チャンク exactly the same** まったく同じ
☑ Let's meet here **exactly** one year from now. ▶今からきっかり1年後にここで会おう．

☑ **チャンク make me mad** 私を怒らせる
☑ Mary got **mad** at Tom. ▶メアリーはトムに腹を立てた．
☑ They made a **mad** rush for the gate. ▶彼らは門に向かって気の狂ったように突進した．

☑ **チャンク a miserable failure** みじめな**失敗**
☑ I felt **miserable** from loneliness. ▶私は寂しさからみじめな気持ちになった．

☑ **チャンク a desperate attempt** 必死の**試み**
☑ Workers of the company are **desperate**. ▶その会社の社員は必死になっている．
☑ We were in a **desperate** situation. ▶我々は絶望的な状況にあった．

☑ **チャンク look offended** 感情を害されたように見える
☑ He **was offended** by her rude words. ▶彼女の失礼な言葉に彼は腹を立てた（⊜ 感情を害された）．

☑ **チャンク be frustrated** いらいらしている(⊜ いらいらさせられている)
☑ Sitting in a traffic jam **frustrates** me. ▶渋滞の中で運転するのはいらいらする（⊜ 私をいらいらさせる）．

☑ **チャンク get irritated** いらいらする(⊜ いらいらさせられる)
☑ His sick jokes **irritate** me. ▶彼の下品なジョークにはいらいらする（⊜ 私をいらいらさせる）．

STAGE 7

213

LESSON 2

分類

804 ☐ **sort** [sɔ́:rt]	**B1**	名 (…の)種類(of ...)(◆kind と同義)
	B2	動 (内容・サイズなどに従って)…を分類する
805 ☐ a sort of ...		一種の…, …の一種
806 ☐ sort of		少し, いくぶん
807 ☐ **category** [kǽtigɔ̀:ri] **B1**		名 部門, カテゴリー
808 ☐ **typical** [típikl] **B1**		形 (特徴などが)典型的な **関連** type 型, typically 典型的に 👉 【be typical of Ⓐ】典型的な Ⓐ である

賞賛・非難

809 ☐ **praise** [préiz]	**B1**	名 (…に対する)賞賛(for ...)
	B2	動 〈人を〉(公の場などで)ほめる, 賞賛する 👉 【praise Ⓐ for Ⓑ】Ⓑのことで Ⓐ をほめる
810 ☐ **admire** [ədmáiər] **A2**		動 …に感心する；…を賞賛する **関連** admiration 賞賛 👉 【admire Ⓐ for Ⓑ】Ⓑのことで Ⓐ に感心する
811 ☐ **blame** [bléim]		動 ❶ …に責任を負わせる, …のせいにする 👉 【blame Ⓐ for Ⓑ】または 【blame Ⓑ on Ⓐ】Ⓑを Ⓐ のせいにする ❷ …を非難する
	A2	
812 ☐ be to blame		(…の)責任[罪]がある(for ...)
813 ☐ **criticize** [krítəsàiz]		動 …を非難する, 批判する **関連** critic 批評家, critical 批判的な, criticism 批評；非難 👉 【be criticized for Ⓐ】 Ⓐのことで非難される
	A2	
814 ☐ **condemn** [kəndém] 🔊 発音	**B2**	動 …を(モラルに反するとして)強く非難する 👉 【condemn Ⓐ for Ⓑ】Ⓑのことで Ⓐ を 強く非難する

214

☑ チャンク **the same sort**	同じ種類
☑ What **sort of** music do you like?	▶どんな種類の音楽が好きですか？
☑ Apples are **sorted** by size.	▶リンゴは大きさで分けられる.
☑ This is **a sort of** musical instrument.	▶これは楽器の一種だ.
☑ I **sort of** expected it.	▶私は少しそれを予測していた.

☑ チャンク **various categories**	さまざまな部門
☑ In his opinion, video games fall into three **categories**.	▶彼の意見では，テレビゲームは３つの カテゴリーに分類できる.

☑ チャンク **a typical example**	典型的な例
☑ This painting **is typical of** that era.	▶この絵はその時代の典型的なものだ.

☑ チャンク **deserve praise for ❹**	❹ については賞賛に値する
☑ I have nothing but **praise for** the volunteers.	▶ボランティアの皆さんに対しては賞賛以外 にありません.
☑ Everyone **praised** him **for** his courage.	▶だれもが彼の勇気を賞賛した.

☑ チャンク **admire her beauty**	彼女の美しさを賞賛する
☑ They **admired** Emma **for** her intelligence.	▶彼らはエマの知性に感嘆した.

☑ チャンク **Don't blame me.**	責めないで.
☑ He **blamed** me **for** the accident. [≒ He **blamed** the accident **on** me.]	▶彼はその事故を私のせいにした.
☑ You can hardly **blame** her **for** not showing up.	▶現れなかったからといってあなたは彼女を あまり責められない.
☑ Who **is to blame for** the failure?	▶失敗の責任はだれにあるのか？

☑ チャンク **criticize the government**	政府を批判する
☑ The law is being strongly **criticized**.	▶その法律は現在強く批判されている.
☑ He **was criticized for** lack of leadership.	▶彼は指導力不足であると非難された.

☑ チャンク **condemn violence**	暴力行為を強く非難する
☑ She **condemned** the government **for** tight control over the press.	▶彼女は政府の厳しい報道規制を強く非難 した.

STAGE 7

215

適切・公平

815 ☑ **fair**
[féər]
A1

形 **1** 〈状況・行為などが〉**公平な**, フェアな
関連 **fairly** 公平に
対義 **unfair** 不公平な
2 〈数・量が〉かなりの
関連 **fairly** けっこう

816 ☑ **appropriate**
[əpróupriit]
A2

形 (…にとって)**適切な**, ふさわしい(for ...)
対義 **inappropriate** 不適切な

817 ☑ **proper**
[prápər]
A2

形 〈場所・方法などが〉**適切な**, ふさわしい
関連 **properly** 適切に
対義 **improper** 不適当な

安全・危険・危機

818 ☑ **secure**
[sikjúər]
B1

形 (攻撃などの危険がなく)**安全な**, (…の)**危険がない**(from ...)
関連 **security** 安全
動 (努力の末)…を確保する

819 ☑ **dangerous**
[déindʒərəs]
A2

形 (…にとって)**危険な**(to ...)
関連 **danger** 危険
☞ 【it is dangerous for ❹ to do】
❹が…するのは危険だ

820 ☑ **threat**
[θrét]
🔊 発音
B1

名 **1** (言うことに従わないと)(…するという)**脅迫**
関連 **threaten** おどす
☞ 【threat to do】…するという脅迫
2 (悪いことの起こる)きざし, おそれ(of ...)

821 ☑ **warn**
[wɔ́ːrn]
🔊 発音
B1

動 …に(危険などを)**警告する**
関連 **warning** 警告
☞ 【warn ❹ of ❺】❹に❺を警告する
☞ 【warn ❹ against doing】
❹に…しないよう警告する

822 ☑ **crisis**
[kráisis]
複数 crises
B1

名 (早急に解決を要する)**危機**

☑ **チャンク** **That's not** fair. | それは不公平だ.
☑ Life is not always **fair**. | ▶人生は必ずしも公平ではない.

☑ I have a **fair** amount of work to do. | ▶私はかなりたくさんやることがある.

☑ **チャンク** **appropriate** **treatment** | 適切な処置
☑ Jeans are not **appropriate for** a job interview. | ▶ジーンズは仕事の面接にふさわしくない.

☑ **チャンク** **proper** **care** | 適切な配慮, 世話
☑ Sean needs to learn **proper** behavior. | ▶ショーンは適切なふるまいを学ぶ必要がある.

☑ **チャンク** **a secure** **place** | 安全な場所
☑ This area is **secure from** flooding. | ▶この地域は洪水の危険がない.

☑ Italy **secured** a place in the finals. | ▶イタリアは決勝戦進出を決めた(⬤ 決勝戦における場所を確保した).

☑ **チャンク** **a dangerous** **situation** | 危険な状況
☑ This virus is not **dangerous to** humans. | ▶このウイルスは人間にとって危険ではない.
☑ **It's dangerous for** women to walk alone at night. | ▶女性が夜ひとりで歩くのは危険だ.

☑ **チャンク** **make a** threat | 脅迫をする
☑ The man repeated his **threat to** reveal my secret. | ▶その男は私の秘密をばらすという脅迫をくり返した.
☑ I see the **threat of** famine. | ▶飢饉(きん)の起こるおそれがある.

☑ **チャンク** **warn consumers of** Ⓐ | 消費者に Ⓐ を警告する
☑ He **warned** me **of** the enemy. | ▶彼は私に敵について警告した.

☑ They **warned** me **against** crossing the river. | ▶彼らは私にその川を渡らないよう警告した.

☑ **チャンク** **a food** crisis | 食糧危機
☑ The country solved the economic **crisis**. | ▶その国は経済危機を克服した.

集める・集まる

823 ☐ **collect**
[kəlékt]
A1

動〈同種の物や情報などを〉集める
関連 collection コレクション

824 ☐ **gather**
[gǽðər]
A2

動 **1**〈人などが〉集まる

2〈情報などを〉集める

825 ☐ **concentrate**
[kánsntrèit]
アクセント
A2

動 **1**（…に）(意識を)集中する(on ...)
関連 concentration 集中

2（…に）〈努力などを〉集中する(on ...)

礼儀・マナー・ふるまい

826 ☐ **manner**
[mǽnər]
A2

名 **1**（話したりする際の）方法, やり方

2 行儀, マナー(◆複数形で用いられる)

3（他人に対する）態度, 物腰

827 ☐ **formal**
[fɔ́ːrml]
B1

形 **1**〈言葉づかいなどが〉かたい;〈服装が〉
フォーマルな
対義 casual カジュアルな
2 正式の, 公式の
関連 formally 正式に
対義 informal 略式の

828 ☐ **polite**
[pəláit]
A2

形〈ふるまいなどが〉礼儀正しい, 丁寧な
関連 politely 丁寧に, politeness 礼儀正しさ
対義 impolite, rude 無作法な
☞【it is polite of Ⓐ to *do*】Ⓐ が…するのは
礼儀にかなっている

829 ☐ **delicate**
[délikit]
アクセント
B1

形 **1**〈陶器・ガラス製品などが〉こわれやすい;
〈皮膚が〉敏感な
2〈問題などが〉微妙な, 扱いにくい

☑ チャンク collect **data**　　　　　　　　　　データを収集する
☑ I collect masks from all over the world.　▶私は世界中のお面を集めている.

☑ チャンク **A crowd** gathers.　　　　　　　　群衆が集まる.
☑ The children gathered around the teacher.　▶子どもたちは先生の周りに集まった.
☑ She gathered information about the company.　▶彼女はその会社についての情報を集めた.

☑ チャンク find it difficult to **concentrate**　集中するのが難しいとわかる
☑ Stop talking and concentrate on your homework.　▶おしゃべりをやめて宿題に集中しなさい.
☑ You should concentrate your effort on passing the test.　▶あなたは試験合格に全力を注ぐべきだ.

☑ チャンク in a timely **manner**　　　　　　　タイミングよく
☑ She moved her leg in a slow manner.　▶彼女はゆっくりと(した調子で)足を動かした.
☑ Mind your manners.　　　　　　　　▶行儀よくしなさい(◉ 行儀に気をつけなさい).
☑ He has a gentle manner.　　　　　　▶彼は物腰が穏やかだ.

☑ チャンク a formal **agreement**　　　　　　正式な合意
☑ I have to wear a formal dress to the party.　▶そのパーティーは礼服を着なければならない.
☑ He has made a formal complaint.　▶彼は公式の苦情申し立てをした.

☑ チャンク polite **conversation**　　　　　　礼儀正しい会話
☑ She is polite to everyone.　　　　　▶彼女はだれに対しても礼儀正しい.
☑ It's not polite of you to ask my age.　▶私の年齢を尋ねるのは失礼です(◉ 礼儀にかなっていません)よ.

☑ チャンク delicate **china**　　　　　　　　こわれやすい陶器
☑ A baby's skin is very delicate.　　▶赤ちゃんの皮膚はとても敏感だ.
☑ It's a delicate problem.　　　　　　▶それは微妙な問題だね.

STAGE 7

219

競争・敵対・対立

830 ☑ **conflict**
[kánflikt]
`B1`

名 **1** (…をめぐる)(意見などの)衝突, 対立(over ...)

2 紛争

831 ☑ **critical**
[krítikl]
`B1`

形 **1** (…に対して)批判的な(of ...)
関連 critic 批評家, criticize 批評する
2 (…にとって)(非常に)重要な(to ...)

832 ☑ **compete**
[kəmpíːt]
`B1`

動 競争する, 争う
関連 competition 競争, competitive 競争の,
competent 有能な
☞【compete with Ⓐ】Ⓐと競争する
☞【compete for Ⓐ】Ⓐを求めて争う

災害・事故

833 ☑ **disaster**
[dizǽstər]
`B1`

名 災害, 大惨事
関連 disastrous 悲惨な

834 ☑ **flood**
[flʌ́d]
`A2`
発音
`B1`

名 洪水

動 〈場所を〉水浸しにする

835 ☑ **famine**
[fǽmin]

名 (大規模な)飢饉(きん)

836 ☑ **victim**
[víktim]
`B1`

名 (犯罪・災害などの)犠牲者, 被害者(of ...)

837 ☑ **tragedy**
[trǽdʒədi]
`B1`

名 悲劇(的なこと)
関連 tragic 悲劇の
対義 comedy 喜劇

838 ☑ **shelter**
[ʃéltər]
`B1`

名 (危険・災害などからの)避難(所), シェルター
(from ...)

839 ☑ **insurance**
[inʃúərəns]
`B1`

名 保険
関連 insure 保険をかける

☑ **チャンク avoid conflict** | 衝突を回避する
☑ There is a **conflict over** energy policy. | ▶エネルギー政策をめぐる対立がある.
☑ They are trying to avoid a military **conflict**. | ▶彼らは武力紛争を回避しようとしている.

☑ **チャンク a critical speech** | 批判的なスピーチ
☑ Why are you so **critical of** him? | ▶彼に対してどうしてそんなに批判的なの？
☑ The new business is **critical to** the future of our company. | ▶その新規事業は我々の会社の将来にとって重要だ.

☑ **チャンク compete at a high level** | 高いレベルで競う
☑ We are **competing with** such a big company. | ▶我々はそんな大企業と競合している.
☑ The athletes are **competing for** an Olympic gold medal. | ▶その選手たちはオリンピックの金メダルをかけて争っている.

☑ **チャンク a natural disaster** | 自然災害
☑ The area has suffered a lot of **disasters**. | ▶その地域は多くの災害に見舞われてきた.

☑ **チャンク flood warning** | 洪水警報
☑ The **flood** damage was severe. | ▶洪水の被害は甚大だった.
☑ The whole first floor was **flooded**. | ▶1階全体が冠水した（⑩ 水浸しにさせられた）.

☑ **チャンク a great famine** | 大飢饉
☑ A **famine** has been going on in the country. | ▶その国では飢饉が続いている.

☑ **チャンク fall victim to Ⓐ** | Ⓐ の犠牲になる
☑ He is the **victim of** the crime. | ▶彼はその犯罪の被害者だ.

☑ **チャンク end in tragedy** | 悲劇的な結末を迎える
☑ **Tragedy** struck him again. | ▶悲劇が再び彼を襲った.

☑ **チャンク a makeshift shelter** | 一時避難所
☑ We took **shelter from** the flood. | ▶我々は洪水から避難した.

☑ **チャンク health insurance** | 健康保険
☑ I'm going to have life **insurance**. | ▶私は生命保険に加入するつもりだ.

反応・応答・返答

840 ☐ **respond**
[rispánd]
B1

動❶ (要望などに)応じる
☞ 【respond to Ⓐ】Ⓐに応じる
❷ (質問・手紙などに)答える, 返事をする
関連 response 応答
☞ 【respond to Ⓐ】Ⓐに返答[応答]する

841 ☐ **reply** **B1**
[riplái]
A2

動 (質問・手紙などに)答える, 返事をする
(◆respond と同義)
☞ 【reply to Ⓐ】Ⓐに返事をする
名 (質問・手紙などへの)返事, 返答

842 ☐ **react**
[riǽkt]
B1

動 (周囲の変化・知らせなどに)反応する
関連 reaction 反応, reactor 原子炉
☞ 【react to Ⓐ】Ⓐに反応する

道理・論理・証明

843 ☐ **demonstrate**
[démənstrèit]
◀ アクセント
B1

動❶ (実物を見せて)…を説明する;〈効果などを〉
証明する

❷ (…に反対して)デモをする(against ...)
関連 demonstration デモ

844 ☐ **reasonable**
[ríːznəbl]
B1

形❶〈言動などが〉理にかなった, 筋の通った
関連 reason 理由, reasonably かなり
対義 unreasonable 不合理な
❷〈値段などが〉てごろな

845 ☐ **rational**
[rǽʃnəl]
B1

形〈考え・決断などが〉合理的な
関連 rationally 合理的に
対義 irrational 非合理的な

846 ☐ **logic**
[ládʒik]
B1

名 (考え方などの)論理
関連 logical 論理的な, logically 論理的に

847 ☐ **despite**
[dispáit]
B1

前 …にもかかわらず(◆新聞などで好んで用いられる;in spite of と同義)
☞ 【despite the fact that ...】…という事実
にもかかわらず

☑チャンク respond **to requests**	要望に応じる
☑ They **responded to** a call for help.	▶彼らは助けを求める電話に応じた.
☑ He **responded to** my e-mail right away.	▶彼は私のメールにすぐ返信した.

☑チャンク reply **to the message**	メッセージに返事をする
☑ He never **replied to** my letters.	▶彼は一度も私の手紙に返事をしなかった.

☑ She smiled, but made no **reply**.	▶彼女はほほえんだが返事はしなかった.
☑チャンク react **to the situation**	状況に反応する
☑ They quickly **reacted to** the article.	▶彼らは即座にその記事に反応した.

☑チャンク demonstrate **their ability**	彼らの能力を証明する
☑ Let me **demonstrate** how this machine works.	▶この機械がどのように動くか説明しましょう.
☑ Locals **demonstrated against** the new airport.	▶地元住民は新空港に反対するデモを行った.

☑チャンク it is reasonable **to** *do*	…するのは妥当だ
☑ His excuse sounds **reasonable**.	▶彼の弁解はもっともに聞こえる.
☑ Fresh fruit is sold at **reasonable** prices.	▶新鮮な果物がてごろな値段で売られている.

☑チャンク a rational **decision**	合理的な決断
☑ What she said was fully **rational**.	▶彼女の言うことは十分に筋が通っていた（⑩ 合理的だった）.

☑チャンク accept her logic	彼女の論理を受け入れる
☑ Were you able to follow his **logic**?	▶彼の論理についていけましたか？

☑チャンク despite **yourself**	思わず，不本意にも
☑ **Despite** all our efforts, we failed again.	▶大変努力したにもかかわらず，私たちはまた失敗した.
☑ She became a teacher **despite the fact that** she never liked children.	▶彼女は子どもが全くの苦手という事実にもかかわらず，教師になった.

STAGE 7

223

保つ

848 ☐ **maintain**
[meintéin]
B1

動 **1** …を(同じ状態に)保つ；…を維持する
関連 **maintenance** (よい状態の)維持
2 〈機械などを〉整備する

849 ☐ **preserve**
[prizə́ːrv]
B1

動 **1** (破壊などから)…を保護する
関連 **preservation** 保護

2 〈状態などを〉維持する

850 ☐ **retain**
[ritéin]
B1

動 〈物・性質を〉保持する，保有する

与える

851 ☐ **grant**
[grǽnt]
B1

動 〈権利・許可などを〉与える
☞ 【grant **A** **B**】**A**に**B**を与える

852 ☐ **take it for granted that ...**

(確認しないで)…を当然のことと決め込む

853 ☐ **assign**
[əsáin]
B1

動 〈仕事などを〉割り当てる
関連 **assignment** 任務；宿題

854 ☐ **sacrifice**
[sǽkrəfàis]

名 (何かを手に入れるための)犠牲

動 〈大切なものを〉犠牲にする
☞ 【sacrifice **A** for **B**】**B**のために**A**を
犠牲にする

855 ☐ **reward**
[riwɔ́ːrd]
B1

名 (…に対する)報酬(for ...)

B2

動 (功績などに対して)…に報酬を与える
☞ 【reward **A** for **B**】**B**に対して**A**に
報酬を与える

☑ チャンク maintain **health**	健康を維持する
☑ The police maintain law and order.	▶警察は法と秩序を維持している.
☑ This motorcycle is well maintained.	▶このオートバイはよく整備されている.

☑ チャンク preserve **the memory**	記憶を維持する
☑ The house has been preserved by the National Trust.	▶その家はナショナルトラストによって保護されている.
☑ The fossil was found well preserved.	▶その化石は保存のいい(🔄 よく維持された)状態で発見された.

☑ チャンク retain **control**	支配権を保持する
☑ A human body retains a lot of water.	▶人体は大量の水を保持している.

☑ チャンク grant **access to Ⓐ**	Ⓐ へのアクセス権を与える
☑ He was granted a license to hunt.	▶彼はハンティングの免許を与えられた.
☑ I took it for granted that he would agree.	▶彼は同意するものと当然のように思っていた.

☑ チャンク assign **a role**	役を割り当てる
☑ My boss assigned the task to me.	▶上司はその仕事を私に割り当てた.

☑ チャンク make **sacrifices**	犠牲を払う
☑ The mother saved her child at the sacrifice of her own life.	▶その母親は自らの命を犠牲にしてわが子を救った.
☑ Foolishly, he sacrificed friendship for money.	▶愚かにも, 彼は金のために友情を犠牲にした.

☑ チャンク as **a reward**	報酬として
☑ This is a reward for working hard.	▶これは一生懸命働いたことに対する報酬です.
☑ I'm going to reward them for their steady efforts.	▶私は彼らのたゆまぬ努力に対して報酬を与えるつもりだ.

STAGE 7

225

公共・社会

856 ☑ **institution**
[ìnstitjúːʃn]
B2

名 (学校・病院などの)公共機関[施設]

---

857 ☑ **citizen**
[sítizn]
A2

名 (都市などの)住民；(ある国の)国民
関連 citizenship 市民権

---

858 ☑ **gender**
[dʒéndər]
A2

名 (社会的・文化的な役割における)性差, 性別
(◆形容詞的に用いられることが多い)

全部・全体

859 ☑ **structure**
[strʌ́ktʃər]
A2

名 (…の全体的な)構造, 構成(of ...)
関連 structural 構造上の

---

860 ☑ **entire**
[intáiər]
B1

形 全体の, 全部の(◆whole と同義)
関連 entirely 完全に

---

861 ☑ **overall**
[òuvərɔ́ːl]
B2

形 (要素を)すべて含んだ, 全体の

攻撃・防御

862 ☑ **protect**
[prətékt]
B1

動 (危険・病気などから)…を守る, 保護する
関連 protection 保護
⇨ [protect Ⓐ from Ⓑ] ⒶをⒷから守る

---

863 ☑ **aggressive**
[əgrésiv]
B1

形 1 (性質・性格が)攻撃的な；侵略的な

2 (よい意味で)積極的な

---

864 ☑ **defend**
[difénd]
B1

動 1 (危険・敵などから)…を守る, 防御する
関連 defense 防御, defensive 防衛の
⇨ [defend Ⓐ against Ⓑ] ⒶをⒷから守る
2 〈被告を〉弁護する
対義 accuse 告訴する

---

865 ☑ **invade**
[invéid]
A2

動 〈国や町などを〉侵略する
関連 invasion 侵略

☐ チャンク an educational institution 　教育機関

☐ They are lacking in medical
institutions in the city.
▶その都市では医療機関が不足している.

☐ チャンク ordinary citizens 　一般市民

☐ She became a citizen of the United
States.
▶彼女はアメリカ国民になった.

☐ チャンク the gender gap 　性差

☐ They wish to achieve gender equality.
▶彼らは男女同権(＠ 性別上の平等)を確立
したいと思っている.

☐ チャンク the organizational structure 　組織の構造

☐ The structure of diamond is pretty
simple.
▶ダイヤモンドの構造はかなり単純だ.

☐ チャンク the entire population 　全人口

☐ The entire building was shaken
by the earthquake.
▶その地震でビル全体が揺れた.

☐ チャンク the overall effect 　全体的な効果

☐ The overall cost of the trip was
about 100,000 yen.
▶その旅行の全費用は約 10 万円だった.

☐ チャンク protect the rights 　権利を守る

☐ Parents would protect their children
from danger.
▶親は子どもを危険から守ろうとするものだ.

☐ チャンク an aggressive war 　侵略戦争

☐ He is quite aggressive.
▶彼はとてもけんかっ早い.

☐ You should be more aggressive.
▶もっと積極的になりなさい.

☐ チャンク defend freedom 　自由を守る

☐ The dogs defend sheep against
wolves.
▶その犬たちはヒツジをオオカミから守る.

☐ A famous lawyer is going to defend
him.
▶有名な弁護士が彼を弁護することになって
いる.

☐ チャンク invade a city 　都市を侵略する

☐ In 1939 Germany invaded Poland.
▶ 1939 年にドイツはポーランドを侵略した.

STAGE 7

金属・岩石・土

866 ☑ **metal**
[métl]

A2

名 金属
関連 metallic 金属の
🔹 金属には, gold「金」, silver「銀」, iron「鉄」, copper「銅」, aluminum「アルミニウム」などがあります.

867 ☑ **mine**
[máin]

B2

名 1 鉱山

2 地雷(◆landmine ともいう)

868 ☑ **soil**
[sɔ́il]

B2

名 (植物が生える)土, 土壌

貸す・借りる

869 ☑ **lend**
[lénd]
過去・過分 lent

A2

動 …を(無料で)貸す
🔜 **【lend Ⓐ Ⓑ】** または **【lend Ⓑ to Ⓐ】**
Ⓐに Ⓑを貸す

870 ☑ **borrow**
[bɔ́:rou]

A1

動 …を(無料で)借りる
🔜 **【borrow Ⓑ from Ⓐ】** Ⓐ から Ⓑを借りる
🔹 本・車など移動可能な物を「無料で借りる」ときは borrow を, トイレなどその場に設置してある物を「使わせてもらう」ときは use を使います.

871 ☑ **owe**
[óu]

B1

動 1 〈お金を〉借りている
🔜 **【owe Ⓐ Ⓑ】** または **【owe Ⓑ to Ⓐ】**
Ⓐから Ⓑを借りている
2 …に(好意を受けたなどの)借りがある
🔜 **【owe Ⓐ Ⓑ】** Ⓐに Ⓑの借りがある

872 ☑ **rent**
[rént]

A2

A2

動 〈部屋などを〉賃借りする

名 (部屋の)賃貸料(for ...)

873 ☑ **credit**
[krédit]

A2

名 1 (支払いの)クレジット, つけ

2 (よい行いなどに対する)賞賛(for ...)

1652!

☑ **チャンク be made of metal**　　金属製である

☑ Gold is one of the precious metals.　▶金は貴金属の1つだ.

☑ **チャンク a gold mine**　　金鉱

☑ There is a diamond mine near the town.　▶その町の近くにダイヤモンド鉱山がある.

☑ These robots remove mines.　▶これらのロボットは地雷を撤去する.

☑ **チャンク fertile soil**　　肥えた土地

☑ Buckwheat grows in poor soil.　▶ソバはやせた土地で育つ.

☑ **チャンク lend a hand**　　手を貸す

☑ Will you lend me some money?　▶私にお金を貸してくれませんか?
　[≒ Will you lend some money to me?]

☑ **チャンク borrow money**　　お金を借りる

☑ We borrowed some DVDs from the library.　▶私たちは図書館から数枚DVDを借りた.

☑ Can I use your telephone?　▶電話を借りてもいい?

☑ **チャンク How much do I owe you?**　　いくらお借りしてましたっけ?

☑ I owe my brother 20 dollars.　▶私は兄から20ドル借りている.
　[≒ I owe 20 dollars to my brother.]

☑ I owe Mr. Palmer a favor.　▶私はパーマー氏に(好意を受けた)借りがある.

☑ **チャンク rent a car**　　車をレンタルする

☑ They rent rooms near the university.　▶彼らは大学の近くに部屋を借りている.

☑ She pays a high rent for the apartment.　▶彼女は高いアパートの家賃を払っている.

☑ **チャンク the credit limit**　　クレジットカードの利用限度額

☑ I bought the guitar on credit.　▶私はそのギターをクレジットで買った.

☑ The credit for this victory should go to you.　▶この勝利は君のおかげだ(⑩ この勝利に対する賞賛は君に与えられるべきだ).

国内·海外

874 ☐ **abroad**
[əbrɔ́:d] **A2**

副 外国に[で, へ]
関連 overseas 海外に[で, へ]

875 ☐ **immigrant**
[ímigrənt] **B2**

名 (他国からの)移民
関連 immigrate 移住する, immigration 移住
対義 emigrant (他国への)移民

876 ☐ **domestic**
[dəméstik] **B2**

形 ❶ 国内の
対義 foreign 外国の

❷ 家庭(内)の

助ける

877 ☐ **rescue**
[réskju:] **B1**

動 〈危険な状況にある人などを〉救出[救助]する
☞ 【rescue Ⓐ from Ⓑ】Ⓑから Ⓐ を救出する

878 ☐ **assist**
[əsíst] **B1**

動 〈人を〉助ける, 手助けする
関連 assistance 手助け,
assistant 助手, アシスタント
☞ 【assist Ⓐ with Ⓑ】Ⓑ について Ⓐ を助ける
☞ 【assist Ⓐ to do】Ⓐ が…するのを助ける
☞ 【assist Ⓐ in doing】
Ⓐ が…するのを助ける

879 ☐ **aid**
[éid]

B1 名 (金·食糧などの)援助(物資)

B1 動 〈困っている人などを〉援助する

880 ☐ **favor**
[féivər]

名 ❶ (困っている人などに対する)親切な行為

❷ (…への)支持, 引き立て(with ...)
A2 関連 favorable 好意的な, favorite お気に入りの

881 ☐ **ask a favor of ...**　〈人に〉頼み事をする

882 ☐ **in favor of ...**　〈案·活動などに〉賛成して

☑ チャンク **travel abroad** 海外旅行をする
☑ I have never been **abroad**. ▶私は外国へ行ったことがない.

☑ チャンク **an illegal immigrant** 不法移民
☑ They are **immigrants** from Cuba. ▶彼らはキューバからの移民だ.

☑ チャンク **gross domestic product** 国内総生産
☑ That will encourage **domestic** industries. ▶それは国内産業を促進するだろう.
☑ **Domestic** violence is a serious problem. ▶家庭内暴力は深刻な問題だ.

☑ チャンク **be rescued by helicopter** ヘリコプターによって救助される
☑ She **rescued** a child **from** the burning building. ▶彼女は燃えているビルの中から子どもを救出した.

☑ チャンク **assist in the creation of Ⓐ** Ⓐ の創造を助ける
☑ My sister **assisted** me **with** money in my school days. ▶学生のころ, 姉は私にお金を援助してくれた.
☑ We **assisted** the old man **to** go up the stairs. ▶私たちはそのお年寄りが階段を上るのを手助けした.
☑ Beth **assisted** me **in writing** an e-mail in English. ▶ベスは私が英語でEメールを書くのを手伝ってくれた.

☑ チャンク **financial aid** 金融援助
☑ We should spend more on foreign **aid**. ▶我々は海外援助にもっとお金を使うべきだ.
☑ The purpose of the program is to **aid** the homeless. ▶そのプログラムの目的はホームレスの人々を援助することだ.

☑ チャンク **ask him a big favor** 彼に大変な頼み事をする(⑩ 親切な行為を求める)
☑ Will you do me a **favor**? ▶お願いがあるんだけど. (⑩ 私に親切な行為をしてくれますか?)
☑ The shop has lost **favor** with its customers. ▶その店は顧客の支持を失った.
☑ Can I ask a **favor** of you? ▶あなたにお願いがあるのですが.
☑ We are both **in favor of** the plan. ▶私たちは2人ともその計画に賛成です.

快適·満足

883 ☐ **comfortable**
[kʌ́mfərtəbl]
A2

形〈部屋·家具·衣服などが〉心地よい, 快適な
関連 comfort 快適さ
対義 uncomfortable 不快な

884 ☐ **satisfied**
[sǽtisfàid]
B1

形（望みがかない）満足している, 満足気な
関連 satisfactory 満足のいく
対義 dissatisfied 不満な
☞【be satisfied with Ⓐ】Ⓐに満足している

885 ☐ **complain**
[kəmpléin]
A2

動不平[不満]を言う
関連 complaint 不平
☞【complain to Ⓐ about Ⓑ】
Ⓑについて Ⓐに不満を言う

現れる·消える

886 ☐ **emerge**
[imə́:rdʒ]
B1

動（見えない場所から）現れる
☞【emerge from Ⓐ】Ⓐから現れる

887 ☐ **disappear**
[dìsəpíər]
A2

動（見えていたものが）消える, 見えなくなる
関連 disappearance 姿を消すこと
対義 appear 現れる

888 ☐ **vanish**
[vǽniʃ]
B2

動❶（突然不可解な理由により）消える

❷〈それまで存在していたものが〉なくなる

植物

889 ☐ **branch**
[brǽntʃ]
A2

名❶（木の）枝

❷（企業などの）支店, 支社

890 ☐ **seed**
[síːd]
A2

名（植物の）種, 種子

891 ☐ **root**
[rúːt]
A2

名❶（植物の）根

❷（伝統などの）起源, ルーツ

☑ チャンク a comfortable **room**	快適な**部屋**
☑ These shoes are not very **comfortable**.	▶この靴はあまり快適ではない.
☑ チャンク satisfied **consumers**	満足している**消費者**
☑ I'm not **satisfied with** the result.	▶私はその結果に満足していない.

☑ チャンク complain **loudly**	声を大にして不満を言う
☑ Workers **complained to** the manager **about** working conditions.	▶従業員は労働条件について経営者に不満を言った.

☑ チャンク emerge **in spring**	春になると現れる
☑ A big bear **emerged from** the woods.	▶大きなクマが森の中から現れた.
☑ チャンク disappear **from view**	視界から消える
☑ The plane **disappeared** into the clouds.	▶その飛行機は雲間に消えた.
☑ チャンク vanish **without trace**	跡形もなく消える
☑ The coin in the cup **vanished** on the count of three.	▶3つ数えたらカップの中のコインが消えた.
☑ Dinosaurs **vanished** from the face of the earth a long time ago.	▶恐竜は大昔に地球上から姿を消した.

☑ チャンク an olive **branch**	オリーブの枝
☑ Don't cut a **branch** from a tree.	▶木の枝を切ってはいけません.
☑ Our company has a **branch** in Oslo.	▶私たちの会社はオスロに支店がある.
☑ チャンク sunflower **seeds**	ヒマワリの種
☑ We planted **seeds** in the fields.	▶私たちは畑に種をまいた.
☑ チャンク the root **of the problem**	問題の根幹
☑ Pull weeds up by the **roots**.	▶雑草を根っこから引き抜きなさい.
☑ He went to China to look for his **roots**.	▶彼は自分のルーツを探しに中国へ行った.

STAGE 7

233

感情・気持ち

892 ☐ treat
[trí:t]

動 1 〈病人・病気を〉治療する（◆cure と同義）
関連 treatment 治療
2 …に（ある感情をもって）接する，…を扱う
関連 treatment 待遇
→ 【treat Ⓐ like Ⓑ】ⒶをⒷのように扱う

B2 **3** 〈人に〉おごる

893 ☐ reluctant
[rilʌ́ktənt]

形 〈行動などが〉いやいやながらの，気が進まない
関連 reluctantly しぶしぶ
→ 【be reluctant to do】…するのに気が
B2 進まない

894 ☐ hesitate
[hézitèit]

動 （行動などを）ためらう
関連 hesitation ためらい
B1 → 【hesitate to do】…するのをためらう

仕事・ビジネス

895 ☐ corporation
[kɔ̀:rpəréiʃn]

名 （大）企業（◆companyと比べて規模の大きい
ものを指す）
B2 **関連 corporate** 企業の

896 ☐ agency
[éidʒənsi]

名 （広告業・旅行業などの）代理店
関連 agent 代理人[店]
A2

897 ☐ client
[kláiənt]
B2

名 （弁護士などの）依頼人

898 ☐ contract
名 [kántrækt]
動 [kəntrǽkt]
🔊 アクセント

B2 **名** （法的な拘束力をもつ）契約（書）

動 1 （…の）契約をする
→ 【contract to do】…する契約をする
2 縮む

899 ☐ occupation
[àkjəpéiʃn]

名 1 （個人の）職業（◆書類などでよく用いる）

2 （軍隊などによる）占領
A2 **関連 occupy** 占領する

☑ **チャンク treat a patient**   患者を治療する

☑ The doctor **treated** my broken leg. ▶その医者は骨折した足を治療してくれた.

☑ He **treats** everyone equally. ▶彼はだれに対しても平等に接する.

☑ My host family **treated** me **like** their daughter. ▶ホストファミリーは私を娘のように扱ってくれた.

☑ I'll **treat** you to lunch today. ▶今日のお昼は私がおごるわ.

☑ **チャンク a reluctant smile**   いやいやながらのほほえみ

☑ He made a **reluctant** response. ▶彼は気乗りのしない返事をした.

☑ I'm **reluctant** to go there alone. ▶ひとりでそこへ行くのは気が進まない.

☑ **チャンク hesitate for a moment**   一瞬ためらう

☑ I **hesitated** before opening the door. ▶私はドアをあける前にためらった.

☑ Don't **hesitate** to call me. ▶遠慮せずに（🔁 ためらわずに）電話してね.

☑ **チャンク a multinational corporation**   多国籍企業

☑ Toyota is a major **corporation**. ▶トヨタは大企業だ.

☑ **チャンク a travel agency**   旅行代理店

☑ I want to work for an advertising **agency**. ▶私は広告代理店で働きたい.

☑ **チャンク an important client**   重要な依頼人

☑ I did my best for the **client**. ▶私はその依頼人のために最善を尽くした.

☑ **チャンク sign a contract**   契約書にサインする

☑ We made a **contract** with the publishing company. ▶私たちはその出版社と契約を結んだ.

☑ The construction company **contracted to** build a new bridge. ▶その建設会社は新しい橋を建設する契約を結んだ.

☑ Metal **contracts** as it cools down. ▶金属は冷えると縮む.

☑ **チャンク the teaching occupation**   教職

☑ Please write your name, address and **occupation** on this form. ▶この用紙にお名前, ご住所, ご職業をお書きください.

☑ Paris was under German **occupation** then. ▶当時, パリはドイツの占領下にあった.

休暇・休息

900 ☑ **rest**¹
[rést]

B1 名 休み, 休憩 (◆break と同義)

B1 動 (座るなどして)休む
🖊 rest には「残り」という意味もあります.

901 ☑ **leisure**
[líːʒər]
🔊 発音　A2

名 暇, 自由な時間

902 ☑ **resort**
[rizɔ́ːrt]

B1 名 リゾート(地), 行楽地

動 (よくない手段に)訴える
🖊 【resort to Ⓐ】Ⓐに訴える

903 ☑ **leave**²
[líːv]
B1

名 (病気や出産などのための)休暇

病気・医療

904 ☑ **hurt**
[hə́ːrt]
過去・過分 hurt　A1

動 ❶ 〈体などを〉傷つける；〈人の心を〉傷つける

❷ 〈体の一部などが〉痛む

905 ☑ **injure**
[índʒər]
A2

動 (事故などにより)…にけがをさせる, 〈体などを〉
傷つける
関連 injury けが

906 ☑ **recover**
[rikʌ́vər]

動 ❶ (病気などから)回復する
関連 recovery 回復
🖊 【recover from Ⓐ】Ⓐから回復する
❷ 〈健康などを〉取り戻す
B1

907 ☑ **cure**
[kjúər]

B1 名 (病気などの)治療(法)(for ...)

B2 動 〈病気を〉治療する；〈悪癖などを〉除く
🖊 【cure Ⓐ of Ⓑ】ⒶのⒷ(病気, 悪癖など)を
治す[直す]

908 ☑ **headache**
[hédèik]

名 頭痛
関連 backache 腰痛, stomachache 腹痛,
toothache 歯痛
A1

☑ チャンク **take a rest** 一休みする
☑ You should get some **rest**. ▶少し休んだほうがいいよ.
☑ The doctor told him to **rest**. ▶医者は彼に休むように言った.

☑ チャンク **leisure activities** レジャー活動
☑ Visit the museum at your **leisure**. ▶暇なときに博物館に行きなさい.

☑ チャンク **a ski resort** スキーリゾート
☑ The coast is a famous **resort**. ▶その海岸は有名なリゾート地だ.
☑ You should not **resort** to force even if you get angry. ▶たとえ腹が立っても暴力を振るっては (⑩ 暴力に訴えては)いけない.

☑ チャンク **sick leave** 病気休暇
☑ Ms. Hudson took maternity **leave**. ▶ハドソン先生は産休を取った.

☑ チャンク **hurt my foot** 足を痛める
☑ I didn't mean to **hurt** your feelings. ▶あなたの気持ちを傷つけるつもりはなかった.
☑ My stomach **hurts**. ▶おなかが痛い.

☑ チャンク **injure my knee** 膝を痛める
☑ Three people were **injured** in the crash. ▶その衝突事故で3人がけがをした.

☑ チャンク **recover from injuries** けがから回復する
☑ He quickly **recovered from** the cold. ▶彼はすぐに風邪から回復した.
☑ I **recovered** my health by taking a long rest. ▶私は長期間の休養をとって健康を回復した.

☑ チャンク **natural cure** 自然治癒
☑ A **cure for** cancer will soon be found. ▶癌(⑱)の治療法がもうすぐ見つかるだろう.
☑ This medicine **cured** my acne. ▶この薬でにきびが治った(⑩ この薬は にきびを治した).
☑ She **cured** me **of** my bad habits. ▶彼女が私の悪いくせを直してくれた.

☑ チャンク **a severe headache** ひどい頭痛
☑ Alcohol gives me a **headache**. ▶お酒を飲むと頭痛がする.

STAGE 7

重要英熟語

909 ☑ **cannot help** *doing*	…せずにはいられない
910 ☑ **help** *oneself*	（飲食物を）自分で自由に取って食べる（to …）
911 ☑ **bring about**	…を引き起こす
912 ☑ **bring up**	〈子どもなどを〉育てる
913 ☑ **seem like ...**	…のようだ
914 ☑ **turn down**	❶ 〈音量などを〉小さくする ❷ 〈申し出などを〉断る
915 ☑ **turn in**	❶ 〈借りた物を〉返却する ❷ 〈書類などを〉提出する
916 ☑ **turn out**	❶ （最終的に…と）なる ❷ （…だと）分かる，判明する（to be …）
917 ☑ **in turn**	順番に
918 ☑ **take turns**	（…を）交替でする（at …）
919 ☑ **show off**	〈持ち物・業績などを〉見せびらかす
920 ☑ **show up**	（約束どおりに）現れる，姿を見せる
921 ☑ **set aside**	（特別な目的のために）…を取っておく
922 ☑ **set off**	❶ （…に向けて）出発する（for …） ❷ 〈出来事などを〉（偶然に）引き起こす
923 ☑ **keep ❹ from** *doing*	❹に…させないようにする
924 ☑ **keep up**	…を続ける；…を維持する

☑ I couldn't help crying.　▶私は泣かずにはいられなかった.

☐ Help yourself to the salad.　▶サラダをご自由にお取りください.

☑ The earthquake brought about a disaster.　▶その地震は大災害を引き起こした.

☑ I was brought up in a town by the ocean.　▶私は海辺の町で育った(◉ 育てられた).

☑ The school trip seems like yesterday.　▶修学旅行はついきのうのことのようだ.

☑ Turn down the stereo.　▶ステレオのボリュームを下げなさい.
☐ She turned down the offer.　▶彼女はその申し出を断った.

☑ We have to turn in the skis to the rental shop by five.　▶私たちは5時までにスキー板をレンタル店へ返却しなければならない.
☑ Have you turned in homework yet?　▶宿題はもう提出した?

☑ Things turned out well in the end.　▶物事は最終的にうまく運んだ.
☑ The man turned out to be our new coach.　▶その男性は私たちの新監督だと分かった.

☐ They gave their comments in turn.　▶彼らは順番にコメントした.

☑ We took turns at driving the car.　▶私たちは交替で車を運転した.

☐ He showed off his new bike.　▶彼は新しい自転車を見せびらかした.

☑ John said he would come to the party, but he didn't show up.　▶ジョンはパーティーに来ると言っていたのに姿を見せなかった.

☑ I set aside some money for her birthday present.　▶私は彼女の誕生日プレゼントを買うためにお金を取っておいた.

☐ I'm going to set off for New York tomorrow.　▶私はあす, ニューヨークに発つ予定だ.
☑ The news set off a panic.　▶そのニュースはパニックを引き起こした.

☑ The heavy rain kept us from going out.　▶大雨で我々は外出できなかった(◉ 大雨は我々に外出させないようにした).

☐ Keep up the good work.　▶その調子でがんばってね(◉ いい仕事ぶりを維持しなさい).

STAGE 7

239

重要英熟語

925 ☑ **keep up with ...**	…に遅れずについて行く
926 ☑ **stand by (...)**	❶ …を支援する，…の味方をする ❷ 傍観する，何もせずに見ている
927 ☑ **stand for ...**	…を表す
928 ☑ **stand out**	（人目を引き）目立つ
929 ☑ **put off**	〈予定などを〉延期する
930 ☑ **put on**	〈服などを〉身につける **対義** take off 脱ぐ
931 ☑ **put out**	〈火などを〉消す
932 ☑ **put together**	〈ばらばらに分かれている物を〉組み立てる
933 ☑ **put up with ...**	（不平を言わずに）…を我慢する
934 ☑ **run away**	（人目を忍んで）逃げる
935 ☑ **run into ...**	❶ 〈困難などに〉〈不意に〉出くわす ❷ 〈人に〉偶然会う
936 ☑ **run out of ...**	〈燃料・お金などを〉使い果たす
937 ☑ **in the long run**	長期的に見れば
938 ☑ **take care to** *do*	注意して…する
939 ☑ **take care of ...**	〈手助けが必要な人などの〉世話をする
940 ☑ **care for ...**	…が好きである

My brother walks so fast that I can't **keep up with** him.	▶兄は歩くのがとても速いので私は彼について行けない.
Bill always **stood by** me when I was young.	▶少年時代, ビルはいつも私の味方だった.
I couldn't **stand by** and watch the fight.	▶私はそのけんかをだまって見ていることができなかった.
"UN" **stands for** "United Nations."	▶ UN は United Nations（国際連合）を表す.
She is so beautiful that she **stands out** in a crowd.	▶彼女はとても美しいので, 人混みの中でも目立つ.
I had to **put off** the trip till the next month.	▶私はその旅行を翌月まで延期しなければならなかった.
My husband always helps me **put on** my coat.	▶夫は私がコートを着るのをいつも手伝ってくれる.
Don't forget to **put out** the fire.	▶火を消すのを忘れないでね.
It took me two hours to **put together** this plastic model.	▶このプラモデルを組み立てるのに2時間かかった.
I can't **put up with** his complaints anymore.	▶彼の愚痴($)にはもうこれ以上我慢できない.
They **ran away** from the town.	▶彼らは町から逃げ出した.
The new project **ran into** difficulties.	▶その新事業は困難に出くわした.
I **ran into** him yesterday.	▶きのう私は彼に偶然会った.
Our car **ran out of** gas.	▶私たちの車のガソリンが切れた.
This experience will be good for you **in the long run**.	▶長期的に見ればこの経験はあなたのためになるでしょう.
Take care to carry the glasses.	▶注意してグラスを運んでね.
He **takes care of** his old parents.	▶彼は年老いた両親の世話をしている.
I didn't much **care for** them.	▶私は彼らのことがあまり好きではなかった.

STAGE 7

241

find [fáind] →p. 70

コアイメージ 「探していたものを見つける」

② ① ③ [find it + 形容詞 + to do]ランキング

☐ S166 第1位 **find it difficult to** do ▶ …することが困難だと分かる

☐ I found it difficult to solve the problem. ▶ 私はその問題を解決することが難しいと分かった.

☐ S167 第2位 **find it hard to** do ▶ …することが難しいと分かる

☐ I found it hard to get a new job. ▶ 私は新しい仕事を得ることが難しいと分かった.

☐ S168 第3位 **find it impossible to** do ▶ …することが不可能だと分かる

☐ My father found it impossible to repair his bike by himself. ▶ 私の父は自転車を自分で修理することが不可能だと分かった.

☐ S169 第4位 **find it easy to** do ▶ …することがやさしいと分かる

☐ I found it easy to climb the tree. ▶ 私はその木に登ることがやさしいと分かった.

☐ S170 第5位 **find it necessary to** do ▶ …することが必要だと分かる

☐ She found it necessary to study English every day. ▶ 彼女は英語を毎日勉強することが必要だと分かった.

feel [fíːl]

→p. 20

コアイメージ 「触って，または心で感じる」

2 1 3 [feel + 形容詞]ランキング

□ S171 第1位 **feel better**	▶ （病気の症状などが）よくなる
☑ The patient **felt better** after taking the medicine.	▶ その患者は薬を飲んだ後に（症状が）よくなった．
□ S172 第2位 **feel sorry**	▶ 気の毒に思う
☑ The woman **felt sorry** for the poor old man.	▶ 女性はその貧しい老人を気の毒に思った．
□ S173 第3位 **feel guilty**	▶ 罪悪感を覚える
☑ I **feel guilty** about lying.	▶ 私は嘘をついたことに罪悪感を覚えている．
□ S174 第4位 **feel good**	▶ 気分がいい
☑ I **feel good** today.	▶ 今日，私は気分がいい．
□ S175 第5位 **feel comfortable**	▶ 快適である
☑ I **feel comfortable** in this sweatshirt.	▶ このスウェットを着ると快適だ．

STAGE 7

243

8. 感情2

S176 ☑ 気落ちした
depressed
[diprést]

S177 ☑ 心地よい
comfortable
[kʌ́mfərtəbl]

S178 ☑ 不快な
uncomfortable
[ʌnkʌ́mfərtəbl]

S179 ☑ 満足した
satisfied
[sǽtisfàid]

S180 ☑ 不満な
dissatisfied
[dissǽtisfàid]

S181 ☑ 我慢強い
patient
[péiʃnt]

S182 ☑ 我慢できない
impatient
[impéiʃnt]

S183 ☑ いらいらした
annoyed
[ənɔ́id]

S184 ☐ うろたえた
upset
[ʌpsét]

S185 ☐ フラストレーション
のたまった
frustrated[frʌ́streitid]

S186 ☑ 妬んだ
jealous
[dʒéləs]

S187 ☑ 恥ずかしい
embarrassed
[embǽrəst]

STAGE 8

平均単語レベル

大学入試
（難関大学）

距離・親密さ

941 ☑ **familiar**
[fəmíljər]
🔊 アクセント
A2

形 **1** 〈物事が〉よく知られている
▶ 【be familiar to Ⓐ】Ⓐによく知られている
2 〈人が〉〈物事を〉よく知っている
▶ 【be familiar with Ⓐ】Ⓐをよく知っている

942 ☑ **apart**
[əpáːrt]
A2

副（…から）離れて（from …）

943 ☑ **apart from ...**

…は別として

944 ☑ **come apart**

（壊れて）ばらばらになる

945 ☑ **fall apart**

〈組織などが〉崩壊する

946 ☑ **remote**
[rimóut]
A2

形（町などから）遠く離れている，へんぴな

話す・伝える

947 ☑ **scold**
[skóuld]
B1

動 〈子どもなどを〉しかる
▶ 【scold Ⓐ for Ⓑ】ⒷのことでⒶをしかる

948 ☑ **apologize**
[əpálədʒàiz]
A2

動（悪いことなどをして）謝る，謝罪する
関連 apology 謝罪
▶ 【apologize to Ⓐ for Ⓑ】
ⒷのことでⒶに謝る

949 ☑ **forgive**
[fərgív]
過去 forgave
過分 forgiven
B1

動 〈悪いことをした人などを〉許す
▶ 【forgive Ⓐ for doing】
Ⓐが…したことを許す

950 ☑ **convey**
[kənvéi]
B1

動 〈情報・感情などを〉伝える

951 ☑ **transmit**
[trænsmít]
B2

動 〈情報・データなどを〉伝える，送る
関連 transmission 伝達

☑ チャンク **a familiar face** — 見慣れた顔

☑ "Anpanman" **is familiar to** most Japanese kids.
▶「アンパンマン」は日本のほとんどの子どもにおなじみだ.

☑ I'm **familiar with** this neighborhood.
▶私はこの界隈(恐)をよく知っている.

☑ チャンク **be a mile apart** — 1マイル離れている

☑ I have never lived **apart from** my family.
▶私は家族と離れて暮らしたことがない.

☑ **Apart from** the cost, some other problems arose.
▶費用は別として, ほかの問題が持ち上がった.

☑ My umbrella **came apart** in the wind.
▶傘が風でばらばらになった.

☑ Things began to **fall apart**.
▶物事が崩壊しはじめた.

☑ チャンク **remote areas** — 遠く離れている場所

☑ They lived in a **remote** village.
▶彼らはへんぴな村に住んでいた.

☑ チャンク **scold a child** — 子どもをしかる

☑ My mother **scolded** me **for** using my cell phone too much.
▶母は(私が)携帯電話を使い過ぎることで私をしかった.

☑ チャンク **apologize publicly** — 公に謝罪する

☑ **Apologize to** your wife **for** forgetting her birthday.
▶誕生日を忘れたことを奥さんに謝りなさい.

☑ チャンク **forgive his sins** — 彼の罪を許す

☑ I'm sure she'll **forgive** you.
▶彼女はきっと君を許してくれるよ.

☑ He never **forgave** me **for** breaking my promise.
▶彼は私が約束を破ったのを決して許してくれなかった.

☑ チャンク **convey a message** — メッセージを伝える

☑ I **conveyed** my enthusiasm to my boss.
▶私は上司に自分の熱意を伝えた.

☑ チャンク **transmit information** — 情報を送る

☑ It has become common to **transmit** data through optical fiber cables.
▶光ファイバーケーブルでデータを送ることはごくあたりまえになった.

形状・部位

952 ☑ **surface**
[sə́ːrfis]
🎺 発音　B1
名 (物体の)表面

953 ☑ **bottom**
[bάtəm]
A1
名 **1** (容器などの)底, 底面；(紙面などの)最下部
　対義 **top** 最上部
2 (海・湖などの)底

954 ☑ **edge**
[édʒ]
B1
名 **1** (物の)端, 縁
2 (刃物の)刃

955 ☑ **flat**
[flǽt]
B1
形 **1** (面が)平らな；〈タイヤなどが〉パンクした
2 〈拒絶などが〉きっぱりとした

性質・状態

956 ☑ **rough**
[rʌ́f]
🎺 発音　B1
形 **1** 〈考えなどが〉大まかな, 大体の
　関連 **roughly** およそ
2 (表面が)ざらざらした；〈道などが〉でこぼこの
3 〈人・行動などが〉荒っぽい, 乱暴な

957 ☑ **smooth**
[smúːð]
🎺 発音　A2
形 **1** 〈物事が〉順調な, 障害のない
　関連 **smoothly** 順調に
2 (表面が)なめらかな, すべすべした

958 ☑ **loose**
[lúːs]
🎺 発音　A2
形 **1** (しっかり固定されていないため)ゆるい
　関連 **loosely** ゆるく, **loosen** ゆるめる
2 〈衣服などが〉ゆったりした, だぶだぶの

959 ☑ **tight**
[táit]
A1
形 **1** 〈衣服・靴などが〉きつい, タイトな
　関連 **tighten** しっかり締める, **tightly** きつく
2 〈制限などが〉厳しい
B2
副 (力を入れて)しっかりと, きつく

☑ チャンク **scratch the** surface	表面をひっかく，こする
☐ Fallen leaves were on the surface of the water.	▶落ち葉が水面に浮かんでいた．
☑ チャンク **at the** bottom **of Ⓐ**	Ⓐ の下[底，最下部]に
☐ Look at the bottom of the glass.	▶グラスの底を見てごらん．
☐ These fish live at the river bottom.	▶これらの魚は川底に生息している．
☑ チャンク **cut** edges	端を切断する
☐ The edge of the cup was chipped.	▶カップの縁が欠けていた．
☐ I felt the edge of the knife.	▶ナイフの刃を触ってみた．
☑ チャンク **a flat** roof	平らな屋根
☐ My bike got a flat tire.	▶私の自転車のタイヤがパンクした．
☐ He made a flat denial.	▶彼はきっぱりと否定した．

☑ チャンク **a rough** estimate	大雑把な見積もり
☐ He drew a rough map of the town.	▶彼は町の大まかな地図を描いた．
☐ We traveled over rough roads.	▶私たちはでこぼこ道を進んだ．
☐ My suitcase broke because of rough handling.	▶乱暴な扱いのためにスーツケースがこわれた．
☑ チャンク **a smooth** transition	円滑な移行
☐ We had a smooth flight to Chicago.	▶シカゴへの飛行は平穏だった．
☐ Her skin felt smooth.	▶彼女の肌はすべすべしていた．
☑ チャンク **a loose** knot	ゆるんだ結び目
☐ My brother has a loose tooth.	▶弟には抜けそうな歯が1本ある．
☐ This dress is too loose around the waist.	▶このドレスはウエスト周りがゆるすぎる．
☑ チャンク **tight** shoes	きつい靴
☐ Tight pants are in fashion these days.	▶最近はぴったりしたズボンがはやっている．
☐ Security is tight at the airport.	▶空港では警備が厳重だ．
☐ I held her tight.	▶ぼくは彼女をきつく抱きしめた．

捨てる・むだにする

960 ☑ **waste**
[wéist]

B1 名 (…の)むだ, 浪費(of ...);廃棄物

B1 動 〈金・労力などを〉むだに使う, 浪費する
対義 **save** 節約する
➡ 【waste Ⓐ on Ⓑ】ⒶをⒷにむだに使う

961 ☑ **garbage**
[gáːrbidʒ]
A1

名 (台所の)生ごみ;(一般の)ごみ

962 ☑ **trash**
[trǽʃ]
B1

名 ごみ, くず

熱・エネルギー

963 ☑ **fuel**
[fjúːəl]
B1

名 (ガス・石油などの)燃料

964 ☑ **melt**
[mélt]
B1

動 〈固体が〉(熱で)溶ける(◆「〈固体が〉〈液体の中に〉溶け込む」は dissolve)
関連 **melting pot** るつぼ

965 ☑ **boil**
[bɔ́il]
A2

動 ❶ 〈液体が〉沸騰する;〈液体を〉沸騰させる
関連 **boiler** ボイラー, **boiling point** 沸点
❷ 〈食物を〉煮る, ゆでる

966 ☑ **nuclear**
[njúːkliər]
B1

形 (エネルギーなどが)原子力の, 核の

宇宙

967 ☑ **universe**
[júːnəvàːrs]
B1

名 (すべての天体を含めた)宇宙
関連 **universal** 全世界の

968 ☑ **solar**
[sóulər]
B2

形 太陽の
関連 **lunar** 月の

969 ☑ **satellite**
[sǽtəlàit]

名 ❶ (惑星の周りを回る)衛星

❷ 人工衛星(◆artificial satellite ともいう)

B1

STAGE 8

☐ チャンク **reduce** waste	むだを減らす
☐ That's a **waste** of time.	▶それは時間のむだだ.
☐ Don't **waste** your money on things you don't need.	▶必要のないものにお金を浪費するな.

☐ チャンク **household** garbage	家庭ごみ
☐ Sort the **garbage**.	▶ごみを分別してね.

☐ チャンク a **trash** basket	(公園などの)くずかご
☐ Don't throw out the **trash** here.	▶ここでごみを捨ててはいけません.

☐ チャンク use a lot of **fuel**	多くの燃料を使う
☐ The **fuel** tank is almost empty.	▶燃料タンクはほとんど空っぽだ.

☐ チャンク **melt** completely	完全に溶ける
☐ The snow has finally **melted** away.	▶やっと雪が溶けてなくなった.

☐ チャンク **boil** potatoes	じゃがいもをゆでる
☐ **Boil** a large pot of water.	▶大きななべに湯を沸かしなさい.
☐ **Boil** the spaghetti for 11 minutes.	▶スパゲッティを 11 分間ゆでなさい.

☐ チャンク a **nuclear** power plant	原子力発電所
☐ They are against **nuclear** energy.	▶彼らは核エネルギーに反対している.

☐ チャンク the **entire** universe	全宇宙
☐ Will we be able to know how the **universe** began?	▶我々は宇宙がいかに始まったか知ることはできるのだろうか?

☐ チャンク **solar** power	太陽光発電
☐ Let's set up **solar** panels.	▶太陽電池板を取り付けよう.

☐ チャンク a **satellite** of Mars	火星の衛星
☐ The moon is the earth's **satellite**.	▶月は地球の衛星である.
☐ The weather **satellite** will be launched next month.	▶その気象衛星は来月に打ち上げられる予定だ.

よい・悪い

970 ☑ **ideal**
[aidí:əl] A1
形 (…にとって)理想的な, 最適な(for ...)
関連 idea 考え, ideally 理想的には

971 ☑ **excellent**
[éksələnt] A1
形 (非常に)すぐれた
関連 excellently すばらしく

972 ☑ **superior**
[supíəriər] B1
形 (競争相手と比べて)すぐれている
関連 superiority 優勢 対義 inferior 劣っている
☞ 【be superior to Ⓐ】Ⓐよりもすぐれている

973 ☑ **terrible**
[térəbl] A1
形 (程度が)ひどい
関連 terribly ひどく, terror 恐怖

974 ☑ **harm**
[há:rm] B2
名 (外部の要因からもたらされる)害
関連 harmful 有害な, harmless 無害な

A2
動 …を害する, 傷つける

数・量

975 ☑ **limit**
[límit] B1
名 (数・量などの)限界;(速度などの)制限

B1
動 〈数・量などを〉制限[限定]する
関連 limitation 制限, limited 限られた
☞ 【limit Ⓐ to Ⓑ】ⒶをⒷまでに制限する

976 ☑ **maximum**
[mǽksəməm]
複数 maximums,
maxima
B1
名 最大限(◆max. と略すことが多い)
対義 minimum 最小限

B1
形 (数量などが)最高の, 最大(限)の
対義 minimum 最小の

977 ☑ **statistics**
[stətístiks] B2
名 統計(学);(統計的な)数値

978 ☑ **weigh**
[wéi] A2
動 …の重さをはかる;(…の)重さがある
関連 weight 重さ

979 ☑ **exceed**
[iksí:d] B2
動 〈数量などを〉上回る

☑ チャンク the ideal solution　理想的な解決策
☑ This is an ideal place for hiking.　▶ここはハイキングに最適な場所だ.

☑ チャンク excellent service　すばらしいサービス
☑ That's an excellent idea!　▶それはとてもいい考えだ!

☑ チャンク superior performance　すぐれた業績
☑ These products are superior to others in quality.　▶これらの商品は質の面でほかのものよりもすぐれている.

☑ チャンク feel terrible　いやな気分になる
☑ Jill had a terrible experience.　▶ジルはひどい経験をした.

☑ チャンク cause serious harm　深刻な害をもたらす
☑ Too much of everything can do you harm.　▶何事もやりすぎは害になることがある.

☑ Direct sunlight harms your eyes.　▶直射日光は目を痛める.

☑ チャンク the upper limit　上限
☑ The time limit is tomorrow.　▶期限は明日だ.
☑ The school limits the number of students in a class to 30.　▶学校は1クラスあたりの生徒数を30名までに制限している.

☑ チャンク to the maximum　最大限に
☑ You can rent 10 DVDs at the maximum.　▶DVDは10枚まで(◉ 最大限で10枚)借りられる.
☑ What is the maximum speed of this car?　▶この車の最高速度はどのくらいですか?

☑ チャンク official statistics　公式の統計
☑ Statistics show that prices went down two percent.　▶統計によると物価が2パーセント下落した.

☑ チャンク weigh a ton　非常に重い(◉ 1トンの重さがある)
☑ I weigh myself every day.　▶私は毎日(自分の)体重をはかる.

☑ チャンク exceed the limit　限界を超える
☑ The total cost exceeded five million dollars.　▶費用総額は500万ドルを超えた.

予期・予想

980 ☑ **prevent**
[privént]
A2

動 …(の発生)を妨げる, 防止する
関連 prevention 予防, preventive 予防の

→ 【prevent Ⓐ from doing】
Ⓐが…するのを妨げる

981 ☑ **forecast**
[fɔ́ːrkæst]
過去・過分 forecast, forecasted
B1

動 〈天気などを〉予報する；〈経済動向などを〉
予測する

名 (天気)予報

982 ☑ **anticipate**
[æntísəpèit]
B2

動 …(の発生・到来)を予期する(◆「発生・到来に
備えている」というニュアンスがある)
関連 anticipation 予期

性格

983 ☑ **personality**
[pə̀ːrsənǽləti]
A2

名 性格(◆主に人柄を表す), 個性
関連 personal 個人的な

984 ☑ **generous**
[dʒénərəs]
B1

形 ❶ (金などに対して)気前のよい
関連 generosity 気前のよさ,
generously 気前よく
→ 【be generous with Ⓐ】
Ⓐに対して気前のよい
❷ (心が)寛大な

985 ☑ **mature**
[mətʃúər]
B2

形 〈人・動物・精神が〉成熟した
関連 maturity 成熟 対義 immature 未熟な

動 〈人・動物が〉成熟する

986 ☑ **lazy**
[léizi]
A1

形 (性格が)怠惰な；〈時間帯が〉けだるい
対義 diligent 勤勉な
→ 【be too lazy to do】
あまりにも怠け者なので…しない

987 ☑ **selfish**
[sélfiʃ]
B1

形 (性格が)自分勝手な, わがままな
関連 selfishly 自分勝手に
対義 unselfish 無私の

☑ チャンク **prevent** damage	被害を防ぐ
☑ The accident could have been prevented.	▶その事故は防ぐことができたはずだ.
☑ Bad weather prevented us from going to the beach.	▶悪天候のため私たちは海岸に行けなかった (⊜ 悪天候は私たちが海岸に行くのを妨げた).

☑ チャンク **forecast** a drop in stock prices　株価の下落を予想する
--- | ---
☑ Snow is forecast for the weekend. | ▶週末は雪が降ると予報されている.
☑ The weather forecast said that it would be sunny all day today. | ▶天気予報によるときょうは1日ずっと晴れみたいだよ.

☑ チャンク **anticipate** economic development　経済発展を予期する
--- | ---
☑ I anticipate some big changes in the future of the Internet business. | ▶私はインターネットビジネスの将来における大きな変化を予期している.

☑ チャンク **his outgoing** personality	彼の社交的な性格
☑ Emma has a unique personality.	▶エマには独特の個性がある.

☑ チャンク **a generous** offer	気前のよい申し出
☑ My father is always generous with his money.	▶父はいつも気前よく金を出してくれる.
☑ That's very generous of you.	▶(相手へのお礼の言葉として)あなたは寛大な人だ.

☑ チャンク **be mature** enough	十分に成熟している
☑ She is mature for her age.	▶彼女は年のわりに大人びている.
☑ You should forgive him. He hasn't matured yet.	▶彼を許してあげなよ. まだ子どもなんだから(⊜ 成熟していない).

☑ チャンク **a lazy** afternoon	けだるい午後
☑ Don't be lazy.	▶怠けちゃだめだよ.
☑ My brother is too lazy to clean his own room.	▶弟はとても怠け者なので自分の部屋の掃除をしない.

☑ チャンク **selfish** behavior	わがままなふるまい
☑ How can you be so selfish?	▶どうして君はそんなにわがままなんだ?

感覚

988 ☑ **sensitive**
[sénsitiv]
B2

形 **1** (他者の感情や環境などに)敏感な(to ...)
関連 sense 感覚, sensible 思慮分別のある
対義 insensitive 鈍感な
2 〈問題が〉取り扱いの難しい

989 ☑ **tired**
[táiərd]
A1

形 **1** (休息が必要なほど)疲れた
2 (…に)飽きて(of ...)

990 ☑ **exhaust**
[igzɔ́:st]

動 **1** (活力がなくなるほど)〈人を〉疲れ果てさせる
(◆しばしば受身で)
2 〈資源などを〉使い果たす

修理する

991 ☑ **repair**
[ripéər]
A2

動 〈壊れた物などを〉修理する(◆ややかたい語)
➡ 【have Ⓐ repaired】Ⓐを修理してもらう

992 ☑ **fix**
[fíks]
B1

動 **1** 〈壊れた物などを〉修理する
2 …を(しっかりと)固定する
➡ 【fix Ⓐ to Ⓑ】ⒶをⒷに固定する

993 ☑ **mend**
[ménd]
B1

動 〈衣類などを〉修繕する

学習・理解

994 ☑ **master**
[mǽstər]
B2

動 〈言語・技術などを〉習得する, マスターする

名 (…の)名人, 達人(of ...)

995 ☑ **grasp**
[grǽsp]

動 **1** 〈意味・趣旨などを〉よく理解する

2 …を(しっかり)つかむ, 握る

996 ☑ **scholar**
[skálər]
発音
B1

名 (主に人文科学系の)学者
関連 scholarship 奨学金

STAGE 8

☑ チャンク sensitive **skin** 　　　　　　敏感な肌

☐ You should be more sensitive to other people's feelings. ▶君はもっと他人の気持ちに敏感になるべきだ.

☐ Can I ask a sensitive question? ▶微妙な質問をしてもいいですか？

☑ チャンク her tired **eyes** 　　　　　　彼女の疲れた目

☐ I'm too tired to walk. ▶とても疲れていて歩けない.

☐ I got tired of playing games. ▶ゲームをするのに飽きた.

☑ チャンク exhaust **me mentally** 　　　　私を精神的に疲れ果てさせる

☐ I'm exhausted from the long flight. ▶ずっと飛行機に乗っていたのでくたくただ.

☐ We will exhaust the world's oil supply someday. ▶我々はいつか世界中の石油の供給を使い果たすだろう.

☑ チャンク repair **the damage** 　　　　　損傷を修復する

☐ Dad repaired the roof. ▶父は屋根を修理した.

☐ I'll have my shoes repaired. ▶靴を修理してもらうつもりだ.

☑ チャンク fix **my bike** 　　　　　　　自転車を修理する

☐ Can you fix the clock? ▶時計を直せますか？

☐ He fixed a camera to the wall. ▶彼は壁にカメラを取り付けた.

☑ チャンク mend **shoes** 　　　　　　　靴を修繕する

☐ My mother mended my sweater. ▶母は私のセーターを修繕してくれた.

☑ チャンク master **a new technique** 　　新しい技術を習得する

☐ It is impossible to master English in three weeks. ▶3週間で英語をマスターするのは不可能だ.

☐ She is a master of speech-making. ▶彼女はスピーチの名人だ.

☑ チャンク grasp **the meaning** 　　　　意味をよく理解する

☐ Bob grasped the point of Haruka's speech. ▶ボブは遥のスピーチの要点をよく理解した.

☐ He grasped the rope with both hands. ▶彼は両手でロープをしっかり握った.

☑ チャンク a history **scholar** 　　　　　歴史学者

☐ My aunt is a scholar of the Japanese classics. ▶私の叔母は日本の古典を研究している学者だ.

話す・伝える

997 ☑ **insist** [insíst] B1	**動 ■** (…を強く)主張する **関連** insistence 強い主張 ☞ 【insist on Ⓐ】Ⓐを強く主張する **2** (…を強く)要求する ☞ 【insist that ...】…と強く要求する
998 ☑ **persuade** [pərswéid] B1	**動**〈人を〉説得する(のに成功する) **関連** persuasion 説得, persuasive 説得力のある ☞ 【persuade Ⓐ to *do*】Ⓐを説得して…させる
999 ☑ **debate** [dibéit] A2	**名** 討論;ディベート(◆特定の議題について,二手に 分かれて行う)
1000 ☑ **conference** [kánfərəns] B2	**名**(公式の)会議

病気・医療

1001 ☑ **operation** [àpəréiʃn] B1	**名**(身体部位の)(外科)手術(on ...) **関連** operate 手術をする
1002 ☑ **surgeon** [sə́ːrdʒən] B1	**名** 外科医 **関連** surgery 外科手術, surgical 外科の
1003 ☑ **physician** [fizíʃn] B2	**名** 医師, 内科医 **関連** physical 身体の
1004 ☑ **wound** B2 [wúːnd] 🔊 発音 B1	**動** …を(刃物・銃などで)負傷させる(◆しばしば 受身で) **関連** wounded 傷ついた **名** (刃物・銃などによる)傷
1005 ☑ **symptom** [símptəm] B1	**名**(病気の)症状, 徴候
1006 ☑ **transplant** [trǽnsplæ̀nt]	**名**(臓器の)移植

☑ チャンク **insist on the right**	権利を**主張する**
☑ He **insisted on** staying home.	▶彼は家にいると言い張った.
☑ She **insisted that** I (should) attend the party.	▶彼女は私がパーティーに出るよう強く求めた.

☑ チャンク **persuade the government**	政府を**説得する**
☑ We **persuaded** her **to** quit the job.	▶私たちは彼女を説得して仕事をやめさせた.

☑ チャンク **a heated debate**	激しい**討論**
☑ We had a **debate** about school rules.	▶私たちは校則について討論した.

☑ チャンク **a press conference**	記者**会見**
☑ The Prime Minister will attend the **conference**.	▶首相はその会議に出席する予定だ.

☑ チャンク **conduct an operation**	手術**を行う**
☑ The pitcher had an **operation on** his elbow.	▶その投手はひじの手術を受けた.

☑ チャンク **a heart surgeon**	心臓**外科医**
☑ He is a famous brain **surgeon**.	▶彼は有名な脳外科医だ.

☑ チャンク **my personal physician**	私のかかりつけの**医師**
☑ The young **physician** is reliable.	▶その若い内科医は信頼できる.

☑ チャンク **be badly wounded**	ひどいけがをしている(⊜ ひどく負傷させられている)
☑ Two people were killed and six **were wounded** in the battle.	▶その戦闘で2人が死亡, 6人が負傷した (⊜ 負傷させられた).
☑ He suffered a **wound** to his leg.	▶彼は足に傷を負った.

☑ チャンク **cause symptoms**	症状**を引き起こす**
☑ What are **symptoms** of drug abuse?	▶麻薬乱用による症状はどんなものですか?

☑ チャンク **organ transplant**	臓器**移植**
☑ He must have a heart **transplant** operation.	▶彼は心臓移植手術を受けなければならない.

驚愕

1007 ☐ **surprise**
[sərpráiz]
A1

名驚き

1008 ☐ **surprised**
[sərpráizd]
A2

形〈人が〉驚いた, びっくりした

☞ 【be surprised at [by] Ⓐ】Ⓐに驚く

☞ 【be surprised to do】…して驚く

🖤 surprised に対し, surprising は「人を驚かせる何か」を修飾し,「驚くべき」という意味になります.

1009 ☐ **amazed**
[əméizd]
B1

形〈人が〉(非常に)驚いた, びっくりした

☞ 【be amazed at [by] Ⓐ】Ⓐに驚く

☞ 【be amazed to do】…して驚く

🖤 amazed に対し, amazing は「人を驚かせる何か」を修飾し,「驚くほどよい」という意味になります.

1010 ☐ **dramatic**
[drəmǽtik]
B1

形劇的な, ドラマチックな

関連 drama 劇, dramatically 劇的に

奇妙・珍しさ・異常

1011 ☐ **unusual**
[ʌnjúːʒuəl]
A2

形(状況・状態などが)異常な; 並みはずれた

対義 usual いつもの

☞ 【it is unusual for Ⓐ to do】

Ⓐが…するのは異常だ

1012 ☐ **rare**
[réər]
B1

形まれな, 珍しい

関連 rarely めったに…ない

☞ 【it is rare for Ⓐ to do】

Ⓐが…するのはまれだ

1013 ☐ **extraordinary**
[ikstrɔ́ːrdənèri]
B1

形(驚くほど)異常な

対義 ordinary ふつうの

1014 ☐ **odd**
[ád]
B2

形❶ 奇妙な, 変な(◆strange と同義)

❷ 奇数の

対義 even 偶数の

☑チャンク a big surprise　　大きな驚き
☑ What a surprise!　　▶なんて思いがけないことでしょう！

☑チャンク his surprised expression　　彼の驚いた**表情**
☑ I'm surprised at [by] you.　　▶君には驚かされるよ.
☑ We were surprised to hear the news.　　▶私たちはそのニュースを聞いて驚いた.
☑ A surprising number of people came.　　▶驚くほどの数の人が来た.

☑チャンク be amazed to see Ⓐ　　Ⓐ を見て驚く
☑ Everyone was amazed at [by] her performance.　　▶だれもが彼女の演技に驚嘆した.
☑ I was amazed to read this.　　▶私はこれを読んで驚いた.
☑ That was an amazing discovery.　　▶それは驚くべき発見だった.

☑チャンク a dramatic change　　劇的な**変化**
☑ The party was a dramatic event.　　▶そのパーティーはドラマチックなイベントだった.

☑チャンク unusual circumstances　　異常な**状況**
☑ He showed his unusual talent.　　▶彼は並みはずれた才能を見せた.
☑ It's unusual for Lisa to be late.　　▶リサが遅刻するなんておかしい.

☑チャンク rare occasions　　まれな**機会**
☑ He is suffering from a rare disease.　　▶彼は珍しい病気にかかっている.
☑ It's rare for her to wear a dress.　　▶彼女がワンピースを着るのは珍しい.

☑チャンク extraordinary circumstances　　異常な**状況**
☑ We have had extraordinary weather.　　▶(このところ)異常気象が起きている.

☑チャンク odd people　　奇妙な**人々**
☑ There is something odd in the movie.　　▶その映画はどこか変わっている.
☑ Two odd numbers make an even number.　　▶2つの奇数を足すと偶数になる.

国家・人種・民族

1015 ☑ **native** A2
[néitiv]

形 **1** 〈国などが〉生まれ故郷の；〈言葉などが〉母国の
関連 **nation** 国，**national** 国の
対義 **foreign** 外国の
2 (その土地に)固有の

名 (…)生まれの人(of ...)

1016 ☑ **ethnic**
[éθnik]
B2

形 民族の

1017 ☑ **race**
[réis]
B1

名 人種，民族(◆身体的特徴が共通する)
関連 **racial** 人種の

1018 ☑ **tribe**
[tráib]
B2

名 (共通の言語や伝統をもつ)部族
関連 **tribal** 部族の

話す・伝える

1019 ☑ **declare**
[dikléər]
B1

動 **1** …を(公式に)宣言する
関連 **declaration** 宣言

2 (税関で)…を申告する

1020 ☑ **negotiate**
[nigóuʃièit]
B1

動 交渉する(◆主に政治・ビジネスの場面で用いる)
関連 **negotiation** 交渉，**negotiator** 交渉人
☞ 【**negotiate with Ⓐ about Ⓑ**】
Ⓑについて Ⓐ と交渉する

1021 ☑ **exaggerate**
[igzǽdʒərèit]
B2

動 〈重要性・効果などを〉誇張する，大げさに言う
関連 **exaggeration** 誇張

1022 ☑ **greet**
[grí:t]
A1

動 〈人に〉あいさつする；〈人を〉迎える
関連 **greeting** あいさつ

1023 ☑ **pronounce**
[prənáuns]
A2

動 〈文字・単語などを〉発音する
関連 **pronunciation** 発音

1024 ☑ **whisper**
[hwíspər]
B2

動 (周りに聞こえないように)ささやく，小声で話す

STAGE 8

☑ チャンク native **plants** — 在来植物

☑ I want to visit my native land. ▶私は生まれた土地に行きたい.

☑ Pandas are native to China. ▶パンダは中国固有(の動物)だ.

☑ He is a native of New York. ▶彼はニューヨーク生まれの人だ.

☑ チャンク an ethnic **group** — 民族集団

☑ An ethnic conflict broke out in the area. ▶その地域で民族紛争が勃発(ぼ3)した.

☑ チャンク the human **race** — 人種, 人類

☑ People of all races live in America. ▶アメリカにはあらゆる人種の人々が住んでいる.

☑ チャンク a desert **tribe** — 砂漠で生活する部族

☑ The custom is unique to Aboriginal tribes. ▶その習慣はアボリジニの部族に特有のものだ.

☑ チャンク declare **independence** — 独立を宣言する

☑ The government declared a state of emergency. ▶政府は非常事態を宣言した.

☑ Do you have anything to declare? ▶何か申告するものはありますか?

☑ チャンク negotiate **for peace** — 和平交渉をする

☑ I negotiated with the company about the deadline for delivery. ▶私はその会社と納入期限について交渉した.

☑ チャンク exaggerate **the importance of** Ⓐ — Ⓐ の重要性を誇張する

☑ The effect of the diet food was greatly exaggerated. ▶そのダイエット食品の効果はひどく誇張された.

☑ チャンク greet **the guests** — 来客を迎える

☑ She greeted me with a smile. ▶彼女はにっこり笑って私にあいさつした.

☑ チャンク pronounce **a word** — 単語を発音する

☑ How do you pronounce your name? ▶あなたのお名前はどう発音するのですか?

☑ チャンク whisper **softly** — やさしくささやく

☑ She whispered in my ear. ▶彼女は私の耳元でささやいた.

数・量

1025 ☑ **count** [káunt]	A2	動 **1** 〈数などを〉数える, 計算する 関連 **countable** 数えられる, 　**countdown** 秒読み, **countless** 無数の **2** …を(…と)見なす, 思う ⚡ 【count **Ⓐ** as **Ⓑ**】**Ⓐ**を**Ⓑ**と見なす **3** 重要である
	B1	名 数えること
1026 ☑ **count on ...**		…を当てにする, 頼りにする
1027 ☑ **calculate** [kǽlkjəlèit]	B1	動 〈数量などを〉計算する 関連 **calculation** 計算, **calculator** 電卓
1028 ☑ **numerous** [njú:mərəs]	B1	形 たくさんの, 多数の 関連 **number** 数

教育・訓練

1029 ☑ **educate** [édʒəkèit]	B1	動 (学校で)…を教育する 関連 **education** 教育, **educational** 教育の ⚡ 【be educated at **Ⓐ**】**Ⓐ**で教育を受ける
1030 ☑ **lecture** [léktʃər]	B1	名 (…についての)講義, 講演(on ...)
		動 (大学などで)(…について)講義[講演]する(on ...)
1031 ☑ **discipline** [dísəplin]	B2	名 (ルールに従わせるための)訓練; (行儀よく振る舞わせるための)しつけ

順序

1032 ☑ **former** [fɔ́:rmər]	B1	形 **1** 以前の, 前の; 元の 関連 **formerly** 以前は **2** (二者のうち)前者の 対義 **latter** 後者の
1033 ☑ **random** [rǽndəm]		形 〈順番・行動などが〉手当たりしだいの, 無作為の 関連 **randomly** 無作為に
1034 ☑ **at random**		手当たりしだいに

☑ チャンク count **calories** | カロリーを計算する
☑ I can count to ten in Spanish. | ▶私はスペイン語で 10 まで数えられる.

☑ I count Bill as one of my best friends. | ▶ぼくはビルを親友の 1 人だと思っている.

☑ It's what is inside that counts. | ▶重要なのは中身だ.

☑ He did a count of empty seats. | ▶彼は空席数を数えた.

☑ I'm counting on you. | ▶あなたが頼りなんです.

☑ チャンク calculate **the cost** | 費用を計算する
☑ We calculated how much we spent for the party. | ▶私たちはそのパーティーにいくら費やしたか計算した.

☑ チャンク numerous **examples** | たくさんの例
☑ We worked together on numerous occasions. | ▶私たちはたくさんの機会に一緒に仕事をした.

☑ チャンク educate **a child** | 子どもを教育する
☑ Shirasu Jiro was educated at Cambridge University. | ▶白洲(しらす)次郎はケンブリッジ大学で教育を受けた.

☑ チャンク attend **a lecture** | 講義に出席する
☑ He gave a lecture on ecology. | ▶彼はエコロジーについての講義をした.
☑ She lectured on alternative energy. | ▶彼女は代替エネルギーについて講義した.

☑ チャンク strict **discipline** | 厳しい訓練
☑ Ms. Hudson talked about the importance of home discipline. | ▶ハドソン先生は家庭内におけるしつけの重要性について話した.

☑ チャンク the former **President** | 前大統領
☑ He is a former world champion of chess. | ▶彼はかつてのチェスの世界王者だ.
☑ The former option sounds nice to me. | ▶私は前者の選択肢がいいと思う.

☑ チャンク a random **sample** | 無作為標本
☑ We lined up in random order. | ▶私たちは順不同に並んだ.
☑ He called his friends at random. | ▶彼は手当たりしだいに友だちに電話した.

隠す・見つける

1035 ☑ **hide**
[háid]
過去 hid
過分 hidden, hid A1

動❶ …を隠す
☞【hide Ⓐ from Ⓑ】ⒶをⒷから隠す
❷ (ある場所に)隠れる

1036 ☑ **detect**
[ditékt] B2

動〈発見が困難なものを〉発見する, 見つけ出す
関連 detective 探偵

1037 ☑ **locate**
[lóukeit] B1

動❶ …の場所を見つける
関連 location 場所
❷〈建物などを〉…に置く, 設置する(◆通例受身で)
☞【be located in [at] Ⓐ】Ⓐにある

自由・強制・制限

1038 ☑ **obey**
[oubéi] B2

動〈目上の人・命令などに〉従う, 〈法律などを〉守る
関連 obedient 従順な
対義 disobey 服従しない

1039 ☑ **regulate**
[régjəlèit] B2

動(ルールを定めて)…を規制する, 取り締まる
関連 regulation 規制
対義 deregulate 規制を撤廃する

1040 ☑ **command** B1
[kəmǽnd]

名命令, 指示

動〈権力・権限のある人が〉…を命令する(◆軍事的な
意味合いで用いることが多い)
関連 commander 司令官
☞【command Ⓐ to do】Ⓐに…するよう命じる

1041 ☑ **authority**
[əθɔ́ːrəti]

名❶ 当局(◆複数形で用いる)

❷ (…する)権限(to do) B1

1042 ☑ **slave**
[sléiv] A2

名奴隷
関連 slavery 奴隷制度

1043 ☑ **liberty**
[líbərti] A2

名(束縛・制限などからの)自由(◆freedom より
かたく, 主に国家権力による制限からの自由を指す)
関連 liberal 自由主義の

☑ チャンク **hide the fact** | 事実を隠す
☑ I can't **hide** anything **from** you. | ▶あなたに隠し事をすることはできません.
☑ Where is my cat **hiding**? | ▶うちのネコはどこに隠れているんだろう？

☑ チャンク **detect a spy** | スパイを見破る
☑ The police **detected** the man's fingerprints on the doorknob. | ▶警察はドアノブにその男性の指紋を発見した.

☑ チャンク **locate a safe house** | アジトの場所を突き止める
☑ I **located** the museum on this map. | ▶この地図でその博物館の場所を見つけた.
☑ The hotel **is located in** the center of the town. | ▶そのホテルは町の中心にある.

☑ チャンク **obey orders** | 命令に従う
☑ Everyone must **obey** the rules. | ▶全員が規則に従わなければならない.

☑ チャンク **regulate trade** | 貿易を規制する
☑ The police are **regulating** traffic. | ▶警察は交通を規制している.

☑ チャンク **give a command** | 命令を発する
☑ We ignored the **command**. | ▶私たちはその命令を無視した.
☑ The general **commanded** soldiers to withdraw. | ▶将軍は兵士たちに撤退するよう命じた.

☑ チャンク **the local authorities** | 地方自治体
☑ We reported the accident to the **authorities**. | ▶我々はその事故を当局に報告した.
☑ The Prime Minister has the **authority** to appoint ministers. | ▶首相には大臣を任命する権限がある.

☑ チャンク **become a slave** | 奴隷になる
☑ He worked like a **slave**. | ▶彼は奴隷のように働いた.

☑ チャンク **the Statue of Liberty** | 自由の女神像
☑ They fought to gain **liberty**. | ▶彼らは自由を手に入れるために戦った.

267

衣服・ファッション

1044 ☑ **fit**
[fít]

B1 動 (大きさ・形が)…に合う

A2 形 (定期的な運動などのため)健康な
関連 **fitness** 健康であること
対義 **unfit** 健康でない

1045 ☑ **tie**
[tái]

A2 名 ❶ ネクタイ (◆米国では necktie ともいう)

❷ (人間や国同士の強い)結びつき (◆通例複数形で用いる)

B1 動 ❶ (ひもなどで)…を結びつける
👉 【tie Ⓐ to Ⓑ】ⒶをⒷに結びつける
❷ 〈ひもなどを〉結ぶ

1046 ☑ **naked**
[néikid]
🔊 発音 **B1**

形 〈人が〉裸の

信じる・信用

1047 ☑ **trust**
[trást]

A2 動 〈人・事実などを〉信じる, 信頼する
関連 **trustworthy** 信頼の置ける
対義 **distrust** 疑う
👉 【trust Ⓐ to do】Ⓐが…すると信じる

B2 名 (…に対する)信頼 (in ...)
対義 **distrust** 不信

1048 ☑ **faith**
[féiθ]

名 ❶ (…に対する)信頼 (in ...) (◆trust と同義)
関連 **faithful** 誠実な
B2 ❷ (宗教上の)信仰

移動・動き

1049 ☑ **wander**
[wándər]
A2

動 (あてどなく)歩き回る

1050 ☑ **row**
[róu] **B2**

動 (オールを使って)ボートをこぐ
🖊 row には「列」という意味もあります.

1051 ☑ **mobile**
[móubl]
A2

形 〈道具・機械などが〉(簡単に)移動できる,
移動式の

STAGE 8

☑ チャンク **fit perfectly** — ぴったり合う
☑ These shoes don't really fit me. ▶この靴はあまり合わない.
☑ He walks every morning to keep fit. ▶彼は健康を保つために毎朝散歩している.

☑ チャンク **a bow tie** — 蝶(ちょう)ネクタイ
☑ You must wear a tie. ▶あなたはネクタイを着用しなければならない.
☑ Our economic ties are strong. ▶我々の経済的な結びつきは強い.

☑ He tied his dog to the door. ▶彼は犬をドアにつないだ.

☑ Tie a ribbon for me. ▶リボンを結んでよ.

☑ チャンク **a naked body** — 裸体
☑ The boy was naked to the waist. ▶その少年は上半身裸だった.

☑ チャンク **trust my friend** — 私の友達を信頼する
☑ I trust you to look after my children. ▶あなたが子どもたちの世話をしてくれると信じています.

☑ He has no trust in police. ▶彼は警察を信用していない.

☑ チャンク **lose faith in Ⓐ** — Ⓐ に対する信用を失う
☑ I have a lot of faith in my brother. ▶私は兄に対して厚い信頼を寄せている.
☑ I didn't have a faith in God then. ▶そのころの私には神への信仰はなかった.

☑ チャンク **wander the streets** — 街路をぶらぶらする
☑ We wandered around the small town. ▶私たちはその小さな町をあてどなく歩き回った.

☑ チャンク **row out to the sea** — 海にこぎ出す
☑ We rowed around the island. ▶私たちはボートをこいで島の周りを回った.

☑ チャンク **mobile devices** — 携帯機器
☑ There is mobile library service in this town. ▶この町には移動図書館のサービスがある.

関係

1052 ☑ **involve** [inválv] **B1**	動 (必然的に)…を含む, 伴う
1053 ☑ **be involved in ...**	〈活動などに〉関係している
1054 ☑ **rely** [rilái] **B1**	動 (信用して)頼る, 依存する(◆depend と同義) **関連 reliable** 頼りになる, **reliance** 依存 ☞ 【rely on Ⓐ】Ⓐに頼る ☞ 【rely on Ⓐ to do】 Ⓐが…するのを当てにする
1055 ☑ **mutual** [mjú:tʃuəl] **B1**	形 ❶ (感情・行動などが)相互の ❷ (友人・興味などが)共通の
1056 ☑ **except** [iksépt] **A2**	前 …以外(に)は, …を除いて **関連 exception** 例外, **exceptional** 特にすぐれている
1057 ☑ **except for ...**	…を除けば

感情・気持ち

1058 ☑ **inspire** [inspáiər] **B1**	動 …を(情熱などで)奮い立たせる **関連 inspiration** 霊感 ☞ 【inspire Ⓐ to do】Ⓐを…する気にさせる
1059 ☑ **disappoint** [dìsəpóint] **B1**	動 …を(期待を裏切るなどして)がっかりさせる **関連 disappointed** がっかりした, **disappointment** 失望
1060 ☑ **depress** [diprés]	動 …を(希望や情熱などを失わせて)落胆させる **関連 depressed** 落胆した, **depression** 不況
1061 ☑ **annoy** [ənói] **A2**	動 …をいらいらさせる(◆irritate と同義) **関連 annoyed** いらいらした
1062 ☑ **sympathy** [símpəθi] **B1**	名 (…に対する)同情, 思いやり(for ...);お悔やみ **関連 sympathetic** 思いやりのある, **sympathize** 同情する

☑ チャンク involve *oneself* in Ⓐ | Ⓐ に関わる(⦿ 自分自身を伴う)
☑ The exam **involves** singing and dancing. | ▶その試験は歌とダンスを含む.

☑ He **is involved in** the crime. | ▶彼はその犯罪に関わっている.

☑ チャンク **rely on** information | 情報に頼る
☑ Don't **rely on** me. | ▶私に頼らないで.

☑ She **relies on** her parents to help take care of her children. | ▶彼女は両親が自分の子どもの世話を手伝うことを当てにしている.

☑ チャンク **mutual** understanding | 相互理解
☑ My parents have **mutual** respect. | ▶私の両親は互いを尊敬し合っている (⦿ 相互に対する尊敬の念をもっている).

☑ Haruka is our **mutual** friend. | ▶遥は私たちの共通の友人だ.

☑ チャンク anytime **except** Friday | 金曜日以外はいつでも
☑ She didn't eat anything **except** a few crackers. | ▶彼女は数枚のクラッカー以外何も口にしなかった.

☑ He did very well **except for** one small mistake. | ▶小さなミス1つを除けば彼はとてもよくやった.

☑ チャンク **inspire** the team | チームを奮い立たせる
☑ Her speech **inspired** us. | ▶彼女の演説は私たちを奮い立たせた.
☑ She **inspired** me to study English harder. | ▶彼女は私を, より一生懸命英語の勉強をする気にさせた.

☑ チャンク I hate to **disappoint** you, | 君をがっかりさせたくないんだけど,
☑ The news **disappointed** us. | ▶その知らせは私たちをがっかりさせた.

☑ チャンク it **depresses** me to see Ⓐ | Ⓐ を見て(私は)残念に思う
☑ Rainy weather **depresses** me. | ▶雨の日は気がめいる.

☑ チャンク it **annoys** me when I see Ⓐ | Ⓐ を見るといらいらする
☑ The noise of this machine **annoys** me. | ▶この機械の音にはいらいらさせられる.

☑ チャンク a message of **sympathy** | お悔やみの言葉
☑ I felt deep **sympathy for** the victims. | ▶私は被害者たちに心から同情した.

重要英熟語

1063 ☑ **fall down**	〈建物などが〉崩れる，倒れる	
1064 ☑ **I wonder if ...**	■ …してもよろしいですか ❷ …していただけますでしょうか	
1065 ☑ **bear ... in mind**	…を心にとめておく	
1066 ☑ **make up** *one's* **mind**	（よく考えたうえで）決心する	
1067 ☑ **Never mind.**	（心配している人に向かって）気にしないで，大丈夫だよ	
1068 ☑ **be short for ...**	…の省略である	
1069 ☑ **for short**	略して	
1070 ☑ **in short**	要するに	
1071 ☑ **run short**	〈資源・食料などが〉不足する； （資源・食料などを）切らす（of ...）	
1072 ☑ **cut down on ...**	…（の量）を減らす	
1073 ☑ **cut in**	（会話などに）口をはさむ（on ...）	
1074 ☑ **How do you like ...?**	…をどう思いますか？	
1075 ☑ **How would you like ...?**	…はいかがですか？	
1076 ☑ **would like ...**	…が欲しい	
1077 ☑ **would like to** *do*	…したいのですが	
1078 ☑ **fall in love with ...**	…に恋をする	

STAGE 8

☑ The building **fell down** in the earthquake.	▶地震でその建物は倒壊した.
☑ **I wonder if** I could open the window.	▶窓をあけてもよろしいでしょうか.
☑ **I wonder if** you could help me.	▶手伝っていただけますでしょうか.
☑ **Bear** this lesson **in mind**.	▶この教訓を心にとめておきなさい.
☐ He **made up his mind** to leave town. [≒ He **made up his mind that** he would leave town.]	▶彼は町を去る決心をした.
☑ "I've broken the dish...." "**Never mind**."	▶「お皿, 割っちゃった…」 「気にしないでいいよ」
☐ NGO **is short for** "nongovernmental organization."	▶NGO は nongovernmental organization の省略だ.
☐ Benjamin is often called Ben **for short**.	▶ベンジャミンは略してベンと呼ばれることが多い.
☑ **In short**, we cannot trust him.	▶要するに, 私たちは彼を信用できないんだ.
☑ Fuel is **running short**. [≒ We're **running short of** fuel.]	▶燃料が切れつつある.
☐ You must **cut down on** food.	▶食事の量を減らしなさい.
☐ He **cut in on** our conversation.	▶彼は私たちの会話に口をはさんできた.
☑ **How do you like** Japanese food?	▶日本料理をどう思いますか?
☑ "**How would you like** a cup of coffee?" "No, thanks."	▶「(1杯の) コーヒーはいかがですか?」 「いいえ, 結構です」
☑ **I'd like** this shirt.	▶(店で) このシャツが欲しいのですが.
☑ **I'd like to** take a rest.	▶少し休みたいのですが.
☐ I **fell in love with** Ross right after I met him.	▶出会ってすぐに私はロスに恋をした.

重要英熟語

1079 ☑ **as far as ... be concerned**	(自分の意見を述べるときに)…に関して言えば
1080 ☑ **be concerned about ...**	…について心配している
1081 ☑ **be concerned with ...**	…に関係している
1082 ☑ **as a matter of fact**	実を言うと
1083 ☑ **no matter what ...**	たとえ何が…であろうとも
1084 ☑ **to make matters worse**	さらに悪いことに
1085 ☑ **stop by ...**	〈場所に〉立ち寄る
1086 ☑ **make a point of** *do***ing**	(努力して)…するように心がける
1087 ☑ **to the point**	〈発言などが〉(簡潔で)要を得て
1088 ☑ **point out**	…を(…に)指摘する(to ...)
1089 ☑ **for sure**	確かに, 確実に
1090 ☑ **make sure**	(…を)確かめる(of ...)
1091 ☑ **break down**	〈機械などが〉こわれる, 故障する
1092 ☑ **break out**	〈戦争などが〉急に始まる;〈疫病などが〉発生する
1093 ☑ **in charge of ...**	〈職務などを〉担当して

As far as I am concerned, the movie was terrible.
▶私に関して言えば，その映画はひどかった.

She is always concerned about her children.
▶彼女はいつも子どもたちのことを心配している.

Robin is concerned with the study of the ancient language.
▶ロビンはその古代言語の研究に関係している.

"I hear Kate has a new boyfriend." "As a matter of fact, I am the lucky guy."
▶「ケイトに新しいボーイフレンドができたらしいよ」「実を言うと，（その幸運な男は）ぼくなんだ」

No matter what happens, I will never give up.
▶たとえ何が起きようとも，私は絶対にあきらめない.

My bike broke down on the way, and to make matters worse, it began to rain.
▶自転車が途中で壊れて，さらに悪いことに雨が降りはじめた.

How about stopping by my house for a moment?
▶私の家に少し寄っていきませんか？

I make a point of keeping early hours.
▶私は早寝早起きをするよう心がけている.

Her comment was to the point.
▶彼女のコメントは要を得ていた.

He pointed out some errors to me.
▶彼は私にいくつか間違いを指摘した.

No one knows for sure what will happen tomorrow.
▶あす何が起こるか確実に分かる人はいない.

I made sure of the arrival time of the train.
▶私は列車の到着時刻を確かめた.

My car broke down in the middle of the desert.
▶私の車は砂漠の真ん中で故障した.

The war broke out in 1939.
▶その戦争は 1939 年に勃発(ぼ)した.

He's in charge of public relations.
▶彼は広報を担当している.

275

help [hélp] →p. 102

コアイメージ 「助ける, 手を貸す」

213 [help +〈人〉(to) do] ランキング

☑ S188 **第1位** help **Ⓐ** (to) get ...
▶〈**Ⓐ**が〉…を手に入れるのを手伝う

☑ They **helped** my brother **get** a job.
▶ 彼らは兄の就職を世話してくれた.

☑ S189 **第2位** help **Ⓐ** (to) understand ...
▶〈**Ⓐ**が〉…を理解するのに役立つ

☑ The book will **help** you **understand** Western culture.
▶ この本は西洋文化を理解するのに役立つでしょう.

☑ S190 **第3位** help **Ⓐ** (to) find ...
▶〈**Ⓐ**が〉…を見つけるのを手伝う

☑ Will you **help** me **find** my key?
▶ かぎを探すのを手伝ってくれますか?

☑ S191 **第4位** help **Ⓐ** (to) see ...
▶〈**Ⓐ**が〉…を理解するのに役立つ

☑ The movie **helped** the students **see** the history of Japan.
▶ その映画は生徒たちが日本の歴史を理解するのに役立った.

☑ S192 **第5位** help **Ⓐ** (to) make ...
▶〈**Ⓐ**が〉…をつくるのを手伝う

☑ My big brother **helped** me **make** a cake.
▶ 兄は, 私がケーキをつくるのを手伝った.

turn [tə́ːrn]

コアイメージ 「回す, 向きを変える」

2️1️3 [turn + 形容詞]ランキング

☑ S193 第1位 **turn sour** ▶ 酸っぱくなる；うまくいかなくなる

The yogurt **turned sour**. ▶ そのヨーグルトは酸っぱくなった.

☑ S194 第2位 **turn red** ▶ 赤くなる

Maple leaves **turn red** in autumn. ▶ カエデの葉は秋に赤くなる.

☑ S195 第3位 **turn blue** ▶ 青くなる

The litmus paper **turned blue**. ▶ そのリトマス試験紙は青くなった.

☑ S196 第4位 **turn cold** ▶ 冷たくなる

The weather has been **turning cold** these days. ▶ 最近寒くなってきている.

☑ S197 第5位 **turn professional** ▶ プロに転向する

She **turned professional** and made big money. ▶ 彼女はプロに転向し, 大金を稼いだ.

イラストで覚える英単語

S198 ☑ 頭痛がする
have a headache
［hédèik］

S199 ☑ 腹痛がする
have a stomachache
［stʌ́məkèik］

S200 ☑ 歯が痛い
have a toothache
［túːθèik］

S201 ☑ かぜをひいている
have a cold
［kóuld］

S202 ☑ 熱がある
have a fever
［fíːvər］

S203 ☑ めまいがする
feel dizzy
［dízi］

S204 ☑ のどが痛い
have a sore throat
［sɔ́ːr θróut］

S205 ☑ せきがひどい
have a bad cough
［kɔ́ːf］

S206 ☑ 腰が痛い
have a backache
［bǽkèik］

S207 ☑ 打撲傷を負う
have a bruise
［brúːz］

S208 ☐ 腕を骨折している
have a broken arm
［bróukən áːrm］

S209 ☑ 突き指している
have a sprained finger
［spréind fíŋgər］

STAGE 9

平均単語レベル
大学入試
（難関大学）

移動・動き

1094 ☑ **stick**
[stík]
過去・過分 stuck
B1

動 ❶〈先端のとがった物で〉突き刺す
➡ 【stick Ⓐ into Ⓑ】または
【stick Ⓑ with Ⓐ】ⒶをⒷに突き刺す
❷（のりなどを使って）…をはる

1095 ☑ **stick out**
…を突き出す

1096 ☑ **stick to ...**
〈考えなどを〉守り抜く

1097 ☑ **bind**
[báind]
過去・過分 bound
B2

動 ❶（動けないように）…を縛る；〈新聞などを〉束ねる
関連 binder バインダー
➡ 【bind Ⓐ with Ⓑ】ⒶをⒷで縛る
❷〈人・国などを〉強く結びつける
➡ 【bind Ⓐ together】Ⓐを強く結びつける

広さ

1098 ☑ **vast**
[vǽst]
B1

形（面積が）広大な；〈数量が〉莫大(ばくだい)な
関連 vastly 非常に

1099 ☑ **broad**
[brɔ́:d]
発音
B1

形 ❶（空間において）(幅の)広い（◆wide と同義）
関連 breadth 幅, broadband ブロードバンド
対義 narrow 狭い
❷（対象範囲が）広い

農業

1100 ☑ **agriculture**
[ǽgrikʌ̀ltʃər]
B1

名 農業
関連 agricultural 農業の,
fisheries industry 水産業, forestry 林業

1101 ☑ **crop**
[kráp]
B1

名（穀物・野菜・果物などの）(農)作物

1102 ☑ **harvest**
[há:rvist]
A2

名（作物の）収穫

1103 ☑ **cultivate**
[kʌ́ltəvèit]
B1

動〈土地・畑などを〉耕す, 耕作する
関連 cultivation 耕作

STAGE 9

☑ チャンク **stick a needle**	注射針を突き刺す
☑ He **stuck** a fork **into** a potato.	▶彼はジャガイモにフォークを突き刺した.
[≒ He **stuck** a potato **with** a fork.]
☑ I **stuck** the poster on the wall.	▶私は壁にそのポスターをはった.
☑ The boy **stuck** his tongue **out** at me.	▶その少年は私に舌を突き出した.
☑ **Stick to** your first decision.	▶初志を貫徹せよ(⬛ 守り抜け).

☑ チャンク **bind newspapers with string**	新聞をひもで束ねる
☑ The robber **bound** his arms **with a rope**.	▶その強盗は彼の両腕をロープで縛った.
☑ Our school festival **binds** the students **together**.	▶私たちの学園祭は生徒同士を強く結びつける.

☑ チャンク **a vast range**	広範囲
☑ The **vast** majority of people would not notice the difference.	▶大多数の人は違いに気づかないだろう.

☑ チャンク **a broad sense**	広義
☑ There is a **broad** street near our school.	▶学校の近くに広い通りがある.
☑ He has a **broad** range of hobbies.	▶彼は幅広い趣味を持っている.

☑ チャンク **used for agriculture**	農業に使われる
☑ I got interested in **agriculture**.	▶私は農業に興味を持った.

☑ チャンク **a good crop**	豊作
☑ Peanuts are an important **crop** in Chiba.	▶ピーナッツは千葉県の重要な作物だ.

☑ チャンク **harvest time**	収穫期
☑ My family is very busy during the **harvest**.	▶私の家族は収穫の間はとても忙しい.

☑ チャンク **cultivate a field**	畑を耕す
☑ The land is being **cultivated** now.	▶その土地は現在, 耕作されている.

取り除く

1104 ☐ **remove**
[rimúːv]

B1

動 …を(場所から)取り除く
関連 removable 取りはずし可能な,
removal 取りはずし
☞ 【remove 🅐 from 🅑】🅐を🅑から取り除く

1105 ☐ **eliminate**
[ilímineit]

B1

動〈不要な物などを〉除去する
関連 elimination 除去
☞ 【eliminate 🅐 from 🅑】
🅐を🅑から除去する

1106 ☐ **exclude**
[iksklúːd]

B2

動 (意識的に)…を(…から)除外する(from ...)
関連 exclusive 排他的な, exclusively もっぱら
対義 include 含む

つなぎ言葉

1107 ☐ **otherwise**
[ʌ́ðərwàiz]

B1

副 ❶ そうでないと, さもないと

❷ (すでに述べられたことと)違うふうに

1108 ☐ **nevertheless**
[nèvərðəlés]

B1

副 それにもかかわらず

1109 ☐ **whereas**
[hweərǽz]

B2

接 (一方は)…であるが, (もう一方は)…だ

1110 ☐ **provided**
[prəváidid]

B1

接 もし…ならば(that ...)(◆ifよりも形式ばった
言い方)

明るさ

1111 ☐ **bright**
[bráit]
🎤 発音

A1

形 ❶ (強い光で)輝いている, 明るい
関連 brightly 明るく
対義 dark 暗い
❷〈色などが〉鮮やかな

1112 ☐ **brilliant**
[bríljənt]

A2

形 ❶ (とても強い光で)輝いている
関連 brilliantly きらめいて
❷〈考えなどが〉とてもよい

STAGE 9

☑ **チャンク** remove **barriers**	障壁を取り除く
☑ This cleaner will remove the stain from the shirt.	▶このクリーナーを使えばシャツのしみが取れる（⑩ シャツからしみを取り除く）.

☑ **チャンク** eliminate **the problem**	問題をなくす
☑ This machine eliminates dust from the air in the room.	▶この機械は室内の空気からほこりを除去する.

☑ **チャンク** exclude **fat**	脂肪分を除く
☑ He was excluded from the discussion.	▶彼はその話し合いから除外された.

☑ **チャンク** Otherwise, **you'll get a cold.**	さもないと，かぜをひくよ.
☑ Hurry up! Otherwise, we'll miss the bus.	▶急いで. さもないと，バスに乗り遅れるよ.
☑ We think otherwise.	▶私たちは違うふうに考えている.

☑ **チャンク** Nevertheless, **they succeeded.**	それにもかかわらず，彼らは成功した.
☑ Susan herself is very busy; nevertheless, she helps others a lot.	▶スーザン自身非常に忙しい身ではあるが，それにもかかわらず大いに他人を助ける.

☑ **チャンク** whereas **the old one is cheaper,**	古いほうはより安いが，
☑ My mother is careful about her dress, whereas my father is indifferent to what he wears.	▶私の父は着る物にむとんちゃくだが，私の母は服装に気をつかっている.

☑ **チャンク** provided **that you finish your homework**	もし宿題を終えたなら
☑ Provided that you come on time, I'll go with you.	▶もしあなたが時間どおりに来れば，私はあなたといっしょに行きます.

☑ **チャンク** a bright **future**	明るい未来
☑ Bright sunlight can hurt your eyes.	▶まぶしい太陽の光は目を傷めることがある.
☑ Amy likes bright colors.	▶エイミーは鮮やかな色が好きだ.

☑ **チャンク** brilliant **sunshine**	明るい日ざし
☑ The sky was a brilliant blue.	▶空は抜けるような青さだった.
☑ That's a brilliant idea.	▶それはとてもよい考えだ.

壊す・破壊

1113 ☐ **destroy**
[distrɔ́i]
A2

動 …を(激しく)破壊する
関連 destruction 破壊, destructive 破壊的な
対義 construct 建設する

1114 ☐ **tear**
[téər] 発音
過去 tore **過分** torn
B1

動 **1** 〈紙などを〉破る(◆しばしば up を伴う)

2 〈紙などが〉裂ける, 破れる

1115 ☐ **explode**
[iksplóud]
B2

動 〈爆弾などが〉爆発する;〈爆弾などを〉爆発させる
関連 explosion 爆発, explosive 爆発性の

1116 ☐ **ruin**
[rú:in]
B1

名 荒廃;(都市・建物などの)遺跡, 廃きょ

A2

動 …を(完全に)だめにする, 台なしにする

追加・余剰・ゆとり

1117 ☐ **rest**²
[rést]
B1

名 (…の)残り(of ...)

1118 ☐ **afford**
[əfɔ́:rd]
B1

動 (金銭的・時間的に)…する余裕がある;
〈物を〉買うお金がある
【can afford to *do*】…する余裕がある
(◆主に否定文・疑問文で)

1119 ☐ **extra**
[ékstrə]
A2

形 (通常の値を超えて)余分な, 追加された

1120 ☐ **besides**
[bisáidz]
A2

副 そのうえ

謎・秘密・神秘

1121 ☐ **code**
[kóud]
A1

名 (文字・記号などを用いた)暗号

1122 ☐ **clue**
[klú:]
A2

名 (問題を解く)手がかり, ヒント(to ...)

1123 ☐ **mysterious**
[mistíəriəs]
A2

形 〈出来事などが〉不思議な, 神秘的な
関連 mysteriously 不思議なことに,
mystery なぞ

STAGE 9

| ☑ チャンク **destroy the cells** | 細胞を破壊する |
| ☑ Some of the World Heritage Sites have been **destroyed**. | ▶いくつかの世界遺産が破壊されている. |

☑ チャンク **tear an envelope open**	封筒を破ってあける
☑ Mr. Carter **tore up** the document.	▶カーター氏はその文書を破った.
☑ This paper bag doesn't **tear** easily.	▶この紙袋は破れにくい.

| ☑ チャンク **explode dynamite** | ダイナマイトを爆発させる |
| ☑ The time bomb didn't **explode**. | ▶その時限爆弾は爆発しなかった. |

☑ チャンク **ancient Roman ruins**	古代ローマ遺跡
☑ The temple was falling into **ruin**.	▶その神殿は荒廃が進んでいた.
☑ The heavy rain **ruined** my holiday.	▶大雨で休日が台なしになった(⑩ 休日を台なしにした).

| ☑ チャンク **the rest of the world** | 世界の残り(の地域) |
| ☑ The **rest of** the day passed smoothly. | ▶その日の残りは穏やかに過ぎた. |

| ☑ チャンク **afford the payments** | 支払いができるお金がある |
| ☑ He **can't afford** to buy a new car. | ▶彼には新しい車を買う余裕はない. |

| ☑ チャンク **the extra cost** | 追加費用 |
| ☑ Do you have some **extra** money with you? | ▶少し余分なお金を持ってる? |

| ☑ チャンク **Besides, it looks great.** | そのうえ, それは見栄えがする. |
| ☑ I don't want to go. **Besides**, it's raining. | ▶私は行きたくない. そのうえ, 雨も降っているじゃないか. |

| ☑ チャンク **break a code** | 暗号を解読する |
| ☑ I sent the message in **code**. | ▶私はそのメッセージを暗号で送った. |

| ☑ チャンク **have no clue** | まったくわからない (⑩ 手がかりがない) |
| ☑ Her diary is the **clue to** everything. | ▶彼女の日記がすべての手がかりだ. |

| ☑ チャンク **a mysterious power** | 神秘的な力 |
| ☑ She told me about a **mysterious** event. | ▶彼女は不思議な出来事について私に話した. |

希望・要求

1124 ☐ **request**
[rikwést]

A2 名 (…の)要請(for ...)

B1 動 …を(正式に)要請する, 頼む

1125 ☐ **appeal**
[əpí:l]

B1 名 (援助・情報などの)要望, 嘆願
　　【appeal to Ⓐ for Ⓑ】
　　　Ⓐにを求める要望, 嘆願

B2 動 (援助・情報などを)求める
　　【appeal to Ⓐ for Ⓑ】Ⓐにを求める

1126 ☐ **appeal to ...**
…の心に訴える

1127 ☐ **willing**
[wíliŋ]

形 (作業などを)いとわない；自発的な
　関連 willingly 喜んで
　対義 unwilling いやいやながらの
B2　【be willing to do】…するのをいとわない

行事・儀式

1128 ☐ **celebrate**
[séləbrèit]
A1

動 〈特別な日・めでたいことを〉祝う
　関連 celebration 祝賀

1129 ☐ **ritual**
[rítʃuəl]
B2

名 (主として宗教的な)儀式
　関連 ceremony 式(典)

1130 ☐ **funeral**
[fjú:nərəl]
B1

名 葬式, 葬儀

経済・金融

1131 ☐ **stock**
[sták]

名 **1** (企業の)株, 株式

B2 **2** (商品の)在庫, ストック

1132 ☐ **budget**
[bʌ́dʒit]
A2

名 予算

1133 ☐ **debt**
[dét]
　🔊 発音
B1

名 借金

STAGE 9

☑ チャンク **at the** request **of the police** 　警察からの要請により
☑ She made **requests for** food aid. ▶彼女は食糧援助を要請した.
☑ We **requested** help from the school. ▶私たちは学校に協力を要請した.

☑ チャンク **launch an** appeal 　要望を出す
☑ The country made an **appeal to** the IMF **for** financial aid. ▶その国は IMF(国際通貨基金)に財政援助を求めた.
☑ The President **appealed to** the people **for** their understanding. ▶大統領は人々に理解を求めた.
☑ The character **appeals to** children. ▶そのキャラクターは子どもに受けている(🔊 子どもの心に訴える).

☑ チャンク **willing** participants 　自発的な参加者たち
☑ I'm **willing to** help you move. ▶私は喜んであなたの引っ越しを手伝います(🔊 引っ越しを手伝うのをいとわない).

☑ チャンク celebrate **the anniversary** 　記念日を祝う
☑ Let's **celebrate** Christmas! ▶クリスマスのお祝いをしよう!

☑ チャンク **a religious** ritual 　宗教的儀式
☑ They perform the **ritual** once a year. ▶彼らは年に1度その儀式を行う.

☑ チャンク **a funeral** service 　葬儀
☑ I attended the singer's **funeral**. ▶私はその歌手の葬式に参列した.

☑ チャンク **put money into** stocks 　株に投資する
☑ The company's **stock** is rising. ▶その会社の株が値上がりしている.
☑ We have a large **stock** of the software. ▶当店にはそのソフトの在庫が大量にある.

☑ チャンク **go over a** budget 　予算を超える
☑ We must cut the **budget**. ▶我々は予算を削減しなければならない.

☑ チャンク **get into** debt 　借金をする
☑ We are three million yen in **debt** to the bank. ▶私たちには銀行に300万円の借金がある.

時 間

1134 ☑ **previous**
[prí:viəs]
🔊 発音　**B1**

形 (順序・時間が)先の, 前の
関連 **previously** 以前に

1135 ☑ **delay**　**A2**
[diléi]
B1

名 (スケジュールなどの)遅れ

動 〈時刻などを〉遅らせる

1136 ☑ **whenever**
[hwenévər]
B1

接 **1** …するときはいつでも

2 たとえいつ…しても

苦しみ・不安・恐怖

1137 ☑ **severe**
[səvíər]
B1

形 **1** 〈苦痛・天候などが〉ひどい, 激しい

2 〈批判・罰などが〉厳しい, 過酷な
関連 **severely** 厳しく

1138 ☑ **upset**　**A2**
[ʌpsét]
過去・過分 upset　**B2**

形 (喜ばしくないことに)うろたえて
➡ 【**be upset about ④**】**④**にうろたえている
動 〈人を〉うろたえさせる, 動揺させる

1139 ☑ **frighten**
[fráitn]　**A2**

動 〈人を〉怖がらせる, おびえさせる
関連 **fright** 恐怖, **frightened** おびえた

1140 ☑ **endure**
[endjúər]
B1

動 〈痛み・苦難などに〉(我慢強く)耐える
関連 **endurance** 忍耐(力)

頻度・周期

1141 ☑ **annual**
[ǽnjuəl]
B1

形 〈イベントなどが〉毎年(1回)の; 〈収入などが〉
1年間の(◆yearly と同義)
関連 **annually** 毎年

1142 ☑ **frequent**
[frí:kwənt]
B1

形 〈出来事などが〉しばしば起こる; 〈人が〉いつもの
関連 **frequency** 頻度, **frequently** しばしば
対義 **rare** まれな

1143 ☑ **repeat**
[ripí:t]　**A1**

動 〈同じ行為などを〉繰り返す
関連 **repeatedly** 繰り返して, **repetition** 繰り返し

STAGE 9

☑ チャンク **the previous year** — 前年
- ☑ Do you have any **previous** experience? ▶以前経験がありますか？

☑ チャンク **a long delay** — 長時間の遅延
- ☑ There was a **delay** in the warning. ▶警報(の発令)が遅れた.
- ☑ The concert was **delayed** for half an hour. ▶コンサートは 30 分遅れた.

☑ チャンク **whenever possible** — 可能なときはいつでも
- ☑ Call me **whenever** you feel lonely. ▶寂しいときはいつでも電話してね.
- ☑ **Whenever** you visit her, she will welcome you. ▶いつ訪ねても，彼女は君を歓迎してくれるでしょう.

☑ チャンク **severe injuries** — 重傷
- ☑ We had a **severe** rain yesterday. ▶昨日大雨が降った.
- ☑ His comments were rather **severe**. ▶彼のコメントはなかなか厳しいものだった.

☑ チャンク **Don't be upset.** — あわてないで.
- ☑ She **was upset about** the failure. ▶彼女はその失敗にうろたえていた.
- ☑ The shocking news **upset** me. ▶その衝撃的な知らせに私は動揺した.

☑ チャンク **You're frightening me!** — 怖いからやめてよ！
- ☑ His ghost story **frightened** us. ▶彼の幽霊話は私たちを怖がらせた.

☑ チャンク **endure a toothache** — 歯痛に耐える
- ☑ I managed to **endure** my days of poverty at that time. ▶当時，私は何とかその貧しい日々に耐えた.

☑ チャンク **an annual income** — 年収
- ☑ The music festival of my school is an **annual** event. ▶私の学校の音楽祭は毎年恒例のイベントだ.

☑ チャンク **a frequent customer** — 常連客
- ☑ Traffic accidents are **frequent** in this area. ▶この地域では交通事故がしばしば起こる.

☑ チャンク **repeat the process** — プロセスを繰り返す
- ☑ History **repeats** itself. ▶歴史は(それ自身を)繰り返す.

問題・困難

1144 ☐ **obstacle**
[ábstəkl]
B1

名 (…に対する)障害(物)(to ...)

1145 ☐ **handle**
[hǽndl]
B1

動 …をうまく扱う;〈問題などを〉(うまく)処理する

A2

名 (ドアなどの)取っ手, ノブ(◆車のハンドルは steering wheel, 自転車のハンドルは handlebars)

1146 ☐ **overcome**
[òuvərkʌ́m]
過去 overcame
過分 overcome
B1

動 〈困難などに〉打ち勝つ, 〈困難などを〉克服する

1147 ☐ **cope**
[kóup]
B2

動 (困難なことなどを)処理する, (難局などを)乗り切る

◢ 【cope with Ⓐ】Ⓐを処理する

宗教・倫理

1148 ☐ **religion**
[rilídʒən]
B1

名 宗教, 信仰
関連 religious 宗教の

1149 ☐ **myth**
[míθ]
B1

名 神話

1150 ☐ **pray**
[préi]
A1

動 (神などに)祈る
関連 prayer 祈り
◢ 【pray to Ⓐ for Ⓑ】ⒶにⒷを祈る

1151 ☐ **moral**
[mɔ́(:)rəl]
B2

形 道徳の, 道徳的な
関連 morally 道徳的に
対義 immoral 不道徳な

1152 ☐ **ethical**
[éθikl]

形 道徳(上)の, 倫理的な
関連 ethics 倫理学
対義 unethical 非道徳的な

1153 ☐ **justice**
[dʒʌ́stis]
B1

名 ❶ 正義;公正
関連 just 正しい, justify 正当化する
対義 injustice 不正
❷ 裁判

☐ **チャンク face an obstacle** | 障害に立ち向かう
☐ There are necessarily **obstacles to** the realization of your dream. | ▶夢の実現には障害が付き物だ(⑩ 必ず障害がある).

☐ **チャンク handle the issue** | 問題をうまく処理する
☐ He **handled** the situation very well. | ▶彼はその状況をとても上手に処理した.
☐ My cat opens the door by jumping onto the **handle**. | ▶私の猫は取っ手に飛びついてドアを開ける.

☐ **チャンク overcome a difficulty** | 困難に打ち勝つ
☐ It is hard to **overcome** the sadness of your broken heart. | ▶失恋の悲しみを克服するのはたいへんだ.

☐ **チャンク cope with the problem** | 問題を処理する
☐ You'll have to **cope with** stresses at work. | ▶あなたは仕事でのストレスを乗り切らなければならないだろう.

☐ **チャンク practice their religion** | 宗教を実践する
☐ People of different **religions** should respect each other. | ▶異なる宗教をもつ人々は互いを尊重すべきだ.

☐ **チャンク ancient myth** | 古代の神話
☐ I like the Greek **myths**. | ▶私はギリシャ神話が好きだ.

☐ **チャンク pray for peace** | 平和を祈願する
☐ She **prayed to** God **for** her husband's safe return. | ▶彼女は夫の無事な帰りを神に祈った.

☐ **チャンク moral values** | 道徳的価値
☐ That story provides a **moral** lesson. | ▶その話から道徳的な教訓を得られる.

☐ **チャンク an ethical standard** | 倫理的な基準
☐ That is an **ethical** problem. | ▶それは道徳上の問題だ.

☐ **チャンク bring Ⓐ to justice** | Ⓐ を法の裁きにかける
☐ Everyone should be treated with **justice**. | ▶だれもが公正に扱われるべきだ.
☐ No one can escape **justice**. | ▶だれも法の裁きを逃れることはできない.

STAGE 9

速度・緩急

1154 ☐ **rapid** [rǽpid] **B1**	**形**〈速度・動作などが〉速い, 急速な **関連** rapidly 速く **対義** slow 遅い
1155 ☐ **prompt** [prámpt]	**B2** **形**〈行動が〉素早い, 即座の **関連** promptly 素早く
	B2 **動**〈人・行動を〉刺激する, 駆りたてる **[prompt Ⓐ to** *do*] Ⓐを刺激して…させる
1156 ☐ **rush** [rʌ́ʃ]	**A2** **名**(たくさんの人の)殺到;ラッシュ
	B1 **動**(目的の場所へ)大急ぎで行く
1157 ☐ **gradually** [grǽdʒuəli] **A2**	**副**(長い時間をかけて)徐々に **関連** grade 段階, gradual 段階的な **対義** suddenly 突然

調和・安定

1158 ☐ **harmony** [háːrməni] **A2**	**名**(他人・環境などとの)調和 **関連** harmonious 調和した
1159 ☐ **stable** [stéibl] **B1**	**形**〈状態・金額などが〉安定した **関連** stability 安定, stabilize 安定させる **対義** unstable 不安定な
1160 ☐ **steady** [stédi] **B1**	**形 ❶**(姿勢・動きなどが)安定した **❷**〈成長・発展などが〉一定の, 着実な **関連** steadily 着実に

保証

1161 ☐ **guarantee** [gæ̀rəntíː] 🔊 アクセント	**B2** **動**〈成功・権利・安全などを〉保証する **関連** guarantor 保証人
	B1 **名**(商品の)保証(書)
1162 ☐ **assure** [əʃúər] **B2**	**動**〈疑いをもっている人に〉保証する **関連** assurance 保証 **[assure Ⓐ of Ⓑ]** ⒶにⒷを保証する

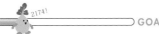

☑ **チャンク** the rapid growth 　　　　急成長
☑ John made a rapid recovery. ▶ジョンは急速な回復をとげた.

☑ **チャンク** a prompt action 　　　　素早い行動
☑ Thank you for your prompt reply. ▶(手紙で)早速のお返事ありがとうございます.

☑ The advertisement prompted me to buy the DVD. ▶広告を見て私はそのDVDを買ってしまった (⑩ 広告は私を刺激してそのDVDを買わせた).

☑ **チャンク** during rush hour 　　　　ラッシュアワーに
☑ They made a rush for the door. ▶彼らはドアのほうへ殺到した.
☑ I rushed into the bathroom. ▶私はトイレへ駆け込んだ.

☑ **チャンク** gradually become **Ⓐ** 　　　　徐々に **Ⓐ** になる
☑ The weather will gradually improve. ▶天気は徐々に回復するだろう.

☑ **チャンク** live in harmony with nature 　自然と調和して暮らす
☑ The houses are designed in harmony with the old town. ▶家々は古い町に調和するように設計されている.

☑ **チャンク** a stable environment 　　　　安定した環境
☑ The baby is in stable condition. ▶その赤ちゃんは安定した状態だ.

☑ **チャンク** a steady hand 　　　　しっかりとした手つき
☑ Hold this boat steady. ▶このボートをしっかり押さえていてね.
☑ You are making steady progress in your English. ▶あなたの英語力は着実な進歩をとげていますよ.

☑ **チャンク** guarantee success 　　　　成功を保証する
☑ The law guarantees the rights of people with disabilities. ▶その法律は障害者の権利を保証している.
☑ My stereo is still under guarantee. ▶私のステレオはまだ保証期間中だ.

☑ **チャンク** I can assure you. 　　　　私が保証します.
☑ The salesperson assured us of the safety of the products. ▶店員はその製品の安全性を私たちに保証した.

軍事

1163 ☑ **military** [mílitèri] A2	形 軍隊の

1164 ☑ **army** [ά:rmi] B1	名 (陸)軍(◆「海軍」は navy, 「空軍」は air force)

1165 ☑ **weapon** [wépn] ⟨発音⟩ B1	名 武器, 兵器

1166 ☑ **soldier** [sóuldʒər] A2	名 兵隊, 兵士(◆「将校」は officer)

1167 ☑ **withdraw** [wiðdrɔ́:] 過去 withdrew 過分 withdrawn B2	動 ■ 〈軍隊などを〉撤退させる; 〈軍隊などが〉撤退する 関連 withdrawal 撤退 ❷ 〈預金を〉引き出す 対義 deposit 預金する

話す・伝える

1168 ☑ **tale** [téil] B1	名 (架空・実際の)話, 物語

1169 ☑ **legend** [lédʒənd] B2	名 (古来の)伝説, 言い伝え 関連 legendary 伝説上の

1170 ☑ **lie**² [lái]	B1 名 うそ 関連 liar うそつき　対義 truth 真実 A2 動 うそを言う ⟹ 【lie to Ⓐ about Ⓑ】Ⓑ について Ⓐ に うそを言う ◊ lie には「横たわる」という意味もあります.

1171 ☑ **remark** [rimá:rk]	B1 動 (その場で気づいたことなどについて)…と言う; 意見を述べる 関連 remarkable 注目すべき ⟹ 【remark that ...】…であると言う B2 名 (…についての)意見, 感想(about ...)

STAGE 9

☑ **チャンク military forces** — 軍隊
☑ There is a **military** base near here. ▶この近くに軍事基地がある.

☑ **チャンク join the army** — 軍に入隊する
☑ My brother is in the **army**. ▶兄は陸軍で任についている.

☑ **チャンク nuclear weapons** — 核兵器
☑ The man had no **weapons**. ▶その男は武器を持っていなかった.

☑ **チャンク an enemy soldier** — 敵軍兵士
☑ A lot of **soldiers** lost their lives in the fighting. ▶その戦闘では多くの兵士が命を落とした.

☑ **チャンク be forced to withdraw** — 撤退を余儀なくされる
☑ The US **withdrew** its army from the area. ▶アメリカはその地域から軍隊を撤退させた.
☑ I **withdrew** 50,000 yen from my bank account. ▶私は自分の銀行口座から5万円を引き出した.

☑ **チャンク a romantic tale** — 恋愛物語
☑ The sad **tale** touched the hearts of people. ▶その悲しい話は人々の心を打った.

☑ **チャンク according to legend,** — 言い伝えによると,
☑ My son likes the **legend** of King Arthur. ▶私の息子はアーサー王の伝説が好きだ.

☑ **チャンク a big lie** — 大きなうそ
☑ I'm sorry I told you a **lie**. ▶うそをついてごめんなさい.
☑ She **lied to** you **about** her age. ▶彼女は年齢についてあなたにうそをついた.

☑ **チャンク remark on Ⓐ** — Ⓐ について意見を述べる
☑ Haruka **remarked that** the melody sounded familiar to her. ▶遥はそのメロディーに聞き覚えがあると言った.

☑ Ms. Hudson made a few **remarks about** my painting. ▶ハドソン先生は私の絵について少し意見を述べた.

明確

1172 ☐ **specific**
[spəsífik]
🔺 アクセント   A2

形 (分野・内容などが)明確な;特定の
関連 specifically 明確に,
specify 明確に述べる

1173 ☐ **plain**
[pléin]

形 **1** 〈事実などが〉明らかな, 明白な(◆clear,
obviousと同義)
関連 plainly はっきりと
☞ 【it is plain that ...】…ということは
明らかだ
2 〈言葉づかいなどが〉分かりやすい, やさしい
(◆easyと同義)
3 (余計な装飾がなく)質素な, 地味な
(◆simpleと同義)   B1

1174 ☐ **concrete**
[kánkri:t]
B2

形 **1** 〈例・証拠などが〉具体的な
対義 abstract 抽象的な
2 〈床・壁・建物などが〉コンクリート製の

やめる

1175 ☐ **quit**
[kwít]   A2

動 〈仕事などを〉やめる
☞ 【quit doing】…することをやめる

1176 ☐ **discourage**
[diskə́:ridʒ]
B1

動 (理由などを示して)…を思いとどまらせる
☞ 【discourage Ⓐ from doing】
Ⓐに…するのを思いとどまらせる

1177 ☐ **retire**
[ritáiər]   A2

動 (年齢が理由で)引退する, (定年)退職する
関連 retirement 引退

1178 ☐ **resign**
[rizáin]
B2

動 (組織・会社などを)辞職する, 退職する
関連 resignation 辞職
☞ 【resign from Ⓐ】Ⓐを辞職する

情報・IT

1179 ☐ **software**
[sɔ́:ftwèər]
A2

名 (コンピュータの)ソフト(ウエア)
対義 hardware ハード(ウエア)

1180 ☐ **online**
[ánláin]   A2

形 (コンピュータの状態が)オンラインの(◆「通信
ネットワークに接続されている状態」を指す)

STAGE 9

☑ **チャンク** the specific needs	特定のニーズ
☑ To be more specific, I'm looking for something cheaper.	▶もう少し具体的に言うと，もっと安いものを探しているんです．

☑ **チャンク** be plain to see	一見して明らかだ
☑ It was plain that Bob was interested in Kim.	▶ボブがキムにひかれているのは明らかだった．
☑ Will you explain it in plain language?	▶分かりやすい言葉で説明してくれますか？
☑ The uniform is a plain yellow T-shirt.	▶ユニフォームは飾り気のない黄色のTシャツだ．

☑ **チャンク** concrete evidence	具体的な証拠
☑ Do you have any concrete examples?	▶具体例はありますか？
☑ I don't like the cold concrete floor on a winter morning.	▶冬の朝の，冷たいコンクリートの床は好きではない．

☑ **チャンク** quit smoking	喫煙をやめる
☑ Quit complaining, will you?	▶ぐちを言うのをやめてくれないか！

☑ **チャンク** discourage smoking	喫煙をやめさせる
☑ I discouraged him from climbing the mountain.	▶私は彼にその山に登るのを思いとどまらせた．

☑ **チャンク** retire from service	退役する
☑ His illness forced him to retire.	▶彼は病気のために退職せざるをえなかった．

☑ **チャンク** resign as Governor	知事職を辞する
☑ She resigned from the company and started her own business.	▶彼女はその会社を退職し，自ら事業を始めた．

☑ **チャンク** update software	ソフトウエアを更新する
☑ She developed the software.	▶彼女はそのソフトウエアを開発した．

☑ **チャンク** an online auction	オンラインオークション
☑ Online shopping is here to stay.	▶オンラインショッピングは定着している．

喜び・感謝

1181 ☑ **grateful**
[gréitfl]
A2

形 (他者の親切心などに)感謝して
☞ 【be grateful to Ⓐ for Ⓑ】
ⒷのことでⒶに感謝している

1182 ☑ **appreciate**
[əprí:ʃièit]
A2

動 ❶ 〈好意などを〉ありがたく思う
関連 appreciation 感謝
❷ 〈努力などを〉高く評価する
関連 appreciation (正しい)評価

1183 ☑ **delight**
[diláit]
🔊 発音
B1
B2

名 (大きな)喜び(の気持ち), うれしさ
関連 delightful 楽しい

動 〈人を〉喜ばせる
関連 delighted 喜んでいる

境界・限界

1184 ☑ **border**
[bɔ́:rdər]
B1

名 (国・土地の)境界線

動 〈国・土地が〉…に接している

1185 ☑ **boundary**
[báundəri]

名 (国などの間の)境界(線)(between ...)

1186 ☑ **infinite**
[ínfənit]

形 (数・量などが)無限の, 果てしない
関連 infinity 無限
対義 finite 有限の

運命

1187 ☑ **fortune**
[fɔ́:rtʃən]
A2

名 ❶ 運, 運勢;幸運
❷ (莫大(ばくだい)な)財産

1188 ☑ **fortunate**
[fɔ́:rtʃənit]
B1

形 幸運な
関連 fortunately 幸運にも
対義 unfortunate 不運な,
副 unfortunately 不運にも
☞ 【be fortunate to do】…して幸運である

1189 ☑ **fate**
[féit]
B2

名 運命(◆悪い内容を表す場合が多い)

☑ **チャンク be deeply** grateful	深く感謝している
☑ We **are** grateful to you for your help.	▶私たちはあなたのご協力に（◉ あなたの協力のことであなたに）感謝しています。

☑ **チャンク** appreciate **your effort**	あなたの努力をありがたく思う
☑ Thank you. I really appreciate it.	▶ありがとう．本当に感謝しています．
☑ The whole world appreciated her talent.	▶全世界が彼女の才能を高く評価した．

☑ **チャンク to my** delight	私にとってうれしいことに
☑ He jumped with delight.	▶彼はうれしさのあまり跳び上がった．
☑ The news delighted us.	▶その知らせに私たちは喜んだ（◉ その知らせは私たちを喜ばせた）．

☑ **チャンク the** border **between Spain and France**	スペインとフランスの国境
☑ The train stops before it crosses the border.	▶その列車は国境を越える前に停車する．
☑ Turkey borders Iraq.	▶トルコはイラクに隣接している．

☑ **チャンク** set a boundary	境界線を引く
☑ This river forms the boundary between the two countries.	▶この川が両国の国境になっている．

☑ **チャンク** an infinite **number**	無限の数
☑ I often think about the infinite universe.	▶私はよく無限の宇宙について考える．

☑ **チャンク** have the good fortune	運がいい
☑ She told my fortune.	▶彼女は私の運勢を占った．
☑ The actor made a fortune.	▶その俳優はひと財産を築いた．

☑ **チャンク** a fortunate **marriage**	幸せな結婚生活
☑ You **are** fortunate **to** have such friends.	▶そんな友人たちがいて君は幸せだ．

☑ **チャンク** by a twist of fate	運命のいたずらで
☑ They suffered the same fate.	▶彼らは同じ運命に陥った．

STAGE 9

考え・概念

1190 ☑ **concept** [kánsept] B1	**名** (抽象的な事柄に関する)概念(of ...)
1191 ☑ **notion** [nóuʃn] B1	**名** (根拠のない漠然とした)考え, 見解
1192 ☑ **perspective** [pərspéktiv] B2	**名** (物事の大局的な)視点
1193 ☑ **prejudice** [prédʒədis] B1	**名** (…に対する)(主として性的・人種的・宗教的な)偏見(against ...)
1194 ☑ **conservative** [kənsə́:rvətiv] B1	**形** (考え方が)保守的な **関連** conserve 保存する, conservation 保護 **対義** progressive 進歩的な, radical 急進的な

幻想・迷信

1195 ☑ **fantasy** [fǽntəsi] B1	**名** (わくわくするような)空想, ファンタジー
1196 ☑ **illusion** [ilú:ʒn]	**名** (…という)幻想, 誤解(that ...)
1197 ☑ **superstition** [sù:pərstíʃn] B1	**名** 迷信

重要・重大

1198 ☑ **urgent** [ə́:rdʒənt] B1	**形** 緊急の
1199 ☑ **fatal** [féitl] B2	**形** **1** 〈傷・事故などが〉致命的な **2** 〈失敗などが〉取り返しのつかない
1200 ☑ **trivial** [tríviəl] B2	**形** 〈問題などが〉つまらない, 取るに足りない

☑ チャンク **a new concept** 　新しい概念
☑ What's your **concept of** freedom? ▶あなたにとって自由の概念とは何ですか？

☑ チャンク **a vague notion** 　あいまいな考え
☑ I can't agree with his **notion** of justice. ▶彼の正義についての考えには賛同できない.

☑ チャンク **from a different perspective** 　異なった視点から
☑ Try to see things in **perspective**. ▶物事を大局的な視点で見るよう努めなさい.

☑ チャンク **racial prejudice** 　人種的偏見
☑ There is still **prejudice against** women in this country. ▶この国では，まだ女性に対する偏見がある.

☑ チャンク **a conservative society** 　保守的な社会
☑ The new President takes a very **conservative** view of politics. ▶新しい大統領は政治に対して非常に保守的な見方をしている.

STAGE 9

☑ チャンク **a fantasy world** 　空想の世界
☑ I often have **fantasies** about flying in the sky. ▶私はよく空を飛ぶ空想をする.

☑ チャンク **have no illusions** 　幻想を抱いていない
☑ He was under the **illusion that** money would bring happiness. ▶彼は金が幸福をもたらすという幻想を抱いていた.

☑ チャンク **an old superstition** 　古い迷信
☑ I don't believe in **superstitions**. ▶私は迷信を信じない.

☑ チャンク **an urgent message** 　緊急のメッセージ
☑ We held an **urgent** meeting. ▶我々は緊急会議を開いた.

☑ チャンク **a fatal accident** 　致命的な事故
☑ He received a **fatal** wound in the accident. ▶彼はその事故で致命傷を負った.
☑ They made a **fatal** mistake. ▶彼らは取り返しのつかない失敗を犯した.

☑ チャンク **a trivial incident** 　取るに足りない出来事
☑ Don't get angry over **trivial** matters. ▶つまらないことで腹を立てたらだめだよ.

内部

1201 ☐ **inner**
[ínər] `A2`
形 内部の, 内側の
対義 **outer** 外部の

1202 ☐ **content**
[kántent]
🔊 アクセント `B1`
名 (箱・びんなどの)中身;(文書などの)内容
(◆通例複数形で用いる)

覚える・思い出す

1203 ☐ **remind**
[rimáind] `A2`
動 …に(過去などを)思い出させる

☞ 【remind Ⓐ of Ⓑ】ⒶにⒷを
思い出させる

1204 ☐ **recall**
[rikɔ́:l] `B1`
動 (…を)思い出す

1205 ☐ **memorize**
[méməràiz] `B1`
動 〈詩などを〉覚える;〈単語などを〉暗記する
関連 **memory** 記憶

1206 ☐ **regret**
[rigrét]
`B2` 名 (自分がしたことに対する)後悔(for ...)

`A2` 動 〈自分がしたことを〉後悔する
☞ 【regret *do*ing】…したことを後悔する

仲間・知人

1207 ☐ **companion**
[kəmpǽnjən] `B1`
名 (長い時間を共に過ごす)仲間(◆ペットの動物や本
なども含む;日本語の「コンパニオン」(案内や接待
をする女性)の意味はない)

1208 ☐ **fellow**
[félou] `B1`
名 男, やつ(◆古風な語で, 親しみなどの気持ちを
込めて用いる)

1209 ☐ **colleague**
[káli:g] `B2`
名 (職場の)同僚

1210 ☐ **acquaintance**
[əkwéintəns] `B1`
名 (さほど親しくはない)知人, 知り合い(◆「仲の
よい友人」はfriend)

STAGE 9

☑ **チャンク your inner voice** | あなたの内なる声
☑ He has trouble in the **inner** ear. | ▶彼は内耳に炎症がある.

☑ **チャンク table of contents** | 目次(◉ 内容の一覧)
☑ He threw the **contents** of the box on the floor. | ▶彼は箱の中身を床にぶちまけた.

☑ **チャンク That reminds me Ⓐ.** | それで Ⓐ を思い出した.
(Ⓐ には節や to 不定詞がくる)
☑ You **remind** me of your mother. | ▶あなたを見るとあなたのお母さんを思い出す.

☑ **チャンク If I recall correctly,** | 私の記憶が正しければ(◉ 私が正しく思い出すなら),
☑ I can't **recall** the title of the movie. | ▶その映画のタイトルが思い出せない.

☑ **チャンク memorize a poem** | 詩を覚える
☑ I **memorize** 10 English words a day. | ▶私は1日10個の英単語を暗記している.

☑ **チャンク have no regret** | 全く後悔していない
☑ I felt deep **regret for** what I had done. | ▶私は自分のしたことを深く後悔した(◉ 自分のしたことに深い後悔の念を感じた).
☑ He deeply **regretted** his stupid behavior. | ▶彼は自分の愚かなふるまいを深く後悔した.
☑ She **regretted selling** the picture book. | ▶彼女はその絵本を売ってしまったことを後悔した.

☑ **チャンク my constant companion** | 私の座右の友(◉ 常にそばにあるもの)
☑ Sue was my **companion** on the trip. | ▶スーは一緒に旅行に行った仲間だ.

☑ **チャンク a lucky fellow** | 運のいいやつ
☑ He's a good **fellow**. | ▶彼はいいやつだ.

☑ **チャンク work colleagues** | 仕事の同僚
☑ He is my only **colleague**. | ▶彼は私の唯一の同僚だ.

☑ **チャンク a mutual acquaintance** | 共通の知人
☑ Demi is just an **acquaintance** of mine. | ▶デミはただの知り合いだ.

義務・責任

1211 ☑ **duty**
[djúːti]
B1

名 ❶（良心・道徳などによる）義務

❷ 職務, 任務

1212 ☑ **fault**
[fɔ́ːlt]
A2

名 ❶（過失の）責任

❷ 欠点, 短所
対義 **merit** 長所

1213 ☑ **responsible**
[rispánsəbl]
B1

形（物事に対して）責任がある(for ...)
関連 **responsibility** 責任
対義 **irresponsible** 無責任な
👉【**be responsible for** *do*ing】
　　…する責任がある

1214 ☑ **neglect**
[niglékt]

動〈義務・仕事などを〉怠る；
〈子どもなどを〉ほったらかしにする
👉【**neglect to** *do*】…することを怠る

司法・犯罪

1215 ☑ **deprive**
[dipráiv]
B1

動 …から（権利などを）奪う（◆しばしば受身で）
👉【**be deprived of Ⓐ**】Ⓐを奪われている

1216 ☑ **rob**
[ráb]
A2

動 …から（金などを）奪う, 強奪する
関連 **robber** 強盗, **robbery** 強盗（事件）
👉【**rob Ⓐ of Ⓑ**】ⒶからⒷを奪う

1217 ☑ **accuse**
[əkjúːz]
B1

動 ❶ …を（不正などのかどで）告発する, 告訴する
関連 **accusation** 告発
対義 **defend** 弁護する
👉【**be accused of Ⓐ**】Ⓐのかどで告発される
❷ …を非難する, 責める
👉【**accuse Ⓐ of Ⓑ**】ⒷのことでⒶを非難する

1218 ☑ **murder**
[mɔ́ːrdər]
A2

名（殺意のある）殺人

B1 動（殺意をもって）…を殺害する

1219 ☑ **prison**
[prízn]
B1

名 刑務所, 監獄
関連 **prisoner** 囚人

☐ チャンク **perform their** duties 職務を果たす

☐ Each must do their **duty**. ▶各自が義務を果たさなければならない.
☐ Report for **duty** at eight. ▶8時に出勤する(⑩ 仕事に出る)こと.

☐ チャンク **admit our** fault 我々の非を認める

☐ "I'm sorry." "It's not your **fault**." ▶「すみません」「あなたのせいじゃありませんよ」

☐ I love her for all her **faults**. ▶欠点があっても彼女が大好きだ.

☐ チャンク **a responsible attitude** 責任ある態度

☐ I'm **responsible for** my dog. ▶私は私の犬に責任がある.

☐ He **is responsible for taking** out the garbage. ▶彼はごみを出す責任がある.

☐ チャンク **neglected children** 親から面倒を見てもらえない子どもたち

☐ I often **neglect to** water my plants. ▶私はよく植木に水をやるのを怠る.

☐ チャンク **be deprived of the right to study** 勉強する権利を奪われている

☐ A lot of children **are deprived of** their freedom. ▶多くの子どもたちが自由を奪われている.

☐ チャンク **get robbed** 盗難にあう(⑩ 盗まれる)

☐ They **robbed** a bank. ▶彼らは銀行強盗をした.
☐ The man **robbed** me of my bag. ▶その男は私からかばんを奪った.

☐ チャンク **stand accused** 告発されている

☐ He **was accused of** spying. ▶彼はスパイの罪で告発された.

☐ She **accused** him of lying. ▶彼女は彼がうそをついたことを非難した.

☐ チャンク **an attempted murder** 殺人未遂

☐ The police are looking into the case of **murder**. ▶警察はその殺人事件を捜査している.

☐ He was **murdered** by a gang member. ▶彼はギャングの一員に殺害された.

☐ チャンク **break out of prison** 脱獄する

☐ The man went to **prison**. ▶その男は刑務所に入った.

道具・機械・装置

1220 ☑ **device**
[diváis]
B1

名 装置, 機械
関連 **devise** 工夫する

1221 ☑ **instrument**
[ínstrəmənt]
A2

名 ■ (実験などで使用される)器具, 道具

■ 楽器(◆musical instrument ともいう)
関連 **instrumental** 楽器の

1222 ☑ **wheel**
[hwíːl]
A1

名 ■ (車・自転車などの)車輪;(家具などの)
キャスター

■ (車の)ハンドル(◆steering wheel ともいう)

1223 ☑ **trigger**
[trígər]
B1

名 (銃の)引き金

動 〈暴力的な事件などを〉引き起こす

明確・漠然

1224 ☑ **distinct**
[distíŋkt]

形 ■ (特徴・違いなどが)はっきりした(◆clear と
同義)
関連 **distinction** 区別, **distinctive** 特徴的な,
distinctly はっきりと
対義 **indistinct** 不明瞭な
■ 完全に異なった
【be distinct from ④】④とは完全に
異なる

1225 ☑ **definitely**
[défənitli]
B1

副 (疑いなく)明確に, きっぱりと
関連 **define** 定義する, **definite** 明確な

1226 ☑ **vague**
[véig]
B1

形 〈言葉・考えなどが〉漠然とした, あいまいな
関連 **vaguely** 漠然と

1227 ☑ **subtle**
[sátl]
発音
B2

形 (注意しないと気づかないほど)かすかな, 微妙な

チャンク **a safety** device	安全装置
An American invented a **device** called "mouse."	▶あるアメリカ人が「マウス」と呼ばれる装置を発明した.

チャンク **play an** instrument	楽器を演奏する
His room was full of scientific **instruments**.	▶彼の部屋は科学用器具でいっぱいだった.
Do you play any **instruments**?	▶何か楽器を弾きますか?

チャンク **a table on** wheels	キャスター付きのテーブル
I repaired the brakes on the front **wheel** of my bike.	▶私は自分の自転車の前輪ブレーキを修理した.
Let me take the **wheel**.	▶私に運転させて(⑩ ハンドルを握らせて).

チャンク **pull the** trigger	引き金を引く
The man kept his finger on the **trigger**.	▶その男は銃の引き金にずっと指をかけていた.
The incident **triggered** a war.	▶その出来事は戦争を引き起こした.

チャンク **five** distinct **groups**	5つの特徴的なグループ
Is there a **distinct** difference between these two models?	▶これら2つの機種の間にはっきりした違いはありますか?
DNA **is distinct from** RNA.	▶DNA(デオキシリボ核酸)はRNA(リボ核酸)とは完全に異なる.

チャンク **be** definitely **the best**	間違いなく最高だ
You should **definitely** say no.	▶はっきり「ノー」と言ったほうがいいよ.

チャンク **a** vague **idea**	漠然とした考え
I have a **vague** memory of those summer days.	▶あの夏の日々については漠然とした記憶がある.

チャンク **a** subtle **change**	わずかな変化
There are **subtle** differences between these two guitars.	▶この2本のギターにはほんの少しだけ違いがある.

STAGE 9

よい・悪い

1228 ☐ **sophisticated**
[səfístikèitid]
B2

形 **1** (知識・経験などが豊富で)〈センス・物腰などが〉洗練された
2 〈機械・技術などが〉精巧な

1229 ☐ **evil**
[íːvl]
B2

形 (道徳的に)悪い, 邪悪な
対義 **good** よい

B2

名 (邪)悪
対義 **good** 善

1230 ☐ **rude**
[rúːd]
A1

形 〈言動が〉無礼な, 失礼な(◆impolite と同義)
関連 **rudely** 無礼に, **rudeness** 無礼
対義 **polite** 礼儀正しい
☞ **[it is rude to** *do*] …するのは失礼だ

1231 ☐ **bully**
[búli]
B2

動 〈弱い者を〉いじめる

飲食

1232 ☐ **delicious**
[dilíʃəs]
A1

形 〈食べ物が〉(非常に)おいしい

1233 ☐ **diet**
[dáiit]
A2

名 **1** (日常の)食事
2 (減量などのための)ダイエット

1234 ☐ **grain**
[gréin]
B2

名 穀物

1235 ☐ **wheat**
[hwíːt]
B2

名 小麦
関連 **flour** 小麦粉

1236 ☐ **appetite**
[ǽpitàit]
B1

名 食欲

1237 ☐ **nutrition**
[njuːtríʃn]
B1

名 栄養(分)

1238 ☐ **starve**
[stáːrv]
B2

動 飢える；餓死する
関連 **starvation** 飢餓

☑ チャンク **sophisticated manners** 　　洗練された**作法**
☑ Sarah has **sophisticated** tastes. 　▶サラは洗練されたセンスがある.
☑ GPS is based on highly **sophisticated** technology. 　▶ GPS は非常に精巧なテクノロジーに基づいている.

☑ チャンク **an evil spirit** 　　悪霊
☑ Having **evil** thoughts itself is very bad for your health. 　▶悪い考えを抱くこと自体があなたの健康にとって非常に悪い.
☑ You are big enough to know the difference between good and **evil**. 　▶君はもう善悪の区別がつく年齢だろう.

☑ チャンク **rude behavior** 　　無礼な**行動**
☑ His **rude** words made her angry. 　▶彼の失礼な言葉は彼女を怒らせた.
☑ It's **rude** to ask such a question. 　▶そんな質問をするのは失礼だよ.

☑ チャンク **bully children** 　　子どもをいじめる
☑ My brother is being **bullied**. 　▶ぼくの弟がいじめられている.

☑ チャンク **delicious food** 　　おいしい**食べ物**
☑ You cooked this? It's **delicious**! 　▶これ, 君が作ったの? おいしいよ!

☑ チャンク **healthy diet** 　　健康食
☑ Do you have a balanced **diet**? 　▶バランスのとれた食事をとっていますか?
☑ I'm going to go on a **diet**. 　▶私はダイエットをするつもりだ.

☑ チャンク **the grain market** 　　穀物**市場**
☑ The **grain** harvest was big last year. 　▶昨年は穀物の収穫量が多かった.

☑ チャンク **a field of wheat** 　　小麦畑
☑ They grow **wheat**. 　▶彼らは小麦を栽培している.

☑ チャンク **loss of appetite** 　　食欲**不振**
☑ I have lost my **appetite** recently. 　▶最近, 食欲がないんだ.

☑ チャンク **poor nutrition** 　　栄養**不足**
☑ Good **nutrition** is essential for your health. 　▶栄養をしっかりとることは健康に不可欠だ.

☑ チャンク **starve to death** 　　餓死する(◉ 死に至るまで飢える)
☑ Thousands of people are **starving** in that country. 　▶その国では何千人もの人々が飢えている.

call [kɔ́:l]

コアイメージ 「大きな声で叫ぶ, 声を出して呼ぶ」

2 1 3 [call + 名詞] ランキング

☐ S210 **第1位** call the police	▶ (電話をかけて) 警察を呼ぶ
☑ The man **called the police** for help.	▶ その男性は助けを求めて警察に電話した.
☐ S211 **第2位** call a meeting	▶ 会議を招集する
☑ He **called a meeting** to discuss the project.	▶ そのプロジェクトについて話し合うため, 彼は会議を招集した.
☐ S212 **第3位** call an ambulance	▶ (電話をかけて) 救急車を呼ぶ
☑ I saw an injured woman, and **called an ambulance**.	▶ けがをした女性を見て, 私は救急車を呼んだ.
☐ S213 **第4位** call an election	▶ 選挙を行う
☑ The government **called an election** last month.	▶ 政府は先月選挙を行った.
☐ S214 **第5位** call a doctor	▶ 医者を呼ぶ
☑ Shall I **call a doctor** for you?	▶ 医者を呼びましょうか.

STAGE 9

work [wə́ːrk]

コアイメージ 「人や機械・集団などが働いて機能する」

²¹₃ [work in [at] + 名詞]ランキング

☑ S215 第1位 **work at** home　▶ 在宅勤務する
☑ My father works at home twice a week.　▶ 父は週に2日，在宅勤務をしている.

☑ S216 第2位 **work in [at]** a factory　▶ 工場で働く
☑ I work in a car factory.　▶ 私は自動車工場で働いている.

☑ S217 第3位 **work in** a shop　▶ 店で働く
☑ He works in a flower shop.　▶ 彼は生花店で働いている.

☑ S218 第4位 **work in [at]** the office　▶ 会社で働く
☑ My mother works in the office as an engineer.　▶ 母はエンジニアとして会社で働いている.

☑ S219 第5位 **work in [at]** the hospital　▶ 病院で働く
☑ Many skillful nurses work in the hospital.　▶ 多くの有能な看護師がその病院で働いている.

10. 職業

S220 ☑ 料理長
chef[ʃef]

S221 ☑ 映画監督
movie director
[múːvi dirèktər]

S222 ☑ ソフトウエアエンジニア
software engineer
[sɔ́ːftwèər èndʒəníər]

S223 ☑ 漫画家
cartoonist
[kɑːrtúːnist]

S224 ☑ 報道写真家
photojournalist
[fòutoudʒɔ́ːrnəlist]

S225 ☑ 美容師
hairstylist
[héərstàilist]

S226 ☑ 庭師
gardener
[gáːrdnər]

S227 ☑ 保育士
nursery school teacher
[nə́ːrsəri skùːl tíːtʃər]

S228 ☑ 獣医
veterinarian
[vètərənéəriən]

S229 ☑ 看護師
nurse[nə́ːrs]

S230 ☐ 消防士
fire fighter
[fáiər fàitər]

S231 ☐ 客室乗務員
flight attendant
[fláit ətèndənt]

STAGE 10

平均単語レベル
大学入試
（難関大学）

見せる・示す

1239 ☐ **illustrate**
[íləstrèit]
🎺 アクセント
B2

🔲 (図・イラストなどで)…を説明する
関連 illustration イラスト,
illustrator イラストレーター
➡ 【illustrate Ⓐ with Ⓑ】ⒶをⒷで説明する

1240 ☐ **expose**
[ikspóuz]
B1

🔲❶ 〈ふだんは隠れているものを〉さらす,
見えるようにする
関連 exposition 博覧会, exposure さらすこと
➡ 【expose Ⓐ to Ⓑ】ⒶをⒷにさらす
❷ (危険などに)…をさらす
➡ 【be exposed to Ⓐ】Ⓐにさらされている

1241 ☐ **exhibit**
[igzíbit]
🎺 発音
B2

🔲 〈美術作品などを〉展示する
関連 exhibition 展示会

1242 ☐ **imply**
[implái]
B2

🔲 (明言を避けて)…をほのめかす, 暗に示す
関連 implication ほのめかし, implicit 暗黙の

調べる

1243 ☐ **analyze**
[ǽnəlàiz]
B1

🔲 〈データなどを〉分析する
関連 analysis 分析

1244 ☐ **assess**
[əsés]
B2

🔲 〈影響・効果などを〉評価する, 査定する
関連 assessment 評価, 査定

1245 ☐ **explore**
[ikspló:r]
A2

🔲 〈未知の場所などを〉探検する
関連 exploration 探検, explorer 探検家

1246 ☐ **investigate**
[invéstigèit]
B2

🔲 〈警察などが〉…を調査する, 捜査する(◆「事故の
原因などについて組織的に調べる」という意味合い)
関連 investigation 調査, 捜査

1247 ☐ **review**
[rivjú:]
A1

🔲❶ (状況などの)再調査

❷ (授業の)復習

❸ (本・映画などの)批評, レビュー

□ チャンク illustrate **a point**	重要な点を説明する
□ I **illustrated** my idea for the plan **with** some graphs.	▶私はいくつかのグラフを用いてその計画に関する私の案を説明した.

□ チャンク expose **the hidden truth**	隠されていた真実を明らかにする
□ Don't **expose** your skin **to** the sunlight too long.	▶肌をあまり長い間日光にさらしちゃだめだよ.
□ The government **is exposed to** criticism at home and abroad.	▶政府は国内外で批判にさらされている.

□ チャンク exhibit **new designs of clothes**	新しいデザインの衣服を展示する
□ This museum is **exhibiting** some of Monet's paintings.	▶この美術館ではモネの絵画作品を何点か展示している.

□ チャンク **as the name** implies	その名が示すとおり
□ Her silence **implied** a feeling of satisfaction.	▶彼女の沈黙は暗に満足感を示していた.

STAGE 10

□ チャンク analyze **the process**	プロセスを分析する
□ You should **analyze** the data.	▶そのデータを分析したほうがいいですよ.

□ チャンク assess **the effects**	効果を査定する
□ We need to **assess** the impact of video games on children.	▶我々は子どもたちに及ぼすテレビゲームの影響について見極める必要がある.

□ チャンク explore **the possibility**	可能性を探る
□ Let's **explore** the city of Tokyo.	▶東京の街を探検しよう.

□ チャンク investigate **the situation**	状況を調査する
□ The police are **investigating** the cause of the accident.	▶警察はその事故の原因を調査している.

□ チャンク **a regular** review	定期的な再調査
□ These points need a **review**.	▶これらの点については再調査が必要だ.
□ I have to do a **review** of today's English lesson.	▶きょうの英語の授業の復習をしなくちゃ.
□ I wrote a **review** of the novel.	▶私はその小説の書評を書いた.

議論・対立

1248 ☑ **dispute**
[dispjú:t]
B2

名 (…についての)議論(over ...)

1249 ☑ **quarrel**
[kwɔ́(:)rəl]
B2

名 (…との)口論, 口げんか(with ...)

B2

動 (…と)口論する, 口げんかする(with ...)

1250 ☑ **contrary**
[kántreri]
B1

形 (…と)反対の, (…に)対立している(to ...)

1251 ☑ **resist**
[rizíst]

動 **1** 〈意に反するものに〉抵抗する
関連 resistance 抵抗

2 〈やりたいことを〉我慢する, こらえる
(◆通例否定文で)

B1

🖝 **【cannot resist** *do***ing】**
…せずにはいられない

連続・継続・中断

1252 ☑ **disturb**
[distə́:rb]
A2

動 〈休息・睡眠などを〉じゃまする, 妨げる
関連 disturbance 混乱, disturbing 動揺させる
ような

1253 ☑ **interrupt**
[ìntərʌ́pt]
B1

動 **1** 〈行動・発言などを〉じゃまする, 妨害する
関連 interruption じゃま
2 …を(一時的に)中断する

1254 ☑ **proceed**
[prəsí:d]

動 **1** (進行中の活動などを)続ける, 続行する
関連 procedure 手続き, process 過程
🖝 **【proceed with Ⓐ】** Ⓐを続ける
2 (ある方向へ)進む

B1

🖝 **【proceed to Ⓐ】** Ⓐへ進む

1255 ☑ **sequence**
[sí:kwəns]
B1

名 (出来事・行動などの)連続, 順序(of ...)

☑ チャンク **get into a** dispute	議論に巻き込まれる
☑ They had a hot **dispute over** the government's decision.	▶彼らは政府の決定について激しい議論を戦わした.

☑ チャンク **a bitter** quarrel	激しい口げんか
☑ I had a **quarrel with** my father about my future.	▶私は自分の将来について，父親と口論になった.
☑ Brenda **quarreled with** her boss about the new project.	▶ブレンダはその新プロジェクトについて，上司と口論した.

☑ チャンク **contrary** opinions	反対の意見
☑ His play was **contrary to** the fans' expectations.	▶彼のプレーはファンの期待に反するものだった.

☑ チャンク **resist** change	変化に抵抗する
☑ They **resisted** the construction of the expressway.	▶彼らはその高速道路の建設に抵抗した.
☑ I **couldn't resist hugging** my girlfriend when the train arrived.	▶列車が到着したとき，ぼくはガールフレンドを抱きしめずにはいられなかった.

STAGE 10

☑ チャンク **disturb the peace**	平和を乱す
☑ Sorry to **disturb** you, but do you know where Sam is?	▶じゃましてすみませんが，サムがどこにいるか分かりますか？

☑ チャンク **Sorry to interrupt,**	お話中(◉ じゃまして)すみません,
☑ Don't **interrupt** me when I'm studying.	▶私が勉強しているときはじゃましないで.
☑ A flash news item **interrupted** the program.	▶臨時ニュースのために番組が一時中断された(◉ 臨時ニュースは番組を一時中断した).

☑ チャンク **proceed with reforms**	改革を続行する
☑ Please **proceed with** your work.	▶お仕事を続けてください.
☑ Passengers on Flight 316, please **proceed to** Gate 7.	▶316 便にご搭乗の方は 7 番ゲートへお進みください.

☑ チャンク **in the correct sequence**	正しい順序で
☑ We won a **sequence of** victories.	▶私たちは連戦連勝を(◉ 連続の勝利を)収めた.

愚かさ・ばかばかしさ

1256 ☑ **stupid**
[stjúːpid]
B1

形 ばかな, 愚かな
対義 wise 賢い
☞ 【it is stupid of Ⓐ to *do*】
Ⓐが…するのは愚かである

1257 ☑ **foolish**
[fúːliʃ]
B1

形 ばかな, 愚かな(◆stupidと同義)
関連 fool 愚か者
☞ 【be foolish enough to *do*】
…するとは愚かである

1258 ☑ **silly**
[síli]
A2

形 ばかな, 愚かな(◆stupid, foolishと同義)

1259 ☑ **ridiculous**
[ridíkjələs]
B1

形 (不合理で)ばかげた

苦しみ・不安・恐怖

1260 ☑ **anxious**
[æŋkʃəs]
A2

形 **1** (これから起こることなどを)心配して
関連 anxiety 心配
☞ 【be anxious about Ⓐ】
Ⓐについて心配している
2 切望して
☞ 【be anxious for Ⓐ】Ⓐを切望している

1261 ☑ **horrible**
[hɔ́ːrəbl]
B1

形 恐ろしい, ぞっとするような
関連 horror 恐怖

1262 ☑ **fear**
[fíər]
A2

名 (…に対する)恐怖, 恐れ(of ...)
関連 fearful 恐れて(いる)

B2

動 …を恐れる, 怖がる

1263 ☑ **strain**
[stréin]
B1

名 (過労などが原因の)ストレス, 重圧(◆stress と同義)

B2

動 (使いすぎて)〈体の一部などを〉痛める

1264 ☑ **consult**
[kənsʌ́lt]
B2

動 〈専門家などに〉意見を求める, 相談する
関連 consultant コンサルタント
☞ 【consult Ⓐ about Ⓑ】
ⒷについてⒶに相談する

☑ チャンク **a stupid mistake**	愚かな**間違い**
☑ That's a **stupid** thing to say.	▶そんなばかなことを言うな.
☑ **It was stupid of me to** behave like that.	▶あんなふうにふるまうなんて私は愚かだった.

☑ チャンク **a foolish decision**	愚かな**決定**
☑ **I was foolish enough to** turn down his offer.	▶彼の申し出を断るなんて私はばかだった.

☑ チャンク **a silly idea**	ばかげた**考え**
☑ **Don't be silly.**	▶ばかなことを言わないで.

☑ チャンク **look ridiculous**	ばかげて**見える**
☑ **Don't be ridiculous!**	▶ばかなことを言う[する]な！

STAGE 10

☑ チャンク **an anxious look**	心配そうな**顔つき**
☑ **I'm anxious about** the result of the exam.	▶私はその試験の結果が心配だ.
☑ We **are anxious for** peace.	▶私たちは平和を切に願っている.

☑ チャンク **a horrible dream**	恐ろしい**夢**
☑ It was a really **horrible** incident.	▶それはほんとうに恐ろしい事件だった.

☑ チャンク **overcome my fear**	己の恐怖に打ち勝つ
☑ I have a **fear of** heights.	▶私は高所恐怖症だ.
☑ My sister **fears** darkness.	▶妹は暗やみを怖がる.

☑ チャンク **handle strain**	ストレス**を解消する**
☑ I was **under** a lot of **strain** then.	▶当時, 私は多くのストレスを抱えていた.
☑ I **strained** some muscles by training too hard.	▶私はトレーニングのしすぎで筋肉を痛めた.

☑ チャンク **consult a lawyer**	弁護士に意見を求める
☑ You should **consult** a doctor **about** your headaches.	▶君の頭痛については医者に相談したほうがいいよ.

十分・不足

1265 ☑ **sufficient**
[səfíʃnt]
B1

形 (数量などが)十分な(◆enough と同義)
関連 sufficiently 十分に
対義 insufficient 不十分な, deficient 不足した
👉 【be sufficient to *do*】…するのに十分である

1266 ☑ **adequate**
[ǽdikwit]
B2

形 (ある用途・目的のために)十分な(for ...)
関連 adequately 十分に
対義 inadequate 不十分な

1267 ☑ **shortage**
[ʃɔ́:rtidʒ]
B1

名 (必要とされるものの)不足, 欠乏(of ...)
関連 short 不足した

やさしさ・厳しさ

1268 ☑ **gentle**
[dʒéntl]
A2

形 **1** (性格などが)優しい(◆kindと同義)
👉 【be gentle with **A**】**A**に優しい
2 〈天候などが〉穏やかな(◆mild と同義)

1269 ☑ **strict**
[stríkt]
A1

形 (規則などについて)厳しい, 厳格な
👉 【be strict with **A**】**A**に対して厳しい
👉 【be strict about **A**】**A**に関して厳しい

1270 ☑ **ease**
[í:z]
B2
B2

名 たやすさ；気楽さ
対義 difficulty 難しさ
動 〈苦痛などを〉やわらげる

1271 ☑ **harsh**
[há:rʃ]

形 **1** 〈気候・状況などが〉厳しい, 過酷な
2 〈批判・扱いなどが〉厳しい, 残酷な

追う・逃げる

1272 ☑ **flee**
[flí:]
過去・過分 fled
B2

動 (全力で走るなどして)(…から)逃げる
👉 【flee from **A**】**A**から逃げる

1273 ☑ **pursue**
[pərsjú:]
A2

動 **1** (長期間にわたって)〈目的などを〉追い求める
関連 pursuit 追求
2 〈仕事などを〉続ける

☑ チャンク sufficient evidence	十分な証拠
☑ Four people will be sufficient to get the work done.	▶その仕事を終わらせるのに4人いれば十分でしょう.

☑ チャンク an adequate explanation	十分な説明
☑ There was adequate food for the three of them.	▶彼ら3人分の食料は十分に(🔁 3人にとって十分な食料が)あった.

☑ チャンク water shortage	水不足
☑ The shortage of food in the country is serious.	▶その国では食糧不足が深刻だ.

☑ チャンク a gentle smile	優しいほほえみ
☑ The Prince was gentle with the poor.	▶その王子は貧しい人々に優しかった.
☑ The sunlight was gentle in the afternoon.	▶午後は日差しが穏やかだった.

☑ チャンク a strict coach	厳しいコーチ
☑ She is very strict with her daughter.	▶彼女は娘に非常に厳しい.
☑ The school is very strict about clothes.	▶その学校は服装に関してとても厳しい.

☑ チャンク live at ease	気楽に暮らす
☑ Bob solved the problem with ease.	▶ボブはその問題をたやすく解いた.
☑ This drug eases the pain.	▶この薬は痛みをやわらげます.

☑ チャンク a harsh winter	寒さの厳しい冬
☑ We faced harsh realities.	▶私たちは厳しい現実に向かい合った.
☑ His idea got harsh criticism.	▶彼のアイディアは厳しい批判を受けた.

☑ チャンク flee the country	国外へ逃亡する
☑ She fled from the burning room carrying her son in her arms.	▶彼女は息子を抱きかかえて, 燃えさかる部屋から逃げ出した.

☑ チャンク pursue a goal	ゴールをひたすらに目指す
☑ He pursued peace in the country.	▶彼はその国の平和を追い求めた.
☑ She pursued a medical career.	▶彼女は医療関係の仕事を続けた.

321

連続・継続・中断

1274 ☑ **constant** [kánstənt]　**B2**	**形** **1** 絶え間ない 　**関連** constantly 絶えず **2** (状態が)一定の

1275 ☑ **last** [lǽst]　**B1**	**動** (一定の期間)続く；〈物が〉もつ 　**関連** lasting 永続する

1276 ☑ **cease** [síːs] 🎺 発音　**B2**	**動** **1** …をやめる，中止する(◆stop と同義) 　**関連** cease-fire 停戦 　➡ 【cease doing [to do]】…するのをやめる **2** 〈雨・活動などが〉やむ，途絶える

1277 ☑ **suspend** [səspénd]　**B2**	**動** …を(正式な形で)(一時)停止にする

程度・度合い

1278 ☑ **excessive** [iksésiv]　**B2**	**形** (数・量が)過度の 　**関連** excess 超過, excessively 過度に

1279 ☑ **tremendous** [triméndəs]　**B1**	**形** (程度・大きさ・量が)ものすごい，非常に大きい 　**関連** tremendously とてつもなく

1280 ☑ **overwhelming** [òuvərhwélmiŋ]　**B1**	**形** 圧倒的な 　**関連** overwhelm 圧倒する, 　　　overwhelmingly 圧倒的に

内部・外部

1281 ☑ **internal** [intə́ːrnl]　**B1**	**形** **1** 〈問題などが〉国内の 　**対義** foreign 外国の **2** (建物や人体などの)内部の 　**関連** internally 内部で

1282 ☑ **external** [ikstə́ːrnl]　**B2**	**形** (建物や人体などの)外部の

☑ **チャンク** constant **change**	絶え間ない**変化**
☑ He suffers from constant headaches.	▶彼は絶えず頭痛に悩まされている.
☑ I kept the speed constant.	▶私はスピードを一定に保った.
☑ **チャンク** last **for 10 hours**	**10時間もつ**
☑ The rain lasted for two days.	▶雨は2日間続いた.
☑ **チャンク** cease **production**	**生産をやめる**
☑ The publisher ceased publishing magazines.	▶その出版社は雑誌の出版をやめた.
☑ This orchestra will cease to exist if we can't find any new members.	▶私たちが新しい楽団員を見つけないと, このオーケストラはなくなってしまう (◉ 存在するのをやめるだろう).
☑ The rain ceased after midnight.	▶真夜中過ぎに雨はやんだ.
☑ **チャンク** suspend **his driver's license**	彼の運転免許を**停止にする**
☑ Flights were suspended because of the hurricane.	▶ハリケーンのため, 飛行機の運航は停止になった(◉ 停止された).

STAGE 10

☑ **チャンク** excessive **eating**	**過食**
☑ Don't get excessive exercise.	▶過度の運動は控えてください.

☑ **チャンク** tremendous **success**	**大成功**
☑ She made a tremendous effort and became the world champion.	▶彼女はものすごい努力をし, 世界チャンピオンになった.
☑ **チャンク** an overwhelming **majority**	**圧倒的多数**
☑ They won an overwhelming victory.	▶彼らは圧倒的な勝利を収めた.

☑ **チャンク** the internal **organs**	**内臓**
☑ Each country should handle its own internal affairs.	▶各国は国内問題を処理しなくてはならない.
☑ This medicine is for internal use.	▶この薬は内服薬だ.

☑ **チャンク** the external **appearance**	**外見**
☑ For external use only.	▶(薬のラベルで)外用薬.

選択・決定

1283 ☑ **vote**
[vóut]

A1 名 (選挙における)投票;(個々の)票

B1 動 (選挙において)投票する
関連 **voter** 投票者
⮕ 【vote for ❹】❹に賛成投票する

1284 ☑ **appoint**
[əpóint]

動 …を(役職などに)任命する, 指名する
⮕ 【appoint ❹ as ❺】❹を❺に任命する

B1

1285 ☑ **alternative**
[ɔːltə́ːrnətiv]

B1 形〈方法などが〉代わりの;(従来のものと異なる)
代替…, 新…

B1 名 選択(肢)

追う・逃げる

1286 ☑ **escape**
[iskéip]

動 (危険な人や場所などから)逃げる, 脱出する
(from ...)

B1

1287 ☑ **chase**
[tʃéis]

動 **1** (捕まえるために)(…を)追いかける

2 (脅かすなどして)…を追い払う
B2 ⮕ 【chase ❹ out of ❺】❺から❹を追い払う

関係

1288 ☑ **direct**
[dirékt]

A2 形 **1** 直接的な;直通の
関連 **direction** 方向, **directly** 直接
対義 **indirect** 間接的な
2 〈言動などが〉率直な, 正直な

B1 動 **1** …を(ある方向に)向ける
⮕ 【direct ❹ to ❺】❹を❺に向ける
2 〈活動・組織などを〉指揮する

1289 ☑ **interfere**
[intərfíər]

動 **1** 干渉する
⮕ 【interfere in ❹】❹に干渉する

2 (進行の)じゃまをする
関連 **interference** 妨害
⮕ 【interfere with ❹】❹のじゃまをする
B2

STAGE 10

☐ チャンク **a majority** vote | 多数決
☐ Tom was chosen by 6 **votes** to 3. | ▶6票対3票でトムが選ばれた.
☐ Five members **voted for** the motion. | ▶5人のメンバーが動議に賛成票を投じた.

☐ チャンク **appoint** a new principal | 新しい校長を任命する
☐ The Prime Minister **appointed** her **as** Foreign Minister. | ▶首相は彼女を外務大臣に任命した.

☐ チャンク **alternative** energy | 代替エネルギー
☐ Do you have an **alternative** plan? | ▶代案はありますか？
☐ We have two **alternatives**. | ▶我々には2つの選択肢がある.

☐ チャンク **escape from** reality | 現実逃避する
☐ He managed to **escape from** the burning house. | ▶彼はなんとか燃えている家から脱出した.

☐ チャンク **chase after** a pickpocket | すりを追いかける
☐ The police dog **chased** the man. | ▶警察犬はその男を追跡した.
☐ She **chased** the cat **out of** the kitchen. | ▶彼女はその猫を台所から追い払った.

☐ チャンク a **direct** result | 直接の結果
☐ They are in **direct** contact with customers. | ▶彼らは顧客と直接接している.
☐ She has a **direct** way of speaking. | ▶彼女は率直な物言いをする.
☐ We **directed** our thoughts **to** the disaster area. | ▶私たちは被災地に思いを寄せた (回 向けた).
☐ Mark **directed** the project. | ▶マークはそのプロジェクトを指揮した.

☐ チャンク **interfere in** family problems | 家庭内の問題に干渉する
☐ You are **interfering in** a private matter. | ▶君はプライベートなことに立ち入っている (回 干渉している)よ.
☐ Don't **interfere with** me. | ▶私のじゃまをしないで.

325

魅力

1290 ☑ **attract**
[ətrǽkt]
B1

動〈注意・関心などを〉引く；〈人を〉魅了する
関連 attraction 魅力 attractive 魅力的な，
attractively 魅力的に

1291 ☑ **fascinate**
[fǽsənèit]
B1

動〈人を〉魅了する，うっとりさせる
関連 fascinating 魅惑的な，fascination 魅力
➡ 【be fascinated by Ⓐ】Ⓐに魅了される

1292 ☑ **charm**
[tʃɑ́ːrm]
B1

名 (うっとりさせるような)魅力

動〈人を〉魅了する，うっとりさせる
(◆fascinate と同義)
関連 charming チャーミングな
➡ 【be charmed by Ⓐ】Ⓐに魅了される

病気

1293 ☑ **infect**
[infékt]
B2

動〈病気などが〉…に伝染する(◆しばしば受身で)
関連 infection 伝染，infectious 伝染性の
➡ 【be infected with Ⓐ】Ⓐに感染している

1294 ☑ **virus**
[váirəs]
🔊 発音
B1

名 (病原体)ウイルス；(コンピュータ)ウイルス

形状・部位

1295 ☑ **thin**
[θín]
A1

形 1 (形が)細い；(厚さが)薄い

2 〈人が〉やせている(◆「不健康」のような否定的
な意味合いがある)

1296 ☑ **thick**
[θík]
A1

形 1 (厚さが)厚い

2 〈木などが〉密集した(◆dense と同義)

1297 ☑ **frame**
[fréim]
A2

名 1 (窓などの)枠；(写真・絵などの)額縁

2 (機械などの)骨組み，フレーム

☐ チャンク attract **attention**	注意を引く
☐ Flowers **attract** bees.	▶花はハチを引きつける.

☐ チャンク become increasingly fascinated	ますます魅了される
☐ I **was fascinated by** Grace's elegant way of dancing.	▶私はグレースの優雅な踊り方に魅了された.

☐ チャンク great **charm**	大きな魅力
☐ Mozart's music has a lot of **charm**.	▶モーツァルトの音楽には人を強く引きつける魅力がある.
☐ We **were charmed by** her songs.	▶私たちは彼女の歌に魅了された.

☐ チャンク infect **other people**	他の人々に伝染する
☐ They **are infected with** cholera.	▶彼らはコレラに感染している.

☐ チャンク remove **viruses**	ウイルスを取り除く
☐ This disease is caused by a **virus**.	▶この病気はウイルスによって引き起こされる.

☐ チャンク a thin **book**	薄い本
☐ Jill has beautiful **thin** fingers.	▶ジルの指は細く美しい.
☐ Henry looked **thin** and pale.	▶ヘンリーはやせていて顔色もよくなさそうだった.

☐ チャンク a thick **coat**	厚手のコート
☐ This wall isn't very **thick**.	▶この壁はそんなに厚くない.
☐ There is a **thick** forest in that area.	▶その地域には密林がある.

☐ チャンク the frame **of a window**	窓枠
☐ There was a picture in a **frame** of her children.	▶額縁に入れられた, 彼女の子どもたちの写真があった.
☐ The **frame** of this bike was imported from France.	▶この自転車のフレームはフランスから輸入された.

病気

1298 ☑ **ill**
[íl]
比較 worse **最上** worst **A2**

形〈人・動物などが〉病気の(◆sick よりもかたい語)
関連 illness 病気(の状態)
対義 well 健康で, 元気で. healthy 健康な

1299 ☑ **immune**
[imjú:n]

形(病原菌などに対して)免疫がある
関連 immunity 免疫
➡ **【be immune to Ⓐ】Ⓐに免疫がある**

能力・技術

1300 ☑ **talent**
[tǽlənt]
A2

名(生まれつきの)才能(◆日本語の「(テレビ)タレント」は a TV personality [celebrity])
関連 talented 才能のある
➡ **【a talent for Ⓐ】Ⓐの才能**

1301 ☑ **genius**
[dʒí:niəs]
B2

名 **1** (非常に高いレベルの)才能

2 (人を指して)天才

1302 ☑ **efficient**
[ifíʃnt]
B1

形〈方法などが〉効率のよい
関連 efficiency 効率, efficiently 効率よく
対義 inefficient 効率の悪い

1303 ☑ **specialize**
[spéʃəlàiz]
B1

動(学問・仕事などを)専門にする
関連 special 特別な, specialist 専門家, specially 特別に
➡ **【specialize in Ⓐ】Ⓐを専門にする**

社会問題

1304 ☑ **abuse**
[əbjú:s]
B2

名 **1** (弱者への)虐待

2 (権力・麻薬などの)乱用

1305 ☑ **unemployment**
[ʌ̀nimplɔ́imənt]
B1

名失業(状態);失業者数
対義 employment 雇用

1306 ☑ **discrimination**
[diskrìmənéiʃn]
B1

名(…に対する)差別(against ...)
関連 discriminate 差別する

STAGE 10

☐ **チャンク become ill**　病気になる
☐ His father is seriously ill in the hospital.　▶彼の父親は重い病気で入院している.

☐ **チャンク an immune system**　免疫システム
☐ I am immune to chickenpox.　▶私は水ぼうそうに免疫がある.

☐ **チャンク have a natural talent for Ⓐ**　Ⓐ の天賦の才がある
☐ She has a great talent for languages.　▶彼女にはすばらしい言語の才能がある.

☐ **チャンク a stroke of genius**　天才的なひらめき
☐ He is a writer of genius.　▶彼は非常に優れた(◉ 天才的な)作家だ.
☐ She is a musical genius.　▶彼女は音楽の天才だ.

☐ **チャンク the most efficient way**　最も効率的な方法
☐ The efficient use of energy was the theme of her speech.　▶エネルギーの効率的な使い方が彼女の スピーチのテーマだった.

☐ **チャンク specialize in history**　歴史を専攻する
☐ My company specializes in developing video games.　▶私の会社はテレビゲームの開発を専門に している.

☐ **チャンク sexual abuse**　性的虐待
☐ Child abuse is a shameful act.　▶児童虐待は恥ずべき行為だ.
☐ Drug abuse is a serious social problem.　▶麻薬の乱用は深刻な社会問題だ.

☐ **チャンク the unemployment rate**　失業率
☐ There has been a rapid increase in unemployment.　▶失業者数が急激に増加している.

☐ **チャンク racial discrimination**　人種差別
☐ What should we do to prevent discrimination against people with disabilities?　▶障害者に対する差別をなくすために, 私たちは何をすべきなのでしょうか?

程度・度合い

1307 ☑ **considerable** [kənsídərəbl] B1	形 (数・量・程度などが)かなりの, 相当な 関連 **considerably** かなり	

1308 ☑ **intense** [inténs] B1	形 〈痛み・熱などが〉激しい 関連 **intensity** 激しさ. **intensive** 集中的な

1309 ☑ **slight** [sláit] B2	形 (程度が)わずかの, 軽度の 関連 **slightly** 少し

1310 ☑ **mere** [míər] B1	形 ほんの, 単なる 関連 **merely** ただ…だけ

1311 ☑ **absolutely** [ǽbsəlù:tli] B1	副 **1** 絶対に, 完全に 関連 **absolute** 絶対的な **2** (受け答えで)もちろん, そのとおり

1312 ☑ **medium** [mí:diəm] B1	形 〈質・大きさなどが〉中間の 関連 **media** メディア

1313 ☑ **thoroughly** [θɔ́:rouli] B2	副 徹底的に 関連 **thorough** 徹底的な

つくる・生み出す

1314 ☑ **manufacture** [mǽnjəfǽktʃər] B2	動 (機械で大量に)…を生産する 関連 **manufacturer** 製造業者

1315 ☑ **generate** [dʒénərèit] B1	動 〈新たなものを〉生み出す；〈電力などを〉発生させる

1316 ☑ **compose** [kəmpóuz] B1	動 **1** 〈楽曲などを〉作曲する 関連 **composer** 作曲家. **composition** 作文 **2** (組み合わさって)…を構成する(◆通例受身で) ☞ 【be composed of Ⓐ】Ⓐで構成されている

1317 ☑ **found** [fáund] B2	動 〈組織などを〉設立する(◆establish と同義) 関連 **foundation** 設立

1318 ☑ **yield** [jí:ld] B2	動 〈作物などを〉産出する；〈利益などを〉生む

☐ **チャンク** considerable amount of Ⓐ | 莫大(ばくだい)な量の Ⓐ
☐ The tsunami caused considerable damage. | ▶その津波は相当な被害をもたらした.

☐ **チャンク** intense heat | 厳しい暑さ
☐ Suddenly, I had an intense pain in my back. | ▶突然, 背中に激痛が走った.

☐ **チャンク** a slight increase | わずかな増加
☐ I have a slight headache. | ▶少し頭痛がする.

☐ **チャンク** the mere fact | 単なる事実
☐ The mere thought of it makes me blue. | ▶そのことを考えただけで憂うつになる.

☐ **チャンク** be absolutely free of Ⓐ | Ⓐ が完全にない
☐ That's absolutely impossible. | ▶それはまったく不可能だ.
☐ "Do you agree?" "Absolutely." | ▶「君も同じ意見かい?」「もちろん」

☐ **チャンク** over medium heat | 中火で
☐ He is of medium height. | ▶彼は中くらいの背丈だ.

☐ **チャンク** investigate a case thoroughly | 事件を徹底的に調査する
☐ I cleaned my room thoroughly. | ▶私は自分の部屋を徹底的に掃除した.

☐ **チャンク** manufacture drugs | 薬を生産する
☐ This factory manufactures auto parts. | ▶この工場は自動車部品を生産している.

☐ **チャンク** generate electricity | 電力を発生させる
☐ The government program will generate new jobs. | ▶その政府の政策は新たな雇用を生み出すだろう.

☐ **チャンク** compose an opera | オペラを作曲する
☐ I composed this song for you. | ▶この曲は君のためにつくったんだ.
☐ This symphony is composed of four movements. | ▶この交響曲は4つの楽章で構成されている.

☐ **チャンク** found a school | 学校を設立する
☐ This hospital was founded in 1930. | ▶この病院は 1930 年に設立された.

☐ **チャンク** yield profit | 利益を生む
☐ This tree yields fruit every year. | ▶この木には毎年, 果実がなる.

STAGE 10

言葉

1319 ☑ **literacy**
[lítərəsi]

名 読み書きの能力
関連 literal 文字どおりの, literate 読み書きのできる **対義** illiteracy 非識字

1320 ☑ **proverb**
[právə:rb]
B1

名 ことわざ, 格言(◆sayingと同義)

1321 ☑ **verbal**
[vá:rbl]
B2

形 口頭の;言葉の
対義 nonverbal 言語によらない

1322 ☑ **linguistic**
[liŋgwístik]

形 言語(学)の
関連 linguist 言語学者, linguistics 言語学

音・声

1323 ☑ **cheer**
[tʃíər]
A2

動 (観衆などが)…に歓声[声援]を送る
関連 cheerful 陽気な

1324 ☑ **cheer up**

〈人が〉元気を出す;〈人を〉元気づける

1325 ☑ **scream**
[skrí:m]
B1

動 (苦痛・恐怖などで)悲鳴をあげる

1326 ☑ **tune**
[tjú:n]
A2

名 (耳に心地よい)曲, メロディー

動 〈楽器を〉調律する

発着

1327 ☑ **depart**
[dipá:rt]
B1

動 (旅などの目的地へ)出発する
関連 departure 出発 **対義** arrive 到着する
☞ 【depart from Ⓐ for Ⓑ】
Ⓐから Ⓑに向けて出発する

1328 ☑ **launch**
[ló:ntʃ]
B1

動 **1** 〈ロケットなどを〉打ち上げる
関連 launcher 発射装置

2 〈事業などを〉始める

STAGE 10

☑ 🈁 a literacy **class** | 読み書き**教室**
☑ The **literacy** rate of the country is still low. | ▶その国の識字率はいまだに低い.

☑ 🈁 as the **proverb goes** | ことわざにあるとおり
☑ My favorite **proverb** is "Rome was not built in a day." | ▶私の大好きなことわざは「ローマは一日にして成らず」だ.

☑ 🈁 a verbal **promise** | 口約束
☑ **Verbal** communication is essential in our daily lives. | ▶言葉によるコミュニケーションは私たちの日常生活において不可欠だ.

☑ 🈁 linguistic **skills** | 言語の**運用能力**
☑ I faced **linguistic** barriers when I started to live in New York. | ▶ニューヨークに住みはじめたころ, 私は言語の壁に直面した.

☑ 🈁 cheer **the President** | 大統領に歓声を送る
☑ The crowd **cheered** the marathon runners. | ▶観衆はマラソン走者たちに声援を送った.
☑ **Cheer up!** It isn't the end of the world. | ▶元気を出して! 世界の終わりってわけじゃないんだから.

☑ 🈁 scream **with fear** | 恐怖で悲鳴をあげる
☑ He **screamed** in pain. | ▶彼は痛みで悲鳴をあげた.

☑ 🈁 a theme **tune** | テーマ曲
☑ I'm familiar with this **tune**. | ▶このメロディーは聞き覚えがある.
☑ He **tuned** my piano. | ▶彼は私のピアノを調律した.

☑ 🈁 depart **from platform 2** | 2 番ホームから出発する
☑ I **departed from** Rome for Venice on that day. | ▶その日, 私はローマからベニスに向けて出発した.

☑ 🈁 launch **a rocket** | ロケットを打ち上げる
☑ The space shuttle will be **launched** next week. | ▶そのスペースシャトルは来週打ち上げられる予定だ.
☑ The fast-food chain **launched** a new sales campaign. | ▶そのファーストフードチェーンは新しい販売キャンペーンを始めた.

跡・記録

1329 ☑ **track**
[trǽk]
A2

名**1** (人・車などの)通った跡

2 (競技場の)トラック

1330 ☑ **trace**
[tréis]
B1

名 (存在などを示す)跡, 痕跡

B2

動 (注意深く)…の跡をたどる

1331 ☑ **register**
[rédʒistər]
B1

名 (公式の)名簿, リスト

B1

動 (公的なリストなどに)…を登録する

楽しさ

1332 ☑ **pleasant**
[pléznt]

形 〈時間・出来事などが〉楽しい;〈場所が〉心地よい
関連 please 喜ばせる, pleased 喜んで(いる),
pleasure 喜び
対義 unpleasant 不愉快な
☞ 【it is pleasant to *do*】…するのは楽しい

A2

1333 ☑ **hobby**
[hɑ́bi]
A1

名 (経験・技術などが必要とされる)趣味(◆「絵を
描くこと」や「ガーデニング」など)

1334 ☑ **humor**
[hjúːmər]
B1

名 ユーモア
関連 humorous ユーモアのある

1335 ☑ **entertain**
[èntərtéin]

動**1** (話をしたりして)…を楽しませる
関連 entertainment 娯楽
☞ 【entertain Ⓐ with Ⓑ】
ⒶをⒷで楽しませる
2 (自宅で)〈客を〉もてなす

B1

物・物質

1336 ☑ **steam**
[stíːm]
B1

名 (水)蒸気

1337 ☑ **coal**
[kóul]
B1

名 石炭

☑ チャンク **a bear's** tracks　　　　　クマの足跡
☑ The police found tire **tracks**.　　　▶警察はタイヤの跡を発見した.
☑ The stadium has a 400-meter **track**.　▶その競技場には 400 メートルトラックがある.

☑ チャンク **without a** trace　　　　　跡形もなく
☑ We can still see some **traces** of the　▶その町には今でも戦争のつめ跡が残って
war in the town.　　　　　　　　いる.
☑ I **traced** the footprints in the snow.　▶私は雪に残された足跡をたどっていった.

☑ チャンク **call the** register　　　　　出席を取る(⬛ 名簿の名前を呼ぶ)
☑ I signed the hotel **register**.　　　　▶私は宿泊者名簿に名前を記入した.
☑ Mr. and Mrs. Jones **registered** the　▶ジョーンズ夫妻は赤ちゃんの出生届を出し
birth of their baby.　　　　　　た(⬛ 誕生を登録した).

☑ チャンク **a pleasant** experience　　　楽しい経験
☑ What a **pleasant** surprise!　　　　▶(これは)うれしい驚きだね！

☑ It was **pleasant** to lie down on the　▶芝生に寝転ぶのは心地よかった.
grass.

☑ チャンク **a popular** hobby　　　　　人気のある趣味
☑ My **hobby** is flower arrangement.　　▶私の趣味は生け花だ.

☑ チャンク **see the** humor in ⓐ　　　ⓐ をおもしろいと思う
☑ He has no sense of **humor**.　　　　▶彼はユーモアのセンスがない.

☑ チャンク **entertain the** audience　　　聴衆を楽しませる
☑ She **entertained** us with funny　　　▶彼女はおもしろい話をして私たちを楽しま
stories.　　　　　　　　　　　せた.

☑ Mr. and Mrs. White like to **entertain**　▶ホワイト夫妻は自宅で友人をもてなすのが
their friends at their home.　　　好きだ.

☑ チャンク **a steam** iron　　　　　　スチームアイロン
☑ Water turns into **steam** when it boils.　▶沸騰すると水は水蒸気に変わる.

☑ チャンク **a coal** mine　　　　　　炭鉱
☑ The stone was as black as **coal**.　　▶その石は石炭のように真っ黒だった.

STAGE 10

335

時間

1338 ☑ **permanent**
[pə́:rmənənt]
B1

形 永久的な；〈雇用などが〉終身の
関連 **permanently** 永久に

1339 ☑ **old-fashioned**
[óuldfǽʃnd]
B1

形 〈服装・方法などが〉時代遅れの，旧式の

1340 ☑ **brief**
[brí:f]
B1

形 〈訪問・会話・文章などが〉短時間の，簡潔な
関連 **briefly** 簡潔に

1341 ☑ **temporary**
[témpərèri]
B1

形 一時的な，仮の
関連 **temporarily** 一時的に

1342 ☑ **span**
[spǽn]

名 （ある一定の）期間

問題・困難

1343 ☑ **confront**
[kənfrʌ́nt]
B2

動 〈困難などに〉直面する，（敢然と）立ち向かう
（◆face と同義）
関連 **confrontation** 直面，対決

1344 ☑ **resolve**
[rizɑ́lv]
B1

動 ❶ 〈問題・困難などを〉解決する（◆solve と同義）
❷ …を決心する（◆decide と同義）
☞ 【**resolve to** *do*】…することを決心する
関連 **resolution** 決意

1345 ☑ **burden**
[bə́:rdn]
B1
B2

名 （精神的な）重荷，負担

動 …にとって（心の）重荷となる（◆しばしば受身で）
☞ 【**be burdened with ⓐ**】ⓐが重荷となって
いる

物・物質

1346 ☑ **dioxide**
[daiɑ́ksaid]
B1

名 二酸化物
関連 **oxygen** 酸素

1347 ☑ **acid**
[ǽsid]

形 〈物質が〉酸性の
対義 **alkaline** アルカリ性の

☑ チャンク permanent **teeth** — 永久歯
☑ A lot of young people want a permanent job. ▶多くの若者が終身雇用の仕事を求めている.

☑ チャンク an old-fashioned **way of thinking** — 時代遅れの**考え方**
☑ The dress looked a little old-fashioned. ▶そのドレスは少し時代遅れの感があった.

☑ チャンク a brief **description** — 簡潔な**説明**
☑ Let's keep it brief. ▶手短にやりましょう.

☑ チャンク a temporary **job** — 一時的な**仕事**
☑ This class schedule is temporary. ▶この授業の時間割は仮のものだ.

☑ チャンク in a short time **span** — 短期間で
☑ The average life span of this animal is 10 years. ▶この動物の平均寿命は(● 平均的な生命の期間は)10年だ.

☑ チャンク confront **a recession** — 不況に直面する
☑ She has confronted various difficulties. ▶彼女はさまざまな困難に立ち向かってきた.

☑ チャンク resolve **a dispute** — 紛争を解決する
☑ We need to resolve this problem quickly. ▶私たちはこの問題を早急に解決する必要がある.
☑ I resolved to ask Lisa out. ▶ぼくはリサをデートに誘おうと決心した.

☑ チャンク carry the **burden** — 重荷を背負う
☑ My boss reduced my work burden. ▶上司は私の仕事の負担を軽減してくれた.
☑ He is burdened with the responsibility as the leader. ▶彼にとっては, リーダーとしての責任が重荷となっている.

☑ チャンク carbon **dioxide** — 二酸化炭素
☑ Nitrogen dioxide is a pollutant. ▶二酸化窒素は汚染物質だ.

☑ チャンク acid **rain** — 酸性雨
☑ These trees prefer acid soil. ▶これらの木々は酸性土壌でよく育つ.

STAGE 10

深浅

1348 ☐ **shallow**
[ʃǽlou] **B1**
形〈海・川・池・湖などが〉浅い
対義 deep 深い

1349 ☐ **superficial**
[sù:pərfíʃl]
形〈知識などが〉表面的な, 見かけだけの

1350 ☐ **dig**
[díg]
過去・過分 dug **B1**
動〈地面などを〉掘る

1351 ☐ **sink** **B1**
[síŋk]
過去 sank, sunk
過分 sunk **A2**
動〈水面下に〉沈む, 沈没する
対義 float 浮く

名(台所の)流し, シンク

禁止・廃止

1352 ☐ **prohibit**
[prouhíbit]
B2
動〈法律・規則などが〉…を禁止する
☞ 【be prohibited from doing】
…することを禁止されている

1353 ☐ **ban**
[bǽn]
B2
動〈法律・規則などが〉…を禁止する(◆prohibit と同義)

1354 ☐ **forbid**
[fərbíd]
過去 forbade, forbad
過分 forbidden **A2**
動…を禁止する, 禁じる(◆法律などで禁じる場合と, 個人的に命令するなどして禁じる場合の両方で用いる)
☞ 【be forbidden to do】
…することを禁止されている

1355 ☐ **abolish**
[əbáliʃ] **B2**
動〈法律・制度などを〉廃止する
関連 abolition 廃止

物・物質

1356 ☐ **substance**
[sʌ́bstəns]
B2
名物質(◆matter と同義)
関連 substantial かなりの

1357 ☐ **stuff**
[stʌ́f]
A2
名(漠然とした)物(◆そのものが何か分からない, またはわざとあいまいにする場合などに用いる)

☑ チャンク **a shallow sea** 　　　　　　　　　浅海

☑ There is a **shallow** pond near here. 　　▶この近くに浅い池がある.

☑ チャンク **a superficial knowledge** 　　表面的な知識

☑ His comment was quite **superficial**. 　　▶彼のコメントはかなり表面的だった.

☑ チャンク **dig the ground** 　　　　　　　地面を掘る

☑ We are going to **dig** a well here. 　　　▶我々はここに井戸を掘る予定だ.

☑ チャンク **sink slowly** 　　　　　　　　　ゆっくりと沈む

☑ He was rescued from the boat before it **sank**. 　　　▶彼は沈む前に船から救出された.

☑ Take the dishes to the **sink**. 　　　　　▶お皿を流しに持っていって.

☑ チャンク **prohibit the sale of alcohol** 　アルコール飲料の販売を禁止する

☑ In Singapore, the law **prohibits** bringing gum into the country. 　　▶シンガポールでは, 国内にガムを持ち込むことを法律で禁止している.

☑ You **are prohibited from** smoking here. 　　▶ここでの喫煙は禁止されている.

☑ チャンク **be banned internationally** 　国際的に禁止されている

☑ The law **bans** the use of cell phones while driving. 　　▶その法律は運転中の携帯電話の使用を禁じている.

☑ チャンク **forbid the import of weapons** 　武器の輸入を禁止する

☑ The law **forbids** discrimination on grounds of sex. 　　▶その法律は性別による差別を禁止している.

☑ I am **forbidden** to work part-time. 　　▶私はアルバイトをすることを禁止されている.

☑ チャンク **abolish slavery** 　　　　　　　奴隷制度を廃止する

☑ Apartheid was **abolished** in 1991. 　　▶アパルトヘイトは 1991 年に廃止された.

☑ チャンク **toxic substances** 　　　　　　有毒物質

☑ There are harmful **substances** in the air. 　　▶空気には有害な物質が含まれている.

☑ チャンク **good stuff** 　　　　　　　　　いい物

☑ You've got some **stuff** on the back of your shirt. 　　▶シャツの背中に何か(➡ 何らかの物が)ついているよ.

STAGE 10

339

液体

1358 ☐ **liquid** [líkwid]	**B1**	**名** 液体（◆「固体」は solid,「気体」は gas）
	B1	**形** 液体の, 液状の
1359 ☐ **pour** [pɔ́ːr] 🎺 発音	**A2**	**動 1** （容器に入った）〈液体を〉注ぐ **2** 〈液体が〉流れ出る
1360 ☐ **float** [flóut]	**B1**	**動 1** （水面に）浮く **対義 sink** 沈む **2** （空中を）漂う
1361 ☐ **spill** [spíl] **過去・過分** spilled, spilt	**A2**	**動** 〈容器に入った液体を〉（うっかり）こぼす
1362 ☐ **shed** [ʃéd] **過去・過分** shed		**動 1** 〈涙などを〉流す **2** 〈不要なものを〉取り除く

伝統・慣習・習慣

1363 ☐ **used** [júːst] 🎺 発音	**動 1** （以前は）よく…したものだ（◆過去における習慣を表す） 👉 **【used to do】** よく…したものだ **2** （以前は）…だった（◆過去における状態・状況を表す） 👉 **【used to be ...】** …だった
1364 ☐ **be used to ...**	…に慣れている（◆toの後はdoingまたは名詞）
1365 ☐ **get used to ...**	…に慣れる（◆toの後はdoingまたは名詞）
1366 ☐ **conventional** [kənvénʃənl] **B2**	**形** （方式などが）従来の, 伝統的な **関連 convention** 慣習

☑ チャンク **in liquid form**	液状で
☐ Carry-on **liquids** are limited to 3 ounces.	▶機内持ち込みできる液体は3オンスまでだ.
☐ The medicine comes in **liquid** form.	▶その薬は液状だ.
☑ チャンク **pour water**	水を注ぐ
☐ **Pour** wine for the guests.	▶お客にワインを注ぎなさい.
☐ Blood **poured** from his nose.	▶彼の鼻から血が流れ出た.
☑ チャンク **float freely**	自由に漂う
☐ Leaves were **floating** on the pond.	▶池に木の葉が浮かんでいた.
☐ Clouds **floated** across the sky.	▶空には雲が浮かんでいた.
☑ チャンク **spill milk all over the floor**	牛乳を床中にこぼす
☐ I almost **spilled** my coffee.	▶私はもう少しでコーヒーをこぼすところだった.
☐ It is no use crying over **spilt** milk.	▶こぼれたミルクを嘆いても仕方がない；「覆水盆に返らず」(◆ことわざ)
☑ チャンク **shed tears of joy**	うれし涙を流す
☐ My sister has never **shed** tears in public.	▶姉は人前で涙を見せた(◉ 流した)ことがない.
☐ I **shed** two kilograms thanks to the diet.	▶ダイエットのおかげで私は2キロ減量した(◉ 2キログラムを取り除いた).

☑ チャンク **used to be able to** *do*	かつては…ができた
☐ We **used to** go camping in the mountains.	▶私たちはよく山にキャンプに行ったものだ.
☐ There **used to be** a church here.	▶かつてここには教会があった.
☐ He **is used to living** alone.	▶彼はひとり暮らしに慣れている.
☐ I **got used to wearing** glasses.	▶私は眼鏡をかけるのに慣れた.
☑ チャンク **a conventional way**	伝統的な方法
☐ Electric cars are quieter than **conventional** ones.	▶電気自動車は従来の自動車よりも静かだ.

STAGE 10

341

よい・悪い

1367 ☑ **virtue**
[vɔ́ːrtʃuː]
B2

名 (行動などによって示される)美徳
対義 vice 悪

1368 ☑ **awful**
[ɔ́ːfl]
A2

形 **1** (とても)ひどい
関連 awfully 非常に
2 (量などが)ものすごい

1369 ☑ **spoil**
[spɔ́il]
過去・過分 spoiled, spoilt
B1

動 **1** 〈魅力のあるものなどを〉台なしにする,
だめにする

2 〈子どもなどを〉甘やかす
関連 spoiled 甘やかされて育った

1370 ☑ **deceive**
[disíːv]
B2

動 〈人を〉だます, 欺く
関連 deception だますこと
☞ 【deceive Ⓐ into *do*ing】
Ⓐをだまして…させる

1371 ☑ **elegant**
[éligənt]
B2

形 (魅力があり)上品な, 優雅な(◆graceful と同義)
関連 elegance 優雅

1372 ☑ **prominent**
[prɑ́mənənt]
B1

形 (高名で)傑出した;〈役割などが〉重要な

曲げる・曲がる

1373 ☑ **bend**
[bénd]
過去・過分 bent
A2

動 **1** 〈体の部分などを〉曲げる

2 〈人が〉体を曲げる, かがむ(◆しばしばdown
を伴う)

1374 ☑ **wind**
[wáind]
🎺 発音
過去・過分 wound
B2

動 **1** 〈道・川などが〉曲がる, うねる
関連 winding 曲がりくねった

2 〈布などを〉巻く
☞ 【wind Ⓐ around Ⓑ】ⒶをⒷに巻く

1375 ☑ **bow**
[báu]
🎺 発音
B2

動 (敬意などを示すため)おじぎをする, 頭を下げる
☞ 【bow before Ⓐ】Ⓐにおじぎをする
🔖 bow には「弓」という意味もあります.

☑ チャンク **wisdom and** virtue	知恵と美徳
☑ The woman led a life of **virtue**.	▶その女性は美徳ある生活を送った.

☑ チャンク **an awful smell**	ひどいにおい
☑ The soup tasted **awful**.	▶そのスープはひどい味だった.
☑ He has spent an **awful** lot of money on his cars.	▶彼は車にものすごい額のお金を費やしてきた.

☑ チャンク **spoil the view**	景観を損なう
☑ The bad weather **spoiled** the camp.	▶悪天候でキャンプは台なしだった(⬚ 悪天候がキャンプを台なしにした).
☑ Nowadays a lot of parents **spoil** their children.	▶近ごろはたくさんの親が子どもを甘やかしている.

☑ チャンク **Don't be deceived!**	だまされちゃだめだよ!
☑ I was **deceived** by his looks.	▶私は彼の容貌(ようぼう)にだまされた.
☑ They tried to **deceive** me into **buying** the picture.	▶彼らは私をだまして, その絵を買わせようとした.

☑ チャンク **an elegant hotel**	優雅なホテル
☑ I was attracted by Patricia's **elegant** manners.	▶私はパトリシアの上品な物腰に魅了された.

☑ チャンク **play a prominent part**	重要な役割を果たす
☑ Lisa is a **prominent** scientist.	▶リサは傑出した科学者だ.

☑ チャンク **bend a wire**	針金を曲げる
☑ Sit on the floor and **bend** your knees.	▶床に座ってひざを曲げてください.
☑ I **bent down** and tied my shoes.	▶私はかがんで靴ひもを結んだ.

☑ チャンク **wind through the park**	公園の中を曲がりくねっている
☑ This path **winds** up to the top of the mountain.	▶この道は曲がりくねりながら山頂に続いている.
☑ The nurse **wound** the bandage **around** my ankle.	▶看護師は私の足首に包帯を巻いた.

☑ チャンク **bow deeply**	深く頭を下げる
☑ I **bowed before** the Princess.	▶私は王女におじぎをした.

STAGE 10

性格

1376 ☑ **optimistic**
[ὰptəmístik]
B2

形 (考え方などが)楽観的な
関連 optimism 楽観主義,
optimistically 楽観的に
対義 pessimistic 悲観的な
【be optimistic about ④】
④について楽観的である

1377 ☑ **modest**
[mάdist]
B2

形❶ (自分の業績などに関して)謙虚な, 控えめな
【be modest about ④】
④に関して謙虚である
関連 modesty 謙虚さ
❷〈数量などが〉大きくない, 並みの

1378 ☑ **cruel**
[krúːəl]
B1

形 (人·動物などに対して)残酷な, 冷酷な
関連 cruelty 残酷さ
【be cruel to ④】④に対して残酷である
【it is cruel of ④ to do】
④が…するのは残酷だ

情熱·興奮·興味

1379 ☑ **keen**
[kíːn]
B2

形❶〈人が〉熱心な
【be keen on doing】
…することに熱心である
❷〈寒さ·苦痛などが〉厳しい, 激しい

1380 ☑ **enthusiastic**
[enθjùːziǽstik]
B1

形〈人が〉興奮した;熱狂的な
関連 enthusiasm 熱意
【be enthusiastic about ④】
④に興奮している

1381 ☑ **calm**
[kάːm]
B1
発音

形 (感情が)落ち着いた;〈天気·海などが〉穏やかな
関連 calmly 冷静に

動〈感情を〉静める

1382 ☑ **bored**
[bɔ́ːrd]
A2

形〈人が〉退屈した
【be bored with ④】④に退屈している

1383 ☑ **adventure**
[ədvéntʃər]
A2

名 冒険(すること)
関連 adventurous 冒険好きな

☑ **チャンク** an optimistic mood	楽観的な**雰囲気**
☑ Let's take a more optimistic view.	▶もっと楽観的に考えて(⑩ 楽観的な考え方をして)ごらん.
☑ Bob is optimistic about his future.	▶ボブは自分の将来について楽観的だ.

☑ **チャンク** a modest proposal	控えめな**提案**
☑ The doctor is modest about his great achievements.	▶その医者は自らの偉大な業績に関して謙虚だ.
☑ I have saved a modest amount of money.	▶私には少しの貯金がある.

☑ **チャンク** a cruel act	残酷な**行為**
☑ Children can be cruel to animals.	▶子どもは動物に対して残酷になることがある.
☑ It is cruel of Mr. Walker to ignore your apologies.	▶君が謝っているのに無視するとはウォーカーさんはひどい(⑩ 残酷な)人ですね.

STAGE 10

☑ **チャンク** a keen teacher	熱血**教師**
☑ Haruka is keen on reading novels in English.	▶遥は英語で書かれた小説を読むことに熱心だ.
☑ I felt a keen pain in my back.	▶背中に激痛が走った.

☑ **チャンク** enthusiastic supporters	熱狂的な**サポーターたち**
☑ My sister is enthusiastic about going to Italy.	▶姉はイタリアに行くことに興奮している.

☑ **チャンク** keep calm	平静さを保つ(⑩ 平静なままでいる)
☑ Her eyes were wet with tears, but her voice was calm.	▶彼女の目はうるんでいたが, 声は落ち着いていた.
☑ She calmed the crying child.	▶彼女は泣いている子どもをなだめた.

☑ **チャンク** get bored	退屈**する**
☑ I'm bored with watching TV.	▶テレビを見るのは退屈だ.

☑ **チャンク** a new adventure	新たな**冒険**
☑ Life is a great adventure.	▶人生はすばらしい冒険だ.

基本単語 コーパス道場10

bring [bríŋ]

→p. 102

コアイメージ 「自分のいる場所や話の中心になっている場所に人や物を移動させる」

2 1 3 [bring + 副詞]ランキング

S232 第1位 bring in ▶ …を持ち込む

☑ It started to rain, so I brought in the washing. ▶ 雨が降り始めたので，私は洗濯物を取り込んだ.

S233 第2位 bring up ▶ …を育てる；…を持ち出す

☑ I was born and brought up in Okinawa. ▶ 私は沖縄で生まれ育った.

S234 第3位 bring back ▶ …を持って帰る…を返す

☑ Bring back this book by next Friday. ▶ この本を次の金曜日までに返しなさい.

S235 第4位 bring out ▶ …を取り出す

☑ My grandfather brought out a box of candies from the shelf. ▶ 私の祖父は棚から飴(あめ)の入った箱を取り出した.

S236 第5位 bring together ▶ …をグループにまとめる

☑ We brought together great scientists and created new AI. ▶ 私たちは偉大な科学者を集め，新しい人工知能を生み出した.

keep [kíːp]

→p. 136

コアイメージ 「自分のところに一定期間ずっともっている, 保持する」

STAGE 10

[keep + 名詞] ランキング

S237 第1位 keep an eye (on ...) ▶ (…から) 目を離さない

☑ You must keep an eye on your luggage. ▶ 荷物から目を離さないようにしなくてはいけません.

S238 第2位 keep one's mind (on ...) ▶ (…に) (意識を) 集中する

☑ Watch out! Keep your mind on driving! ▶ 危ない! 運転に集中しなさい!

S239 第3位 keep one's head ▶ 冷静さを保つ

☑ I tried to keep my head during the discussion. ▶ 私は議論の間, 冷静さを保つように努めた.

S240 第4位 keep pace with ... ▶ …に遅れずについていく

☑ My grandmother keeps pace with the trend and uses her smartphone well. ▶ 私の祖母は流行に遅れず, スマートフォンを使いこなしている.

S241 第5位 keep control of ... ▶ …をコントロールする

☑ She tried to keep control of her feelings. ▶ 彼女は自分の感情をコントロールしようとした.

11. 日常の行動

S242 ☑ 起床する
get up

S243 ☑ 着替える
get dressed

S244 ☑ パンをトーストする
toast some bread

S245 ☑ 電車に乗る
get on the train

S246 ☑ 電車から降りる
get off the train

S247 ☑ 突然当てられる
be suddenly called on

S248 ☑ 自分の答えを黒板に書く
write my answer on the blackboard

S249 ☑ 昼寝する
take a nap

S250 ☑ コーヒーショップに立ち寄る
drop into a coffee shop

S251 ☑ まっすぐ家に帰る
go straight home

S252 ☑ 宿題をする
do my homework

S253 ☑ 部屋の明かりを消す
turn off the room light

FINAL STAGE

ここでは，難関大学の入試に向けて高度な語を学びます．
すべて大切なものです．繰り返し学習しましょう．

【FINAL STAGE 分析対象校リスト】

●国公立大学（40 校）

北海道大	弘前大	岩手大	東北大	国際教養大
筑波大	埼玉大	千葉大	お茶の水女子大	東京都立大
東京大	東京医科歯科大	東京外国語大	東京学芸大	東京工業大
東京農工大	一橋大	横浜国立大	横浜市立大	新潟大
金沢大	信州大	静岡大	名古屋大	名古屋市立大
三重大	京都大	京都府立大学	京都府立医科大	大阪大
大阪市立大	大阪府立大	神戸大	奈良女子大	岡山大
広島大	愛媛大	九州大	長崎大	熊本大

●私立大学（26 校）

自治医科大	獨協大	青山学院大	学習院大	慶應義塾大
国際基督教大	上智大	成蹊大	成城大	中央大
津田塾大	東京慈恵会医科大		東京女子大	東京理科大
日本女子大	法政大	明治大	明治学院大	立教大
早稲田大	南山大	同志社大	立命館大	関西大
関西学院大	西南学院大			

1384 ☑ **habitat** [hǽbitæt] B1	名 生息地
1385 ☑ **innovation** [ìnəvéiʃn] B2	名 革新; 革新的なもの
1386 ☑ **instance** [ínstəns] B1	名 例, 実例
1387 ☑ **irrigation** [ìrigéiʃn]	名 灌漑(かい)
1388 ☑ **path** [pǽθ] A2	名 小道
1389 ☑ **psychologist** [saikálədʒist] A2	名 心理学者
1390 ☑ **abandon** [əbǽndən] B1	動 …を捨てる
1391 ☑ **attribute** [ətríbju:t] B2	動 …を(…に)原因があると考える (to ...)
1392 ☑ **breed** [brí:d] B1	動 〈動植物を〉育てる
1393 ☑ **evaluate** [ivǽljuèit] B2	動 …を評価する
1394 ☑ **omit** [oumít]	動 …を省略する, 省く
1395 ☑ **biological** [bàiəládʒikəl] B2	形 生物学(上)の; 血のつながった
1396 ☑ **chemical** [kémikəl] A2	形 化学の
1397 ☑ **genuine** [dʒénjuin] B2	形 本物の, 真の
1398 ☑ **prime** [práim] B2	形 最も重要な, 第一の

☐ We must preserve the natural **habitat** of the cranes.	▶私たちはツルの自然の生息地を保護しなければならない.
☐ The computer has contributed to **innovations** in art.	▶コンピュータは芸術における革新に貢献した.
☑ This is an **instance** of a language change.	▶これは言語が変化した例だ.
☐ This lake water was used for **irrigation**.	▶この湖水は灌漑のために使われていた.
☑ We followed the **path** in the woods.	▶私たちは森の小道をたどっていった.
☑ Ann is a child **psychologist**.	▶アンは児童心理学者だ.
☐ The suspect **abandoned** the car and ran away on foot.	▶容疑者は車を捨てて徒歩で逃走した.
☑ She **attributes** her success **to** her family's support.	▶彼女は自分が成功したのは家族の支えのおかげだと思っている.
☑ **Breeding** dogs is his business.	▶犬を繁殖させるのが彼の仕事だ.
☐ We must **evaluate** the results of the experiment.	▶我々はその実験結果を評価しなければならない.
☑ Let's **omit** these parts this time.	▶これらの部分は今回省略しましょう.
☑ She is not my **biological** mother.	▶彼女は私の生みの母親ではない.
☐ I don't want to use **chemical** products on my hair.	▶私は髪に化学製品を使いたくない.
☑ It can't be a **genuine** Picasso.	▶それが本物のピカソの作品であるはずがない.
☑ Our **prime** concern is our son's illness.	▶私たちの一番の心配は息子の病気だ.

FINAL STAGE 1

351

1399 ☑ **dialect** [dáiəlèkt]	名 方言
1400 ☑ **entity** [éntəti]	名 実在, 実体; 実在する物
1401 ☑ **facility** [fəsíləti] **B1**	名 施設, 設備
1402 ☑ **fund** [fʌ́nd] **B1**	名 基金
1403 ☑ **insight** [ínsàit] **B1**	名 洞察(力), 眼識
1404 ☑ **philosophy** [filásəfi] **B1**	名 哲学
1405 ☑ **plenty** [plénti] **A2**	名 たくさん, 十分
1406 ☑ **cheat** [tʃíːt] **B2**	動 …をだます; 不正を働く
1407 ☑ **constitute** [kánstitjùːt] **B1**	動 …を構成する
1408 ☑ **fold** [fóuld] **B1**	動 …を折る, 折りたたむ
1409 ☑ **glance** [glǽns] **B1**	動 ちらっと見る
1410 ☑ **migrate** [máigreit]	動〈鳥などが〉渡る, 移動する
1411 ☑ **alien** [éiliən]	形 異国の; なじまない
1412 ☑ **scarce** [skéərs]	形 乏しい, 少ない
1413 ☑ **sole** [sóul]	形 唯一の, ただ1人[1つ]の

☐ Very few people speak the **dialect** today. ▶今日その方言を話す人はほとんどいない.

☑ This organization was not recognized as a business **entity**. ▶この組織は企業体として認識されていなかった.

☑ The resort has extensive leisure **facilities**. ▶そのリゾートには大規模なレジャー施設がある.

☐ They set up a **fund** to support students in need. ▶彼らは困っている学生を支援するための基金を設立した.

☑ He is a man of great **insight**. ▶彼は深い洞察力のある人だ.

☑ She majored in **philosophy** in college. ▶彼女は大学で哲学を専攻した.

☐ We have **plenty** of time to do the job. ▶私たちにはその仕事をする時間がたっぷりある.

☑ I've never **cheated** on school exams. ▶学校の試験でカンニングをしたことは一度もない.

☑ Eleven players **constitute** a soccer team. ▶11 人の選手でサッカーチームを構成する.

☐ She **folded** the paper in two. ▶彼女は紙を 2 つに折った.

☑ "I must go," he said, **glancing** at his watch. ▶「行かなきゃ」と彼は時計をちらっと見ながら言った.

☑ These birds **migrate** south in winter. ▶これらの鳥は冬に南へ渡る.

☐ Those customs seemed **alien** to me. ▶それらの習慣は私にはなじみがなかった.

☑ Fuel was getting **scarce**. ▶燃料が乏しくなりつつあった.

☐ The girl was the **sole** survivor of the crash. ▶その少女は衝突事故のただ 1 人の生存者だった.

FINAL STAGE 1

1414 ☑ **collision** [kəlíʒn]	名	衝突; (意見・利害などの)衝突, 不一致
1415 ☑ **cooperation** [kouàpəréiʃn] B2	名	協力, 協同
1416 ☑ **hypothesis** [haipáθəsis]	名	仮説
1417 ☑ **obesity** [oubí:səti]	名	肥満
1418 ☑ **obsession** [əbséʃn] B2	名	強迫観念, 妄想
1419 ☑ **sum** [sám] A1	名	金額; 合計
1420 ☑ **ache** [éik] B2	動	〈体が〉(継続的に鈍く)痛む, うずく
1421 ☑ **equip** [ikwíp] B2	動	…に(…を)備えつける(with …)
1422 ☑ **gaze** [géiz] B2	動	(…を)じっと見つめる
1423 ☑ **multiply** [máltəplài] B2	動	…に(…を)掛ける(by …)
1424 ☑ **undertake** [àndərtéik] B2	動	…を引き受ける, 請け合う
1425 ☑ **abundant** [əbándənt] B1	形	豊富な
1426 ☑ **bold** [bóuld] B1	形	大胆な
1427 ☑ **decent** [dí:snt] B2	形	きちんとした, まともな
1428 ☑ **peculiar** [pikjú:liər] B1	形	奇妙な, 変な

☑ I witnessed a **collision** between two taxis.	▶私は2台のタクシーの衝突を目撃した.
☐ Thank you very much for your **cooperation**.	▶ご協力ありがとうございます.
☑ Her **hypothesis** was rejected by most scientists.	▶彼女の仮説はほとんどの科学者からはねつけられた.
☑ **Obesity** is a serious problem in the U.S.	▶肥満はアメリカで深刻な問題だ.
☐ He got rid of the strange **obsession**.	▶彼はその奇妙な強迫観念を追い払った.
☑ He spends large **sums** of money on clothes.	▶彼は洋服に多額のお金を使う.
☑ My knees **ache** badly these days.	▶最近膝がひどく痛む.
☐ The kitchen is **equipped with** a microwave.	▶台所には電子レンジが備えつけられている.
☑ The couple **gazed** into each other's eyes.	▶その2人は互いの目をじっと見つめ合った.
☑ 3 **multiplied by** 4 is [makes] 12.	▶3掛ける4は12.
☑ We decided to **undertake** the project.	▶我々はそのプロジェクトを引き受けることに決めた.
☑ Wildlife is **abundant** in the woods.	▶森には野生の生き物がたくさんいる.
☐ Changing the system was a **bold** move.	▶システムを変えるというのは大胆な手段だった.
☑ I haven't had a **decent** meal all day.	▶一日中まともな食事をしていない.
☑ He behaved in a **peculiar** way.	▶彼は奇妙なふるまいをした.

1429 ☑ **fake** [féik] B1	名 偽物
1430 ☑ **fee** [fíː] A2	名 料金; 報酬
1431 ☑ **inhabitant** [inhǽbitənt] B1	名 住民, 住人
1432 ☑ **load** [lóud] A2	名 荷, 重荷, 積荷
1433 ☑ **odor** [óudər]	名 (特に不快な)におい, 臭気
1434 ☑ **thirst** [θə́ːrst] B2	名 のどの渇き
1435 ☑ **amuse** [əmjúːz] B2	動 …をおもしろがらせる
1436 ☑ **beg** [bég] A2	動 請う, 懇願する
1437 ☑ **comprehend** [kàmprihénd]	動 …を(十分に)理解する
1438 ☑ **nod** [nád] B2	動 うなずく
1439 ☑ **seize** [síːz] B1	動 …をつかむ, とらえる
1440 ☑ **fertile** [fə́ːrtl]	形 肥沃な, 肥えた
1441 ☑ **hostile** [hástl]	形 敵意をもった, 敵対した
1442 ☑ **noble** [nóubl] B2	形 気高い; 高貴な
1443 ☑ **vivid** [vívid] B1	形 鮮やかな, 鮮明な

☑ The painting she bought was a **fake**. ▶彼女が買った絵は偽物だった.

☐ We charge an entrance **fee** of 5 dollars. ▶5ドルの入場料をいただきます.

☑ The number of **inhabitants** on the island is around 150. ▶その島の住民の数は約150人だ.

☑ They were carrying a heavy **load** on their backs. ▶彼らは重い荷物を背負っていた.

☑ The bad **odor** came from the drain. ▶その悪臭は排水溝から来ていた.

☑ He relieved his **thirst** by drinking rainwater. ▶彼は雨水を飲んでのどの渇きをいやした.

☐ My uncle's stories always **amuse** us. ▶おじの話はいつも私たちを楽しませる.

☑ Tom **begged** for another chance. ▶トムはもう一度チャンスをくれと懇願した.

☑ He seems unable to **comprehend** the nature of the problem. ▶彼は問題の本質を理解できていないようだ.

☐ I asked her if she liked me, and she **nodded**. ▶彼女に私のことが好きかと尋ねたら,彼女はうなずいた.

☑ Bill **seized** her by the arm. ▶ビルは彼女の腕をつかんだ.

☑ The **fertile** soil produces good crops. ▶肥沃な土壌はよい収穫を生む.

☐ She gave me a **hostile** look. ▶彼女は私を敵意をもった目で見た.

☑ He is admired for his courage and **noble** action. ▶彼は勇気と高潔な行動で尊敬されている.

☑ I have a **vivid** memory of the incident. ▶その事件について鮮明な記憶がある.

1444 ☑ **accent** [ǽksent] B1	名 アクセント: なまり
1445 ☑ **administration** [ədmìnistréiʃn] B1	名 管理, 経営: 政府, 行政
1446 ☑ **ambition** [æmbíʃn] A2	名 野心, 大望: 夢
1447 ☑ **commodity** [kəmádəti]	名 生活必需品, 日用品
1448 ☑ **currency** [kə́:rənsi] B1	名 通貨: 流通
1449 ☑ **portion** [pɔ́:rʃn] B2	名 (…の)部分
1450 ☑ **worship** [wə́:rʃip] B2	名 崇拝: 礼拝
1451 ☑ **compel** [kəmpél]	動 …に(無理に)…させる
1452 ☑ **confess** [kənfés] B2	動 (…を)告白する, 白状する(to ...)
1453 ☑ **emigrate** [émigrèit]	動 (他国へ)移住する(to ...)
1454 ☑ **sigh** [sái] B2	動 ため息をつく
1455 ☑ **absurd** [əbsə́:rd] B2	形 ばかげた, 不合理な
1456 ☑ **bare** [béər] B1	形 むき出しの: (一部が)裸の
1457 ☑ **fierce** [fíərs] B2	形 獰猛(どうもう)な: 猛烈な
1458 ☑ **sacred** [séikrid] B1	形 神聖な, 聖なる

☐ She speaks English with a French **accent**.	▶彼女はフランス語なまりの英語を話す.
☑ That was an important issue for the Kennedy **administration**.	▶それはケネディ政権にとって重要な課題だった.
☐ His **ambition** is to become an astronaut.	▶彼の夢は宇宙飛行士になることだ.
☐ You can get **commodities** at the supermarket.	▶そのスーパーで日用品を買うことができます.
☑ The single European **currency** was introduced in 1999.	▶欧州単一通貨は 1999 年に導入された.
☐ A large **portion** of his income was spent on clothes.	▶彼の収入の大部分は洋服に費やされた.
☑ Ancestor **worship** is common in ancient cultures.	▶古代文化において先祖崇拝はよく見られる.
☑ Public opinion **compelled** the minister to resign.	▶世論が大臣を辞職に追い込んだ.
☐ The boy **confessed to** stealing the money.	▶少年はその金を盗んだことを白状した.
☑ Our neighbors **emigrated to** Canada.	▶我が家の隣人はカナダへ移住した.
☑ On hearing the news, she **sighed** with relief.	▶その知らせを聞くと, 彼女は安堵(あんど)のため息をついた.
☐ The claims she made are **absurd**.	▶彼女の出した要求はばかげたものだ.
☑ I felt the warm sun on my **bare** arms.	▶私はむき出しの腕に太陽の暖かさを感じた.
☑ He survived the **fierce** battle.	▶彼は猛烈な戦闘を生き延びた.
☐ The cow is a **sacred** animal in India.	▶インドでは牛は神聖な動物だ.

FINAL STAGE 1

1459 ☐ **cattle** [kǽtl] B1	名 牛
1460 ☐ **conscience** [kánʃəns] B2	名 良心, 道義心
1461 ☐ **dawn** [dɔ́ːn] B2	名 夜明け
1462 ☐ **faculty** [fǽklti] B2	名 (大学の)学部
1463 ☐ **poll** [póul]	名 (世論)調査
1464 ☐ **usage** [júːsidʒ] B1	名 使い方, 用法
1465 ☐ **boost** [búːst] B2	動 …を持ち上げる, 後押しする
1466 ☐ **convert** [kənvə́ːrt] B2	動 …を変える, 転換する
1467 ☐ **enhance** [enhǽns] B2	動 〈価値などを〉高める
1468 ☐ **restore** [ristɔ́ːr] B1	動 …を回復する; …を修復する
1469 ☐ **shrink** [ʃríŋk] B2	動 縮む
1470 ☐ **feminine** [fémənin]	形 女性の, 女性的な
1471 ☐ **horizontal** [hɔ̀ːrəzántəl]	形 水平の; 横(向き)の
1472 ☐ **industrious** [indʌ́striəs]	形 勤勉な
1473 ☐ **supreme** [supríːm]	形 最高の, 最高位の

☑ His family raises **cattle** in Hokkaido. ▶彼の家族は北海道で牛を飼育している.

☐ Our teacher is a man of **conscience**. ▶我々の先生は良心的な方だ.

☑ Bakers start working before **dawn**. ▶パン職人は夜明け前から仕事を始める.

☑ He is a professor in the **Faculty** of Law. ▶彼は法学部の教授だ.

☐ A recent **poll** shows a decrease in the number of smokers. ▶最近の調査によると喫煙者数は減っている.

☑ These legal terms are now in common **usage**. ▶これらの法律用語は現在慣用的に使われている.

☑ The Olympic Games **boosted** Japan's economy. ▶オリンピックは日本の景気を活性化した.

☐ The castle was **converted** to a luxurious hotel. ▶その城は豪華なホテルに変えられた.

☑ This salt will **enhance** the flavor of the meat. ▶この塩は肉の風味を増す.

☑ The church was **restored** recently. ▶その教会は最近修復された.

☐ Don't put it in the dryer or it will **shrink**. ▶それは乾燥機に入れないで. さもないと縮むよ.

☑ You look very **feminine** in that dress. ▶そのワンピースを着るととても女らしいね.

☑ He drew some **horizontal** lines on the paper. ▶彼は紙に何本か横線を引いた.

☐ The Japanese are an **industrious** people. ▶日本人は勤勉な国民だ.

☑ The case went to the **Supreme** Court. ▶その事件は最高裁までいった.

1474 ☑ **avenue** [ǽvənjù:] B1	名 大通り, …街
1475 ☑ **component** [kəmpóunənt] B2	名 構成要素, 部品
1476 ☑ **geography** [dʒiágrəfi] B1	名 地理(学); 地形, 地勢
1477 ☑ **impulse** [ímpʌls] B2	名 衝動, 一時の感情
1478 ☑ **privilege** [prívəlidʒ] B2	名 特権; 恩恵
1479 ☑ **revenue** [révənjù:] B2	名 (国などの)歳入, 税収
1480 ☑ **cite** [sáit]	動 …を引用する
1481 ☑ **classify** [klǽsəfài] B1	動 …を分類する
1482 ☑ **leap** [líːp] B1	動 跳ぶ, 跳びはねる
1483 ☑ **qualify** [kwáləfài] B1	動 …に資格を与える
1484 ☑ **undergo** [ʌ̀ndərgóu] B1	動 …を受ける, 経験する
1485 ☑ **fancy** [fǽnsi] A2	形 高級な, (値段の)高い
1486 ☑ **initial** [iníʃəl] B2	形 初めの, 最初の
1487 ☑ **multiple** [mʌ́ltəpl] B2	形 多様な; 複合的な
1488 ☑ **relevant** [réləvənt] B2	形 関連している; 妥当な

☑ The hotel is located on Madison **Avenue**. ▶そのホテルはマディソン街にある.

☑ That company manufactures car **components**. ▶その会社は車の部品を製造している.

☑ Water supply is limited because of the **geography** of the region. ▶その地域の地形のため水の供給は限られている.

☑ I had a sudden **impulse** to laugh. ▶私は突然笑いたい衝動にかられた.

☑ Education should not be a **privilege** of the wealthy. ▶教育はお金持ちの特権であってはならない.

☑ **Revenue** from income tax has been decreasing. ▶所得税収入が減ってきている.

☑ He **cited** a passage from Shakespeare. ▶彼はシェイクスピアの一節を引用した.

☑ The books are **classified** according to subject. ▶本はテーマによって分類されている.

☑ Some fish **leaped** out of the water. ▶魚が数匹水面から跳びはねた.

☑ My sister is **qualified** as a nurse. ▶妹は看護師の資格を持っている.

☑ He **underwent** a heart transplant. ▶彼は心臓移植を受けた.

☑ I had never been to such a **fancy** restaurant. ▶私はそんなに高級なレストランに行ったことがなかった.

☑ Her **initial** reaction was negative. ▶彼女の最初の反応は否定的だった.

☑ Most words have **multiple** meanings. ▶たいていの言葉には多様な意味がある.

☑ His comments are always short and **relevant**. ▶彼のコメントはいつも短くて妥当だ.

FINAL STAGE 1

363

1489 ☐ **consensus** [kənsénsəs] B2	名 (意見の)一致; 総意
1490 ☐ **despair** [dispéər] B1	名 絶望
1491 ☐ **grave** [gréiv] B1	名 墓
1492 ☐ **grief** [grí:f] B2	名 深い悲しみ, 悲嘆
1493 ☐ **manuscript** [mǽnjəskript]	名 (手書きの)原稿
1494 ☐ **rubbish** [rʌ́biʃ] B1	名 ごみ; くだらないこと
1495 ☐ **accelerate** [əksélərèit]	動 …を促進する, …の速度を速める
1496 ☐ **diminish** [dimíniʃ]	動 減少する, 小さくなる
1497 ☐ **foster** [fɔ́(:)stər]	動 …を育成する; 〈実子でない子を〉養育する
1498 ☐ **reinforce** [rì:infɔ́:rs] B2	動 …を補強する, 強める
1499 ☐ **revise** [riváiz] B1	動 …を改訂する; …を修正する, 改める
1500 ☐ **altogether** [ɔ̀:ltəgéðər] B1	副 完全に; 全体として; 合計で
1501 ☐ **further** [fɔ́:rðər] B1	副 さらに, もっと; もっと遠くへ
1502 ☐ **meanwhile** [mí:nhwàil] B1	副 その間に; その一方では
1503 ☐ **moreover** [mɔːróuvər] B1	副 そのうえ, さらに

☑ The decision was made by **consensus**. ▶その決定は総意に基づいてなされた.

☐ He cried in **despair**. ▶彼は絶望して泣き叫んだ.

☑ We visit Grandma's **grave** twice a year. ▶私たちは年に2回祖母のお墓にお参りする.

☑ He was overcome with **grief**. ▶彼は深い悲しみに打ちひしがれていた.

☐ The author's unpublished **manuscript** was discovered. ▶その作家の未発表の原稿が見つかった.

☑ What he says is absolute **rubbish**! ▶彼の言うことは全くばかげたことだ!

☑ That substance **accelerates** the growth of a plant. ▶その物質は植物の生長を促進させる.

☐ His influence gradually **diminished**. ▶彼の影響力は徐々に弱まった.

☑ Her artistic ability was **fostered** at a young age. ▶彼女の芸術的な才能は幼いころに育まれた.

☐ The story of his success **reinforced** my hope. ▶彼が成功した話は私の希望を強固にした.

☑ I'll have to **revise** my opinion about him. ▶私は彼についての考えを改めざるを得ないだろう.

☑ The situation was **altogether** out of control. ▶状況は完全に収拾がつかなくなっていた.

☐ I'm tired and can't walk any **further**. ▶私は疲れていてこれ以上歩けない.

☑ I'll prepare salad. **Meanwhile**, you set the table. ▶私がサラダを作るから, その間にあなたは食卓の用意をして.

☑ You don't need a car, and **moreover** it costs a lot. ▶君に車は必要ないし, そのうえ車はとてもお金がかかる.

FINAL STAGE 1

1504 ☑ **boredom** [bɔ́ːrdəm] B1	名 退屈
1505 ☑ **conviction** [kənvíkʃn]	名 信念, 確信
1506 ☑ **pity** [píti] A2	名 哀れみ; 残念なこと
1507 ☑ **plague** [pléig] B2	名 ペスト; 疫病
1508 ☑ **ray** [réi] A2	名 光線, 光
1509 ☑ **treaty** [tríːti] B2	名 条約, 協定
1510 ☑ **accumulate** [əkjúːmjəlèit] B2	動 (長期間)…をためる, 集める
1511 ☑ **attain** [ətéin] B1	動 〈目標などを〉達成する
1512 ☑ **enforce** [enfɔ́ːrs] B2	動 〈法律などを〉守らせる; …を強要する
1513 ☑ **extract** [ikstrǽkt] B2	動 …を引き抜く[出す], 抽出する
1514 ☑ **mount** [máunt] B2	動 高まる, 増える; …に乗る, 登る, 上がる
1515 ☑ **approximately** [əpráksəmitli] B1	副 およそ, 約
1516 ☑ **hence** [héns]	副 それゆえに, したがって
1517 ☑ **nonetheless** [nʌnðəlés] B1	副 それにもかかわらず
1518 ☑ **simultaneously** [sàiməltéiniəsli] B1	副 同時に, いっせいに

| ☑ This will kill the **boredom** of a long car trip. | ▶これが長時間ドライブの退屈をまぎらわせるだろう. |

| ☐ What is your political **conviction**? | ▶あなたの政治的信念は何ですか? |

| ☑ Bob felt no **pity** for her. | ▶ボブは彼女に哀れみを感じなかった. |

| ☑ The **plague** swept through Europe in the 14th century. | ▶14世紀, ペストがヨーロッパ中に蔓延(款)した. |

| ☐ A **ray** of sunshine came through the clouds. | ▶雲間から太陽の光が差してきた. |

| ☑ Finally a peace **treaty** was signed. | ▶ついに平和条約が調印された. |

| ☑ Researchers are trying to **accumulate** evidence. | ▶研究者たちは証拠を集めようとしている. |

| ☐ He **attained** his goal of winning an Olympic medal. | ▶彼はオリンピックのメダルを獲るという目標を達成した. |

| ☑ The duty of the police is to **enforce** the law. | ▶警察の仕事は法を守らせることだ. |

| ☑ They **extracted** useful information about the product. | ▶彼らはその商品に関する有益な情報を引き出した. |

| ☐ The tax rate was raised and expenses began to **mount**. | ▶税率が引き上げられ出費が増え始めた. |

| ☑ The flight takes **approximately** three hours. | ▶フライトは約3時間だ. |

| ☐ She failed the exam, and **hence** was not promoted. | ▶彼女は試験に落ち, したがって昇進しなかった. |

| ☑ He looked serious but was **nonetheless** very friendly. | ▶彼は深刻な顔をしていたが, それにもかかわらずとても友好的だった. |

| ☑ The movie was released **simultaneously** all over the world. | ▶その映画は世界中で同時に公開された. |

FINAL STAGE 1

367

1519 ☑ **accord** [əkɔ́ːrd]	名 一致, 調和; 合意
1520 ☑ **biography** [baiɑ́grəfi] **B1**	名 伝記
1521 ☑ **fare** [féər] **A2**	名 料金, 運賃
1522 ☑ **glory** [glɔ́ːri] **B1**	名 栄光, 栄誉
1523 ☑ **microscope** [máikrəskòup] **B2**	名 顕微鏡
1524 ☑ **spectator** [spékteitər] **B1**	名 観客, 見物人
1525 ☑ **assert** [əsə́ːrt] **B2**	動 …を断言する; 主張する
1526 ☑ **confine** [kənfáin] **B2**	動 …を制限する; …を閉じ込める, 監禁する
1527 ☑ **manipulate** [mənípjəlèit] **B2**	動 …を操る, 操作する
1528 ☑ **strive** [stráiv] **B2**	動 懸命に努力する, 奮闘する
1529 ☑ **violate** [váiəlèit] **B2**	動 …に違反する; …を侵害する
1530 ☑ **elsewhere** [élshwèər] **A2**	副 どこかほかの所で[へ]
1531 ☑ **forth** [fɔ́ːrθ] **B1**	副 外へ; 前へ
1532 ☑ **furthermore** [fɔ́ːrðərmɔ̀ːr] **B1**	副 そのうえ, さらに
1533 ☑ **likewise** [láikwàiz] **B2**	副 同じように, 同様に

☐ They have reached an **accord** on the subject.	▶彼らはその件について合意に達した.
☑ I read the **biography** of Steve Jobs.	▶私はスティーブ・ジョブズの伝記を読んだ.
☑ Train **fares** will be raised next month.	▶列車の運賃が来月引き上げられる.
☐ Spain was at the height of its **glory**.	▶スペインは栄光の極みにあった.
☑ They can only be seen by using a **microscope**.	▶それらは顕微鏡でしか見ることができない.
☑ The **spectators** cheered on the runners.	▶見物人はランナーたちに声援を送った.
☐ Lisa **asserted** that she was innocent.	▶自分は無実だとリサは言い張った.
☑ I was **confined** to bed with a bad cold.	▶ひどい風邪でベッドから離れられなかった.
☑ The robot arms are **manipulated** by a surgeon.	▶ロボットのアームは外科医によって操作される.
☐ They always **strive** for a better life.	▶彼らはいつもよりよい生活を目指して努力している.
☑ He was accused of **violating** the rules.	▶規則に違反したことで彼は告訴された.
☑ We have to go **elsewhere** to eat.	▶私たちはどこかほかの所へ食事に行かなければならない.
☑ I ran back and **forth** between the hospital and my house.	▶私は病院と家の間を走って行ったり来たりした.
☑ I don't know where he is now, and **furthermore**, I don't care.	▶彼が今どこにいるか知らないし, さらに言えば, どうでもいい.
☑ Watch what I do and then do **likewise**.	▶私がすることを見て同じようにやりなさい.

FINAL STAGE 1

369

1534 ☑ **bond** [bánd]	B1	名 きずな, 結びつき
1535 ☑ **greenhouse** [grí:nhàus]	B1	名 温室
1536 ☑ **outcome** [áutkÀm]	B2	名 (最終的な)結果
1537 ☑ **stroke** [stróuk]	B2	名 脳卒中; (病気の)発作
1538 ☑ **tissue** [tíʃu:]	B1	名 (動植物の)組織; ティッシュペーパー
1539 ☑ **trait** [tréit]	B2	名 特徴, 特質
1540 ☑ **assemble** [əsémbl]	B2	動 …を集める; …を組み立てる
1541 ☑ **boast** [bóust]	B1	動 自慢する, 鼻にかける
1542 ☑ **dedicate** [dédikèit]	B1	動 …をささげる
1543 ☑ **alert** [əlá:rt]	B2	形 油断のない; 機敏な
1544 ☑ **controversial** [kὰntrəvə́:rʃəl]	B1	形 論争を引き起こしている, 物議をかもす
1545 ☑ **divine** [diváin]	B1	形 神の; 神聖な; 神のような
1546 ☑ **gifted** [gíftid]	B1	形 生まれつき(…の)才能のある
1547 ☑ **indigenous** [indídʒənəs]		形 固有の, 土着の
1548 ☑ **vulnerable** [vΛ́lnərəbl]		形 傷つきやすい, もろい, 弱い

☐ That incident strengthened the **bond** between them.	▶その事件が彼らのきずなを強めた.
☐ This product emits less **greenhouse** gases.	▶この製品は温室効果ガスの排出が少ない.
☑ I don't know what the **outcome** will be.	▶結果がどうなるか私には分からない.
☑ My grandfather suffered a **stroke** last year.	▶祖父は去年脳卒中を患った.
☐ A way to treat damaged brain **tissues** will likely be developed.	▶損傷した脳組織の治療法が見つかるだろう.
☑ Honesty is one of her good **traits**.	▶正直なことが彼女の美点（◉ よい特質）のひとつだ.
☑ All the students were **assembled** in the gym.	▶全生徒が体育館に集められた.
☐ She is always **boasting** about her bright son.	▶彼女はいつも出来のいい息子を自慢している.
☑ Mother Teresa **dedicated** her life to helping the poor.	▶マザーテレサは恵まれない人々を助けることに人生をささげた.
☑ Stay **alert** while driving.	▶運転中は注意を怠らないでいなさい.
☑ The death penalty is a **controversial** issue.	▶死刑は賛否両論のある問題だ.
☐ He believes it was a **divine** message.	▶彼はそれが神のお告げだったと信じている.
☐ She was **gifted** with a talent for music.	▶彼女は音楽の才能に恵まれていた.
☐ The kiwi bird is **indigenous** to New Zealand.	▶キーウィはニュージーランド固有の鳥だ.
☑ My sister is **vulnerable** to criticism.	▶妹は批判に傷つきやすい.

FINAL STAGE 2

371

1549 ☑ **bias** [báiəs]	名 先入観, 偏見
1550 ☑ **compound** [kámpaund] `B1`	名 化合物, 合成物
1551 ☑ **gravity** [grǽvəti]	名 重力, 引力; 重大さ
1552 ☑ **hydrogen** [háidrədʒən]	名 水素
1553 ☑ **ingredient** [ingríːdiənt] `B1`	名 材料, 食材; 成分
1554 ☑ **orbit** [ɔ́ːrbit] `B1`	名 軌道
1555 ☑ **contradict** [kàntrədíkt] `B2`	動 …を否定する, …に反対する; …に矛盾する
1556 ☑ **dare** [déər] `B1`	動 思い切って…する, …する勇気がある
1557 ☑ **flourish** [flə́ːriʃ]	動 栄える, 繁栄する; 活躍する
1558 ☑ **retreat** [ritríːt] `B2`	動 引きこもる; 撤退する
1559 ☑ **ample** [ǽmpl] `B2`	形 十分な, 豊富な
1560 ☑ **incredible** [inkrédəbl] `B1`	形 信じられない; 途方もない
1561 ☑ **polar** [póulər]	形 極の; 北[南]極の
1562 ☑ **prior** [práiər] `B2`	形 前の, 先の; 優先する
1563 ☑ **tense** [téns] `B1`	形 緊張した, 張り詰めた

☑ Decisions should be made without **bias**. ▶先入観なしで決定されなくてはならない.

☑ Water is a **compound** of oxygen and hydrogen. ▶水は酸素と水素の化合物だ.

☑ Newton discovered the law of **gravity**. ▶ニュートンは（万有）引力の法則を発見した.

☑ **Hydrogen** is used as fuel in fuel cells. ▶水素は燃料電池の燃料として使われている.

☑ Mix all the **ingredients** in a bowl. ▶すべての材料をボウルに入れて混ぜてください.

☑ What happens if the spaceship goes out of **orbit**? ▶もし宇宙船が軌道をはずれたらどうなりますか？

☑ Your actions **contradict** your words. ▶君の行動は言葉と矛盾している.

☑ Ann didn't **dare** to ask him. ▶アンは彼に聞く勇気がなかった.

☑ The city **flourished** as a center of trade. ▶その市は貿易の中心地として栄えた.

☑ He **retreated** to his hometown. ▶彼は故郷の町に引きこもった.

☑ We had **ample** money to buy food. ▶我々は食料を買うために十分なお金を持っていた.

☑ She does an **incredible** amount of work. ▶彼女はとんでもない量の仕事をこなす.

☑ My favorite animal is the **polar** bear. ▶いちばん好きな動物は北極グマだ.

☑ Price is subject to change without **prior** notice. ▶価格は予告なく変更されることがあります.

☑ I got **tense** in the last game. ▶私は最後のゲームで緊張した.

FINAL STAGE 2

373

1564 ☑ **council** [káunsl] B1	名 会議, 評議会; 議会
1565 ☑ **drought** [dráut] B2	名 干ばつ, 日照り
1566 ☑ **feather** [féðər] A2	名 羽, 羽毛
1567 ☑ **peer** [píər] B2	名 仲間, 同僚
1568 ☑ **prey** [préi]	名 えじき, 獲物
1569 ☑ **primate** [práimeit]	名 霊長類の動物
1570 ☑ **insult** [insʌ́lt] B2	動 …を侮辱する
1571 ☑ **integrate** [íntigrèit] B2	動 …を統合する, まとめる
1572 ☑ **portray** [pɔːrtréi]	動 …を描写する
1573 ☑ **scatter** [skǽtər] B1	動 …をまき散らす, ばらまく
1574 ☑ **exotic** [igzátik] B2	形 異国風の
1575 ☑ **medieval** [mìːdiíːvl] B2	形 (ヨーロッパ)中世の
1576 ☑ **obscure** [əbskjúər]	形 あいまいな, はっきりしない
1577 ☑ **stubborn** [stʌ́bərn] B1	形 頑固な, 強情な; いこじな
1578 ☑ **valid** [vǽlid] B2	形 有効な, 効力のある

☑ Kim is president of the student **council**. ▶キムは生徒会長だ.

☑ A severe **drought** hit Australia. ▶深刻な干ばつがオーストラリアを襲った.

☑ The hat was as light as a **feather**. ▶その帽子は羽のように軽かった.

☑ Bob has gained respect from his **peers**. ▶ボブは仲間から尊敬を集めている.

☑ A rabbit fell **prey** to the hawk. ▶ウサギがタカのえじきになった.

☑ **Primates** include monkeys, apes and humans. ▶霊長類にはサル, 類人猿, ヒトが含まれる.

☑ We felt **insulted** by his rudeness. ▶彼の無礼な態度に私たちは侮辱されたと感じた.

☑ This program **integrates** art and science. ▶この番組は芸術と科学を統合している.

☑ The life of the author is **portrayed** in the movie. ▶その作家の人生がその映画で描かれている.

☑ Books and magazines were **scattered** on the floor. ▶本や雑誌が床に散らかっていた.

☑ We enjoyed the **exotic** flavor of Indian food. ▶私たちはインド料理の異国的な味を堪能した.

☑ I'm interested in **medieval** European culture. ▶私は中世ヨーロッパ文化に興味がある.

☑ The origin of this custom is **obscure**. ▶この習慣の起源ははっきりしていない.

☑ My father has become **stubborn** these days. ▶父は最近頑固になった.

☑ The ticket is **valid** for five days. ▶その切符は5日間有効です.

FINAL STAGE 2

1579 ☑ **anthropologist** [æ̀nθrəpάlədʒist]	名 人類学者	
1580 ☑ **hemisphere** [hémisfìər]	名 半球	
1581 ☑ **molecule** [mάləkjùːl] B1	名 分子; 微粒子	
1582 ☑ **phase** [féiz] B2	名 段階, 局面	
1583 ☑ **pile** [páil] A2	名 積み重ね, (…の)山(of ...)	
1584 ☑ **stem** [stém] B1	名 茎, 幹; (グラスの)脚	
1585 ☑ **carve** [kάːrv] B2	動 …を刻む, 彫る; 〈肉を〉切り分ける	
1586 ☑ **dissolve** [dizάlv] B1	動 溶ける, 解消[解散]する, 消滅する; …を溶かす	
1587 ☑ **squeeze** [skwíːz] B2	動 …をしぼる, ぎゅっと押す	
1588 ☑ **swallow** [swάlou] A2	動 …を飲み込む	
1589 ☑ **chronic** [krάnik]	形 〈病気が〉慢性の	
1590 ☑ **inexpensive** [ìnikspénsiv] A2	形 安価な, てごろな値段の	
1591 ☑ **intimate** [íntəmit] B2	形 親しい, 親密な	
1592 ☑ **moderate** [mάdərit] B1	形 適度の, 中くらいの	
1593 ☑ **outstanding** [àutstǽndiŋ] B1	形 目立った; 傑出した	

☑ He is a famous **anthropologist**. ▶彼は有名な人類学者だ.

☐ It's summer in the southern **hemisphere**. ▶南半球では夏だ.

☑ O_3 stands for one ozone **molecule**. ▶O_3 は 1 つのオゾン分子を表している.

☑ Let's go on to the second **phase** of the project. ▶プロジェクトの第 2 段階へ進みましょう.

☐ He sat on a **pile of** magazines. ▶彼は雑誌の山の上に座った.

☑ You should hold a wine glass by the **stem**. ▶ワイングラスの脚を持ちなさい.

☐ His name was **carved** into the wood. ▶その木には彼の名が彫られていた.

☐ Sugar **dissolves** easily in hot water. ▶砂糖はお湯にすぐ溶ける.

☑ She **squeezed** juice from an orange. ▶彼女はオレンジから果汁をしぼった.

☑ He shut his eyes and **swallowed** the medicine. ▶彼は目をつぶって薬を飲み込んだ.

☐ Do you suffer from any **chronic** illnesses? ▶何か持病はありますか?

☑ This restaurant is **inexpensive** but delicious. ▶このレストランは値段は安いがとてもおいしい.

☑ We are on **intimate** terms with the Smiths. ▶私たちはスミス家の人々と親しい間柄だ.

☐ Grandma does **moderate** exercise every day. ▶祖母は毎日適度な運動をしている.

☑ Her athletic ability was **outstanding**. ▶彼女の運動能力は際立っていた.

FINAL STAGE 2

377

1594 ☑ **equator** [ikwéitər]	名《the equator, the Equator で》赤道
1595 ☑ **grocery** [gróusəri]	名 食料雑貨(店)
1596 ☑ **metaphor** [métəfɔ̀ːr] B2	名 隠喩(いん), 暗喩
1597 ☑ **recession** [riséʃn] B2	名 景気後退, 不景気
1598 ☑ **recipe** [résəpi] B2	名 調理法, レシピ
1599 ☑ **session** [séʃn] B1	名 会議; (議会などの)開会, (法廷の)開廷; 会期
1600 ☑ **accommodate** [əkámədèit]	動 …を収容できる; …を宿泊させる
1601 ☑ **commute** [kəmjúːt] B2	動 通勤[通学]する
1602 ☑ **decay** [dikéi] B2	動 腐る, 腐敗する; 虫歯になる
1603 ☑ **precede** [prisíːd] B2	動 …に先行する, …より先に起こる
1604 ☑ **fluent** [flúːənt] B1	形 流暢(りゅうちょう)な, 流暢に話す
1605 ☑ **indispensable** [ìndispénsəbl] B2	形 絶対必要な, 不可欠な
1606 ☑ **inherent** [inhírənt]	形 本来備わっている, 固有の
1607 ☑ **irrelevant** [iréləvənt]	形 無関係な
1608 ☑ **sensory** [sénsəri]	形 知覚の, 感覚の

☑ **The equator** runs through Brazil.	▶赤道はブラジルを通っている.
☐ I have to do some **grocery** shopping.	▶食料雑貨の買い物をしなくては.
☑ Sleep is used as a **metaphor** for death.	▶眠りは死の隠喩として使われている.
☐ When will the economy come out of **recession**?	▶いつ経済は不景気から脱却するだろうか？
☑ Please give me the **recipe** for this pie.	▶このパイの作り方を教えてください.
☑ A special **session** of the Diet will be held.	▶臨時国会（⑩ 国会の臨時の会議）が開かれる.
☐ The hotel **accommodates** up to 500 people.	▶そのホテルは 500 人まで収容できる.
☑ He **commutes** from Nara to Osaka every day.	▶彼は奈良から大阪まで毎日通勤している.
☑ Foods **decay** quickly in hot weather.	▶暑い気候では食べ物が早く腐る.
☐ A parade **preceded** the ceremony.	▶式典に先だってパレードが行われた.
☑ She answered in **fluent** French.	▶彼女は流暢なフランス語で答えた.
☑ Sleep is **indispensable** for good health.	▶睡眠は健康に欠かせない.
☐ Creativity is **inherent** in everyone.	▶創造力はすべての人に本来備わっている.
☑ Your argument is **irrelevant** to the discussion at hand.	▶君の論点は目下の議論とは無関係だ.
☐ The human head contains many **sensory** organs.	▶ヒトの頭にはたくさんの感覚器官がある.

FINAL STAGE 2

1609 ☑ **astronomer** [əstránəmər] B1	名 天文学者
1610 ☑ **equation** [ikwéiʒn] B2	名 等式, 方程式; 同一視
1611 ☑ **infrastructure** [ínfrəstrÀktʃər]	名 社会基盤; 基盤設備
1612 ☑ **lung** [lÁŋ] B1	名 肺
1613 ☑ **telescope** [téləskòup] B2	名 望遠鏡
1614 ☑ **trail** [tréil] B1	名 (通った)跡; 小道
1615 ☑ **drown** [dráun] B1	動 おぼれ死ぬ
1616 ☑ **heal** [híːl] B1	動 …を治す, いやす
1617 ☑ **rub** [rÁb] B2	動 …をこする, すり込む
1618 ☑ **utter** [Átər] B2	動 〈言葉などを〉発する, 口に出す
1619 ☑ **awkward** [ɔ́ːkwərd] B1	形 ぎこちない, 不器用な; 気まずい
1620 ☑ **deliberate** [dilíbərit] B2	形 故意の, 意図的な; 熟考された
1621 ☑ **immense** [iméns]	形 巨大な, 非常に大きな
1622 ☑ **magnificent** [mægnífəsnt] B1	形 壮大な; すばらしい
1623 ☑ **obese** [oubíːs]	形 肥満の

☑ He is the greatest **astronomer** of our time.	▶彼は現代の最も偉大な天文学者だ.
☐ She kept working on her **equations**.	▶彼女はずっと方程式を考え続けていた.
☑ New **infrastructure** has been established.	▶新しい基盤設備が整った.
☑ Smoking increases the risk of **lung** cancer.	▶喫煙は肺がんのリスクを高める.
☐ Have you ever seen stars through a **telescope**?	▶望遠鏡で星を見たことがありますか？
☑ A **trail** through the woods led us to the castle.	▶森の中の小道を行くと城に着いた.
☑ How can dolphins sleep without **drowning**?	▶なぜイルカはおぼれずに眠ることができるのだろう？
☐ This medicine will help **heal** the wound.	▶この薬を使うと傷の治りがよくなるだろう.
☑ He made a fire by **rubbing** two sticks together.	▶彼は2本の棒をこすり合わせて火をおこした.
☑ He didn't **utter** a single word of protest.	▶彼は抗議の言葉を一言も口にしなかった.
☑ There was an **awkward** silence after he spoke.	▶彼が話したあと気まずい沈黙があった.
☑ It was a **deliberate** effort to deceive people.	▶それは人々をだまそうとする意図的なたくらみだった.
☐ The pressure on Olympic athletes can be **immense**.	▶オリンピック選手にかかる重圧は非常に大きなものだろう.
☑ We enjoyed the **magnificent** view of the ruins.	▶私たちは遺跡の壮大な眺めを楽しんだ.
☑ **Obese** patients have higher risk of many diseases.	▶肥満の患者は多くの病気にかかるリスクが高い.

FINAL STAGE 2

381

1624 ☐ **angle** [ǽŋgl] B1	名 角度, 角; 視点
1625 ☐ **archaeologist** [à:rkiálədʒist] B2	名 考古学者
1626 ☐ **counterpart** [káuntərpà:rt]	名 相当するもの; (対等の)相手方
1627 ☐ **pension** [pénʃn] B2	名 年金
1628 ☐ **refugee** [rèfjudʒí:] B2	名 難民
1629 ☐ **weed** [wí:d] B2	名 雑草
1630 ☐ **betray** [bitréi] B2	動 …を裏切る, …に背く
1631 ☐ **comprise** [kəmpráiz]	動 …から成る, …で構成される
1632 ☐ **glow** [glóu]	動 光を放つ; 赤々と燃える
1633 ☐ **infer** [infə́:r] B2	動 …を推論する
1634 ☐ **resume** [rizú:m] B2	動 …を再開する; …を取り戻す
1635 ☐ **soak** [sóuk] B2	動 …を(液体に)つける; (液体に)つかる
1636 ☐ **tolerate** [tálərèit] B2	動 …を我慢する, 大目に見る
1637 ☐ **marvelous** [má:rvələs] A2	形 (信じられないほど)すばらしい
1638 ☐ **metabolic** [mètəbálik]	形 (新陳)代謝の

☑ Look at things from different **angles**. ▶違った角度から物事を見てごらんなさい.

☑ **Archaeologists** were excited by the discovery. ▶考古学者たちはその発見に興奮した.

☐ The President had talks with his French **counterpart**. ▶大統領はフランスの相手方［大統領］と会談した.

☑ Mr. and Mrs. Reed live on a **pension**. ▶リード夫妻は年金生活を送っている.

☑ **Refugees** kept flowing across the border. ▶国境を越えて難民の流入が続いた.

☐ I pulled out the **weeds** in the garden. ▶私は庭の雑草を抜いた.

☑ He would never **betray** his colleagues. ▶彼は決して同僚を裏切らないだろう.

☐ The play **comprises** three acts. ▶その劇は3幕で構成されている.

☑ Two golden eyes **glowed** in the darkness. ▶2つの金色の目が暗やみで光った.

☑ What can be **inferred** from this data? ▶このデータから何が推論できますか？

☐ We'll **resume** the meeting after lunch. ▶昼食後，会議を再開します.

☑ **Soak** the beans overnight. ▶豆を一晩（水に）つけてください.

☑ He can't **tolerate** the improper use of Japanese. ▶彼は誤った日本語の使い方が我慢できない.

☐ The weather was **marvelous**. ▶天気はすばらしかった.

☑ The **metabolic** rate varies among individuals. ▶代謝率は個人によってさまざまだ.

FINAL STAGE 2

1639 ☑ **deforestation** [dìːfɔ(ː)ristéiʃn] B2	名 森林破壊
1640 ☑ **diabetes** [dàiəbíːti:z]	名 糖尿病
1641 ☑ **edition** [idíʃn] B1	名 (出版物の)版
1642 ☑ **hybrid** [háibrid] B2	名 雑種, 混成物, ハイブリッド
1643 ☑ **thief** [θíːf] A2	名 泥棒
1644 ☑ **venture** [véntʃər] B2	名 (冒険的な)新事業, ベンチャー
1645 ☑ **inquire** [inkwáiər] B2	動 (…を)問う, 尋ねる
1646 ☑ **presume** [prizú:m]	動 …を推定する, …だと思う
1647 ☑ **soar** [sɔ́ːr] B2	動 空高く舞う; 急騰する
1648 ☑ **startle** [stáːrtl] B2	動 …をびっくりさせる
1649 ☑ **halfway** [hæfwéi]	副 中間で, 途中で
1650 ☑ **invariably** [invéəriəbli] B2	副 変わることなく, いつも
1651 ☑ **newly** [njú:li] B1	副 最近, 近ごろ
1652 ☑ **scientifically** [sàiəntífikəli] B2	副 科学的に
1653 ☑ **thereby** [ðèərbái]	副 それによって

☑ **Deforestation** is a serious problem in developing countries.
▶森林破壊は途上国において深刻な問題だ.

☐ **Diabetes** ranks high as a cause of death.
▶糖尿病は死亡原因で高い割合を占めている.

☑ The new **edition** of the dictionary was released.
▶その辞書の新版が発売された.

☑ **Hybrids** are the trend in many fields.
▶多くの分野でハイブリッドが流行している.

☐ A **thief** stole my computer.
▶泥棒が私のコンピュータを盗んだ.

☑ They started a risky **venture**.
▶彼らはリスクの大きい事業を始めた.

☑ She **inquired** about the tickets for the concert.
▶彼女はそのコンサートのチケットについて問い合わせた.

☐ I **presume** that my purse will never be found.
▶私の財布は絶対見つからないと思う.

☑ Gas prices **soared** last month.
▶先月ガソリンの値段が急騰した.

☐ The sound of fireworks **startled** my dog.
▶花火の音が犬を驚かせた.

☐ I'm **halfway** through with my homework.
▶私は宿題を半分ほど終えた.

☑ John is **invariably** late.
▶ジョンはいつも遅れてくる.

☐ They are a **newly** married couple.
▶彼らは新婚夫婦だ（◉ 最近結婚した夫婦だ）.

☑ Its effect is **scientifically** proved.
▶その効果は科学的に証明されている.

☑ He signed the contract, **thereby** parting with the property.
▶彼は契約書にサインをし, それにより財産を手放した.

1654 ☑ **envelope** [énvəlòup] A2	名 封筒
1655 ☑ **estate** [istéit] B2	名 地所, 所有地; 財産
1656 ☑ **migrant** [máigrənt]	名 移住者; 渡り鳥
1657 ☑ **output** [áutpùt] B2	名 生産(高); 出力, アウトプット
1658 ☑ **tide** [táid] B1	名 潮, 潮流; 風潮
1659 ☑ **embrace** [embréis]	動 …を抱きしめる
1660 ☑ **rid** [ríd] B1	動 …を取り除く
1661 ☑ **speculate** [spékjəlèit]	動 考えを巡らす, 推測する
1662 ☑ **surrender** [səréndər] B2	動 (…に)降伏する, 降参する(to ...)
1663 ☑ **tackle** [tækl] B2	動 …に取り組む; …にタックルする
1664 ☑ **tempt** [témpt] B1	動 …を誘惑する, そそる
1665 ☑ **underlie** [ʌ̀ndərlái]	動 …の根底にある
1666 ☑ **drastically** [drǽstikəli]	副 思いきって, 徹底的に; 極端に
1667 ☑ **overly** [óuvərli] B2	副 過度に, あまりに(も)
1668 ☑ **unexpectedly** [ʌ̀nikspéktidli] B1	副 思いがけず, 突然に

☐ She put the letter in an **envelope**. ▶彼女は手紙を封筒に入れた.

☑ He left his **estate** to his only daughter. ▶彼はひとり娘に財産を残した.

☑ **Migrants** from Asia reached America in ancient times. ▶はるか昔, アジアからの移住者がアメリカに到達した.

☐ They will increase the **output** of the products. ▶彼らはその製品の生産を増やす予定だ.

☑ You can walk to the island during low **tide**. ▶潮が引いているときはその島へ歩いて行けます.

☑ She **embraced** her daughter warmly. ▶彼女は娘を温かく抱きしめた.

☐ I got **rid** of my old clothes and books. ▶私は古い服と本を処分した.

☑ We **speculated** about the reason for his absence. ▶私たちは彼が不在の理由をあれこれ考えた.

☑ They finally **surrendered to** the authorities. ▶彼らはついに当局に投降した.

☐ We've found a way to **tackle** the problem. ▶私たちはその問題に取り組む方法を見つけた.

☑ She was **tempted** to have dessert. ▶彼女はデザートを食べたいという誘惑にかられた.

☑ What **underlies** the bad feelings between them? ▶何が彼らの間の悪感情の根底にあるのだろう?

☐ Life changed **drastically** for them. ▶彼らにとって生活は極端に変わった.

☑ I think Lisa is **overly** sensitive. ▶リサはあまりに神経過敏だと思う.

☑ The minister resigned **unexpectedly**. ▶その大臣は突然辞職した.

1669 ☑ **compliment** [kámpləmənt] B1	名 ほめ言葉, 賛辞
1670 ☑ **crack** [kræk] B2	名 ひび, 裂け目; すき間
1671 ☑ **litter** [lítər] B2	名 ごみ, くず
1672 ☑ **log** [lɔ́(ː)g] B1	名 丸太
1673 ☑ **plantation** [plæntéiʃn]	名 大農園, プランテーション
1674 ☑ **province** [právins] B2	名 (カナダなどの)州, (中国などの)省
1675 ☑ **utility** [juːtíləti] B2	名 有用性; 公共事業[料金]
1676 ☑ **coordinate** [kouɔ́ːrdənèit]	動 …を調和させる; …と調整する
1677 ☑ **mislead** [mislíːd] B1	動 …に誤解を与える, 惑わす
1678 ☑ **nurture** [nɔ́ːrtʃər]	動 …を育てる, 養育する
1679 ☑ **retrieve** [ritríːv] B2	動 …を取り戻す, 救う
1680 ☑ **split** [splít] B2	動 …を割る, 裂く; …を分ける
1681 ☑ **afterward** [æftərwərd] B1	副 後で, その後
1682 ☑ **beforehand** [bifɔ́ːrhænd]	副 前もって, あらかじめ
1683 ☑ **swiftly** [swíftli]	副 速く, 素早く, ただちに

☐ Thank you for the **compliment**. ▶ほめてくれてありがとう.

☑ There were many **cracks** in the ground after the earthquake. ▶地震のあと, 地面にたくさんのひび割れができていた.

☐ Don't throw **litter** out of your car. ▶車からごみを捨ててはいけません.

☐ His arms looked like **logs**. ▶彼の腕は丸太のようだった.

☑ His family worked on a banana **plantation**. ▶彼の家族はバナナの大農園で働いていた.

☐ Toronto is in the **Province** of Ontario. ▶トロントはオンタリオ州にある.

☑ **Utility** bills will increase next spring. ▶来春, 公共料金が上がる.

☑ The various groups should **coordinate** their activities. ▶各グループはそれぞれの活動を調整する必要がある.

☐ He didn't intend to **mislead** the public. ▶彼は世間を惑わすつもりはなかった.

☑ Parents should **nurture** their children's independence. ▶親は子どもの独立心を育てるべきだ.

☑ They successfully **retrieved** the data. ▶彼らは無事にデータを回復した.

☐ The teacher **split** the class into three groups. ▶先生はクラスを3つのグループに分けた.

☑ I wrote her a letter of thanks **afterward**. ▶私はその後彼女に礼状を書いた.

☑ Let me know the time of arrival **beforehand**. ▶到着時間を前もって教えてください.

☐ The smoke spread **swiftly**. ▶煙はたちまち広がった.

know [nóu]

2 1 3 [know + 名詞] ランキング

☐ S254 第1位 **know** the answer 　　答えを知っている

☐ Only Lisa **knew** the answer. 　▶ 答えを知っているのはリサだけだった.

☐ S255 第2位 **know** the truth 　　真実を知っている

☐ Nobody **knows** the truth about the accident. 　▶ その事故についての真実は誰も知らない.

☐ S256 第3位 **know** the way 　　道[方法]を知っている

☐ OK, I **know** the way to the store. 　▶ いいよ、その店への行き方は知っているよ.

☐ S257 第4位 **know** the name 　　名前を知っている

☐ Do you **know** the name of that temple? 　▶ あの寺院の名前を知っていますか.

☐ S258 第5位 **know** the difference 　　違いが分かる

☐ I don't **know** the difference between cookies and biscuits. 　▶ 私にはクッキーとビスケットの違いが分からない.

put [pút]

コアイメージ 「物をある場所に配置する」

コーパス道場

2↓3 [put + 名詞] ランキング

S259 第1位 put the money in ... …に金を預ける
☐ You should put the money in the bank. ▶ あなたはお金をその銀行に預けるべきだ.

S260 第2位 put one's hand on ... …に手をのせる
☐ My father put his hand on my shoulder. ▶ 父は私の肩に手をのせた.

S261 第3位 put pressure on ... …にプレッシャーをかける
☐ Don't put pressure on me. ▶ 私にプレッシャーをかけるな.

S262 第4位 put one's arm(s) around ... …に腕を回す
☐ The girl put her arms around the teddy bear. ▶ その女の子はテディベアに両腕を回した.

S263 第5位 put one's name here ここに名前を書く
☐ Please put your name here. ▶ ここにあなたの名前を書いてください.

1684 ☑ **addict** [ǽdikt] B2	名 (麻薬などの)中毒者
1685 ☑ **beverage** [bévəridʒ]	名 飲み物
1686 ☑ **descent** [disént]	名 降りること, 下降; 低下
1687 ☑ **intake** [íntèik]	名 摂取(量), 取り入れること
1688 ☑ **masterpiece** [mǽstərpìːs] B2	名 傑作, 名作
1689 ☑ **paradox** [pǽrədàks] B2	名 逆説, パラドックス; 矛盾
1690 ☑ **accustom** [əkʌ́stəm] B1	動 …を慣れさせる
1691 ☑ **advocate** [ǽdvəkèit]	動 …を支持する, 主張する
1692 ☑ **suppress** [səprés] B2	動 …を鎮圧する, 抑える
1693 ☑ **thrive** [θráiv]	動 〈事業などが〉栄える; 〈動植物が〉よく育つ
1694 ☑ **apt** [ǽpt]	形 (…する)傾向がある, (…し)がちで (to *do*)
1695 ☑ **faint** [féint] B1	形 かすかな, わずかな
1696 ☑ **legitimate** [lidʒítəmit] B2	形 合法的な, 正当な; 合理的な
1697 ☑ **vain** [véin] B1	形 むだな, 無益な; うぬぼれた
1698 ☑ **vertical** [vɔ́ːrtikəl]	形 縦(方向)の, 垂直な

☐ My brother is a video game **addict**.	▶僕の弟はテレビゲームの中毒者だ.
☑ **Beverages** are listed on the back of the menu.	▶飲み物はメニューの裏にあります.
☑ The plane began its **descent**.	▶飛行機は降下を始めた.
☐ You should reduce your **intake** of salt.	▶あなたは塩分摂取量を減らすべきだ.
☑ *The Tale of Genji* is a **masterpiece** of Japanese literature.	▶『源氏物語』は日本文学の傑作だ.
☑ The novel is full of **paradoxes**.	▶その小説には逆説がふんだんに出てくる.
☐ He is not **accustomed** to speaking to strangers.	▶彼は知らない人に話しかけるのに慣れていない.
☑ He **advocates** reform in university education.	▶彼は大学教育の改革を主張している.
☐ The police **suppressed** the protesters with tear gas.	▶警察は催涙ガスで抗議する人々を鎮圧した.
☐ This plant can **thrive** in harsh conditions.	▶この植物は厳しい条件でもよく育つ.
☑ Babies are **apt to** put things in their mouth.	▶赤ちゃんは物を口に入れがちだ.
☐ I noticed a **faint** smell of gas.	▶私はかすかなガスのにおいに気づいた.
☑ That's no **legitimate** reason for quitting a job.	▶それは仕事を辞めることの正当な理由ではない.
☑ All his efforts were in **vain**.	▶彼の努力はすべてむだだった.
☐ He wore a shirt with **vertical** stripes.	▶彼は縦じまのシャツを着ていた.

FINAL STAGE 3

1699 ☑ **gratitude** [grǽtitjùːd] `B1`	名 感謝（の気持ち）
1700 ☑ **offspring** [ɔ́(ː)fspriŋ]	名 （人・動物の）子
1701 ☑ **radiation** [rèidiéiʃn] `B1`	名 放射能, 放射線
1702 ☑ **rumor** [rúːmər] `A2`	名 うわさ
1703 ☑ **undergraduate** [ʌ̀ndərgrǽdʒuit] `B2`	名 大学生, 学部学生
1704 ☑ **blink** [blíŋk] `B2`	動 まばたきをする
1705 ☑ **distract** [distrǽkt] `B2`	動 （…から）〈注意などを〉そらす (from ...)
1706 ☑ **drain** [dréin] `B2`	動 〈液体を〉排出する, 流し出す, 抜く
1707 ☑ **mar** [máːr]	動 …を損なう, 傷つける
1708 ☑ **conspicuous** [kənspíkjuəs]	形 目立つ, 人目を引く
1709 ☑ **idle** [áidl] `B2`	形 使われていない; 何もしていない; 怠惰な
1710 ☑ **notable** [nóutəbl]	形 注目に値する, 傑出した
1711 ☑ **rigid** [rídʒid]	形 厳しい, 厳格な
1712 ☑ **sincere** [sinsíər] `B2`	形 誠実な, 正直な; 偽りのない
1713 ☑ **tidy** [táidi] `A2`	形 きちんと片づいた; こぎれいな

☑ Let me express my **gratitude** to all of you. ▶皆さまには感謝しております.

☐ AIDS can be transmitted from parent to **offspring**. ▶エイズは親から子に感染することがある.

☑ A high level of **radiation** was detected. ▶高レベルの放射線が検出された.

☑ The actor denied the **rumor** of his marriage. ▶その俳優は結婚のうわさを否定した.

☐ He is an **undergraduate** at Harvard University. ▶彼はハーバード大学の（学部）学生だ.

☑ She **blinked** in the bright sunlight. ▶まぶしい太陽の光を浴びて彼女はまばたきをした.

☐ Noise in the neighborhood often **distracts** me **from** sleeping. ▶近所の騒音でしばしば睡眠がとれない（⊕ 騒音が私を睡眠からそらす）.

☑ Wash and **drain** vegetables well. ▶野菜をよく洗って水気を切りなさい.

☑ The beauty of the old capital is **marred** by ugly concrete buildings. ▶古都の美が醜いコンクリートの建物で損なわれている.

☐ The bird has **conspicuous** feathers. ▶その鳥は目を引くような羽をしている.

☑ My brother is **idle** to the bone. ▶弟は非常にぐうたらだ.

☑ There were few **notable** changes in design. ▶デザインに注目すべき変化はほとんどなかった.

☐ The school is famous for **rigid** discipline. ▶その学校は厳しい規律で有名だ.

☑ Please accept my **sincere** apologies. ▶心からおわび申し上げます.

☑ She keeps her house neat and **tidy**. ▶彼女は家をいつもきちんと片づいた状態にしている.

1714 ☐ **aisle** [áil] A2	名 通路
1715 ☐ **congress** [káŋgrəs]	名 (米国などの)議会; (正式な)会議
1716 ☐ **diagnosis** [dàiəgnóusis]	名 診断, 診察
1717 ☐ **distress** [distrés]	名 苦痛, 苦悩; 悩みの種
1718 ☐ **erosion** [iróuʒn]	名 浸食; 腐食
1719 ☐ **compensate** [kámpənsèit] B2	動 (…の)補償をする, 埋め合わせをする(for ...)
1720 ☐ **incorporate** [inkɔ́ːrpərèit]	動 …を組み入れる, 合併する; …を会社組織にする
1721 ☐ **purr** [pɔ́ːr]	動 〈ネコが〉のどをゴロゴロ鳴らす
1722 ☐ **uncover** [ʌnkʌ́vər] B1	動 …の覆いを取る; …を暴露する
1723 ☐ **ambiguous** [æmbígjuəs] B2	形 あいまいな, 2通りの意味にとれる
1724 ☐ **fair-trade** [féərtréid]	形 公正な取引の
1725 ☐ **fragile** [frǽdʒəl]	形 こわれやすい, もろい
1726 ☐ **geographical** [dʒìːəgrǽfikəl] B1	形 地理学(上)の, 地理(学)的な
1727 ☐ **jealous** [dʒéləs] B1	形 ねたんだ, 嫉妬した; 嫉妬深い
1728 ☐ **neat** [níːt] B2	形 きちんとした; 身だしなみのよい

☑ I prefer an **aisle** seat to a window seat. ▶私は窓側より通路側の席を好む.

☐ He became a Member of **Congress** at the age of 36. ▶彼は 36 歳で (米国の) 国会議員になった.

☑ He was given a **diagnosis** of cancer. ▶彼はがんと診断された.

☑ She suffered **distress** over the death of her pet dog. ▶彼女はペットの犬をなくして苦しみを味わった.

☐ The landscape was formed by **erosion**. ▶その景色は浸食によって形づくられた.

☑ He **compensated** the woman for her injury with money. ▶彼はその女性にお金で傷害補償をした.

☑ The product **incorporates** the latest technologies. ▶その製品には最新技術が組み込まれている.

☐ Cats **purr** when they are happy. ▶ネコはうれしいとのどをゴロゴロ鳴らす.

☑ She **uncovered** the truth about the incident. ▶彼女はその事件の真相を明らかにした.

☑ Tom gave me an **ambiguous** answer. ▶トムは私にあいまいな返事をした.

☐ This is against the **fair-trade** agreement. ▶これは公正取引協定に違反している.

☑ Be careful; the glass is very **fragile**. ▶気をつけて. そのコップはとても割れやすい.

☑ He is familiar with the **geographical** features of that area. ▶彼はその地域の地理的特徴に詳しい.

☑ Her success made her sister **jealous**. ▶彼女の成功は妹を嫉妬させた.

☑ He was wearing a **neat** suit. ▶彼はきちんとしたスーツを着ていた.

FINAL STAGE 3

1729 ☑ **census** [sénsəs]	名 国勢調査
1730 ☑ **fatigue** [fətí:g]	名 疲労, 疲れ
1731 ☑ **irony** [áirəni]	名 皮肉, 当てこすり
1732 ☑ **moisture** [mɔ́istʃər] B1	名 湿気, 水分; 水蒸気
1733 ☑ **premise** [prémis]	名 前提, 根拠; 構内, 敷地
1734 ☑ **cram** [krǽm]	動 …を詰め込む
1735 ☑ **depict** [dipíkt]	動 (絵や言葉で)…を描く
1736 ☑ **drag** [drǽg] B1	動 …を引きずる, 引っぱる
1737 ☑ **halt** [hɔ́:lt]	動 停止する, 止まる; …を止める
1738 ☑ **incline** [inkláin]	動 …する気にさせる; …を傾ける
1739 ☑ **cognitive** [kάgnitiv]	形 認識の, 認知の
1740 ☑ **costly** [kɔ́(:)stli] B2	形 高価な, 費用のかかる
1741 ☑ **federal** [fédərəl] B2	形 連邦の; 米国連邦政府の
1742 ☑ **interior** [intíəriər] B2	形 内部の, 内側の; 屋内の
1743 ☑ **invisible** [invízəbl] B2	形 目に見えない

☑ The national **census** is taken every five years.	▶国勢調査は 5 年ごとに行われる.
☑ **Fatigue** is one of the side effects of the medicine.	▶疲労感はその薬の副作用の 1 つだ.
☑ His comment had a touch of **irony**.	▶彼のコメントには皮肉の含みがあった.
☐ Too much **moisture** will kill the plant.	▶水分が多すぎるとその植物はだめになる.
☑ I disagree with your **premise**.	▶あなたの前提には同意できない.
☑ She **crammed** her suitcase with clothes.	▶彼女はスーツケースに服を詰め込んだ.
☐ The movie **depicts** the life of Walt Disney.	▶その映画はウォルト・ディズニーの生涯を描いている.
☑ He **dragged** the chair over to the window.	▶彼は窓際へいすを引きずっていった.
☑ The accident **halted** the traffic.	▶その事故が交通を停止させた.
☐ We are **inclined** to see what we expect to see.	▶我々は物事を予想したとおりに見る傾向がある.
☑ Education can affect **cognitive** ability.	▶教育は認知能力に影響を与えることがある.
☑ Everything was **costly** in Switzerland.	▶スイスではあらゆるものが高かった.
☐ My sister works for the **federal** government.	▶姉は連邦政府で働いている.
☑ The **interior** walls were painted white.	▶内部の壁は白く塗られていた.
☑ What is essential is **invisible** to the eye.	▶本当に大切なものは目に見えない.

FINAL STAGE 3

399

1744 ☑ **caution** [kɔ́:ʃn] B1	名 用心, 注意; 警告
1745 ☑ **donation** [dounéiʃn] B2	名 寄付; 寄付金; 提供
1746 ☑ **rear** [ríər] B2	名 後部, 後ろ, 後方; 裏
1747 ☑ **sociology** [sòusiálədʒi]	名 社会学
1748 ☑ **vessel** [vésl] B1	名 (大型の)船; 管, 血管; 容器
1749 ☑ **conform** [kənfɔ́:rm]	動 従う; 一致する
1750 ☑ **disrupt** [disrʌ́pt] B2	動 …を混乱[中断]させる, 妨害する
1751 ☑ **enrich** [enrítʃ] B1	動 …を豊かにする; …の栄養価を高める
1752 ☑ **pant** [pǽnt]	動 息を切らす
1753 ☑ **surpass** [sərpǽs]	動 …に勝る, …を超える
1754 ☑ **imperial** [impíəriəl]	形 帝国の; 皇室[皇族]の
1755 ☑ **innate** [inéit] B2	形 生まれつきの, 生来の
1756 ☑ **magnetic** [mægnétik]	形 磁石の, 磁気による; 魅力的な
1757 ☑ **meaningless** [mí:niŋləs]	形 無意味な; むだな
1758 ☑ **stern** [stɔ́:rn] B2	形 厳格な, 厳しい; いかめしい

☐ This medicine should be treated with **caution**.	▶この薬は注意して扱うべきだ.
☐ He made a **donation** to the church.	▶彼は教会に寄付をした.
☑ My son sat in the **rear** of the car.	▶息子は車の後部(座席)に座った.
☐ She has a degree in **sociology**.	▶彼女は社会学の学位を持っている.
☑ Blood flows through blood **vessels**.	▶血液は血管の中を流れる.
☑ He refused to **conform** to his father's beliefs.	▶彼は父親の信念に従うことを拒んだ.
☐ The ceremony was **disrupted** by a sudden rain.	▶急な雨で式典は中断された.
☑ This experience will **enrich** your life.	▶この経験は君の人生を豊かにするだろう.
☑ Ann ran into the room, **panting**.	▶アンは息を切らせて部屋に駆け込んだ.
☐ His skills **surpassed** those of the other players.	▶彼の技術はほかの選手より優れていた.
☑ She is a member of the **Imperial** Family.	▶彼女は皇族の一員だ.
☑ He has an **innate** sense of rhythm.	▶彼には天性のリズム感がある.
☐ This material is attracted by the **magnetic** field.	▶この素材は磁場に引きつけられる.
☑ Such a question is **meaningless**.	▶そんな質問は無意味だ.
☑ Our new teacher looks very **stern**.	▶私たちの新しい先生はとても厳格そうだ.

FINAL STAGE 3

401

1759 ☑ **autobiography** [ɔ̀:təbaiágrəfi]		名 自(叙)伝
1760 ☑ **envy** [énvi]	A2	名 ねたみ, 嫉妬, 羨望
1761 ☑ **outlook** [áutlùk]	B2	名 見通し, 見込み
1762 ☑ **remedy** [rémidi]	B1	名 治療(法), 治療薬; 解決策
1763 ☑ **script** [skrípt]	A2	名 台本, 脚本; 手書き(の文字)
1764 ☑ **clarify** [klǽrəfài]	B2	動 …を明らかにする
1765 ☑ **exert** [igzə́:rt]		動 〈影響力を〉及ぼす; 〈権力を〉ふるう
1766 ☑ **induce** [indjú:s]		動 〈人を〉(…する)気にさせる; 〈人を〉誘って(…)させる(to do)
1767 ☑ **revive** [riváiv]	B2	動 復活する, よみがえる, 復興する; …を復活させる
1768 ☑ **weave** [wí:v]	B2	動 …を織る; 〈かごなどを〉編む
1769 ☑ **acute** [əkjú:t]	B2	形 鋭い, 鋭敏な; 〈痛みが〉激しい
1770 ☑ **monetary** [mάnətèri]		形 貨幣の, 通貨の
1771 ☑ **parental** [pəréntəl]	B1	形 親の, 親としての
1772 ☑ **unacceptable** [ʌ̀nəkséptəbl]	B2	形 受け入れられない, 容認できない
1773 ☑ **unrelated** [ʌ̀nriléitid]	B1	形 無関係の; 親族ではない

☐ I was impressed by Chaplin's **autobiography**.	▶私はチャップリンの自伝に感銘を受けた.
☑ The girl looked at her with **envy**.	▶その少女は彼女をうらやましそうに見た.
☐ The **outlook** of the economy is uncertain.	▶経済の見通しは不透明だ.
☐ There is no **remedy** for this disease.	▶この病気には治療法がない.
☑ He writes **scripts** for TV dramas.	▶彼はテレビドラマの脚本を書いている.
☐ I need time to **clarify** my thoughts.	▶自分の考えを明確にするのに時間が必要だ.
☑ Russia still **exerts** influence in the region.	▶ロシアは今でもその地域に影響力を及ぼしている.
☑ That program **induced** people to exercise.	▶その番組は人々に運動する気を起こさせた.
☐ Our city's music festival has been **revived**.	▶私たちの市の音楽祭が復活した.
☑ They **weave** three to five baskets a day.	▶彼らは1日に3個から5個のかごを編む.
☑ I had an **acute** pain in my lower back.	▶腰に激痛が走った.
☐ The **monetary** unit of South Korea is the won.	▶韓国の貨幣単位はウォンである.
☑ A child needs to receive **parental** affection.	▶子どもは親の愛情を受ける必要がある.
☑ His behavior was just **unacceptable**.	▶彼のふるまいはどうしても容認できなかった.
☐ We have the same name, but are **unrelated**.	▶私たちは同じ名前だが親戚(☆☆)ではない.

FINAL STAGE 3

403

1774 ☑ **asset** [ǽset]	名 価値のあるもの[人]; 資産, 財産
1775 ☑ **dignity** [díɡnəti] B2	名 威厳; 気品; 尊厳
1776 ☑ **hazard** [hǽzərd] B1	名 危険; 危険にさらすもの
1777 ☑ **sculpture** [skʌ́lptʃər] B1	名 彫刻; 彫像
1778 ☑ **triumph** [tráiəmf] B1	名 大勝利; 大成功; 勝利の喜び
1779 ☑ **cling** [klíŋ]	動 しがみつく, くっつく
1780 ☑ **crawl** [krɔ́ːl] B2	動 はう, 腹ばいで進む, はいはいする
1781 ☑ **enroll** [enróul] B2	動 入学する, 登録する; …を入学させる
1782 ☑ **standardize** [stǽndərdàiz]	動 …の規準を統一する, …を標準化する
1783 ☑ **underestimate** [ʌ̀ndəréstimèit] B2	動 …を過小評価する
1784 ☑ **fond** [fánd] B1	形 (…が)好きで(of …)
1785 ☑ **grammatical** [ɡrəmǽtikəl]	形 文法(上)の
1786 ☑ **toxic** [táksik] B2	形 有毒な; 中毒(性)の
1787 ☑ **unprecedented** [ʌnprésədèntid]	形 前例のない, 空前の
1788 ☑ **volcanic** [vɑlkǽnik]	形 火山の, 火山による

☑ Her computer skills are a great **asset** to her.
▶ 彼女のコンピュータ技能は彼女の大きな強みだ.

☑ She always maintained her **dignity**.
▶ 彼女はいつも威厳を保った.

☐ Smoking is considered a fire **hazard**.
▶ 喫煙は火事を起こす危険があるとされる.

☑ I saw the famous **sculpture** of Venus.
▶ 私は有名なビーナスの彫刻を見た.

☑ They achieved a **triumph** over their enemies.
▶ 彼らは敵に対して大勝利を収めた.

☐ The boy **clung** to his mother.
▶ 少年は母親にしがみついた.

☑ Our baby has just started to **crawl**.
▶ うちの赤ちゃんはちょうどはいはいをし始めたところだ.

☑ Bob **enrolled** in a local school.
▶ ボブは地元の学校に入学した.

☐ Most students take the **standardized** exam.
▶ ほとんどの生徒はその統一試験を受ける.

☑ You are **underestimating** your potential.
▶ あなたは自分の潜在能力を過小評価している.

☑ My father is **fond of** sweets.
▶ 父は甘いものが好きだ.

☐ I made a few **grammatical** errors.
▶ 私は少し文法的な間違いをした.

☑ **Toxic** chemicals are found in various products.
▶ さまざまな製品に毒性のある化学薬品が入っている.

☐ The movie was an **unprecedented** hit.
▶ その映画は空前の大ヒットだった.

☑ **Volcanic** activity continued for a week.
▶ 火山活動は 1 週間続いた.

FINAL STAGE 3

1789 ☑ **baggage** [bǽgidʒ] B1	名 (旅行時などの)手荷物
1790 ☑ **mercy** [mɔ́ːrsi] B2	名 慈悲, 情け, 哀れみ
1791 ☑ **outbreak** [áutbrèik] B2	名 突発, 勃発, 発生
1792 ☑ **prestige** [prestíːʒ] B2	名 威信, 信望, 名声
1793 ☑ **realm** [rélm]	名 王国; 分野, 領域
1794 ☑ **discard** [diskáːrd]	動 〈不要なものを〉捨てる
1795 ☑ **disregard** [dìsrigáːrd] B2	動 …を無視する, 軽視する
1796 ☑ **insert** [insɔ́ːrt]	動 …を挿入する, 差し込む
1797 ☑ **render** [réndər]	動 …を(ある状態に)する, させる
1798 ☑ **snap** [snǽp] B2	動 …をポキッと折る; 〈写真を〉撮る; ポキッと折れる
1799 ☑ **cautious** [kɔ́ːʃəs] B1	形 用心深い, 慎重な
1800 ☑ **memorable** [mémərəbl] B1	形 記憶に残る, 忘れがたい
1801 ☑ **problematic** [prὰbləmǽtik]	形 問題のある, 困難を伴う
1802 ☑ **terminal** [tɔ́ːrmənəl] B1	形 末期の, 終末の; 末端の
1803 ☑ **unpredictable** [ʌ̀npridíktəbl] B1	形 予測のつかない

☐ Would you help me with my baggage?	▶手荷物を運ぶのを手伝っていただけますか?
☑ He got down on his knees and asked for mercy.	▶彼はひざまずいて情けを請うた.
☑ They expected an outbreak of war.	▶彼らは戦争の勃発を予期していた.
☐ Her job has high status and prestige.	▶彼女の仕事は地位が高く, 信望が厚い.
☑ The discovery will expand the realm of knowledge.	▶その発見は知識の領域を広げるだろう.
☑ Remove and discard the seeds.	▶種を取り除いて捨てなさい.
☐ Safety procedures were disregarded.	▶安全のための手順が無視されていた.
☑ Insert coins here and press any button you like.	▶ここに硬貨を入れて好きなボタンを押しなさい.
☑ Back pain can render you helpless.	▶腰痛は人を自分では何もできない状態にすることがある.
☑ He snapped a chocolate bar in two.	▶彼は板チョコを2つにパキッと割った.
☑ She was cautious about choosing a dentist.	▶彼女は慎重に歯医者を選んだ.
☐ It was a truly memorable trip.	▶それは本当に忘れがたい旅行だった.
☑ A stronger yen would be problematic for their business.	▶彼らのビジネスにとって円高は問題があるだろう.
☑ The actor had a terminal cancer.	▶その俳優は末期がんだった.
☐ The weather in Scotland is unpredictable.	▶スコットランドの天気は予測がつかない.

FINAL STAGE3

407

1804 ☐ **defect** [díːfekt]	名	欠点, 弱点; 欠陥; 欠乏
1805 ☐ **draft** [drǽft] B2	名	草稿, 下書き, 草案
1806 ☐ **glimpse** [glímps] B1	名	ちらりと見ること
1807 ☐ **hierarchy** [háiəràːrki]	名	階級組織, ヒエラルキー
1808 ☐ **theft** [θéft] B1	名	盗み, 窃盗
1809 ☐ **bang** [bǽŋ] B1	動	(…を)大きな音を立ててたたく
1810 ☐ **clip** [klíp] B1	動	…をはさみで切る; …をクリップで留める
1811 ☐ **undermine** [ʌ̀ndərmáin]	動	…を弱くする, むしばむ; …の土台を崩す
1812 ☐ **unfold** [ʌnfóuld] B1	動	〈たたんだものを〉広げる, 開く
1813 ☐ **unify** [júːnifài] B1	動	…を統合する, 統一する
1814 ☐ **devastating** [dévəstèitiŋ] B1	形	破壊的な, 壊滅的な
1815 ☐ **interpersonal** [ìntərpə́ːrsənəl] B2	形	対人の; 人間関係の
1816 ☐ **nationwide** [néiʃnwáid] B2	形	全国的な
1817 ☐ **spatial** [spéiʃəl]	形	空間の, 空間的な
1818 ☐ **spontaneous** [spɑntéiniəs]	形	自然に起こる; 無意識の

☐ This product is free from **defects**.	▶この製品には欠陥はありません.
☑ Who wrote the **draft** of the proposal?	▶だれがその提案書の草稿を書いたのですか?
☑ We caught a **glimpse** of Mt. Fuji.	▶私たちには富士山がちらっと見えた.
☐ There is a **hierarchy** of needs.	▶欲求には階級がある.
☑ He was found guilty of **theft**.	▶彼は窃盗で有罪になった.
☑ The baby was **banging** the table with his spoon.	▶赤ちゃんはスプーンでテーブルをがんがんたたいていた.
☐ She **clipped** the article from the newspaper.	▶彼女はその記事を新聞から切り抜いた.
☑ The incident will **undermine** their reform efforts.	▶その事件は彼らの改革への努力をだめにするだろう.
☑ He **unfolded** the map and put it on the desk.	▶彼は地図を広げて机の上に置いた.
☑ Spain was **unified** in the late 15th century.	▶スペインは 15 世紀終わりごろ統一された.
☑ The damage caused by the storm was **devastating**.	▶あらしによる被害は壊滅的だった.
☐ You need to develop your **interpersonal** skills.	▶あなたは対人能力を磨く必要がある.
☑ The news attracted **nationwide** attention.	▶そのニュースは全国的な注目を集めた.
☑ The Internet helps remove **spatial** barriers.	▶インターネットは空間的な障壁を取り除く助けとなる.
☐ **Spontaneous** cheers broke out.	▶自然にかっさいが起こった.

FINAL STAGE 3

1819 ☑ **ambassador** [æmbǽsədər] B2	名 大使
1820 ☑ **ape** [éip] B1	名 類人猿
1821 ☑ **diplomacy** [diplóuməsi]	名 外交, 外交術
1822 ☑ **union** [júːnjən] B1	名 組合; 連合; 結合
1823 ☑ **discharge** [distʃáːrdʒ] B2	動 …を解放[釈放]する; …を解雇[解任]する
1824 ☑ **dye** [dái] B2	動 …を染める
1825 ☑ **entitle** [entáitl] B2	動 …に資格[権利]を与える; …に表題をつける
1826 ☑ **inhibit** [inhíbit]	動 …を抑制する, 妨げる
1827 ☑ **populate** [pápjəlèit]	動 …に住む
1828 ☑ **provoke** [prəvóuk]	動 …を引き起こす; …を刺激する, 怒らせる
1829 ☑ **aesthetic** [esθétik]	形 美の; 美学の
1830 ☑ **compulsory** [kəmpʌ́lsəri] B2	形 義務の, 強制的な; 必修の
1831 ☑ **demographic** [dèməgrǽfik]	形 人口統計(学)の
1832 ☑ **prolonged** [prəlɔ́(ː)ŋd]	形 延長した, 長引いた
1833 ☑ **unreliable** [ʌnriláiəbl] B2	形 頼りにならない, 当てにならない

☐ He was Japan's **ambassador** to the U.S.	▶彼は駐米日本大使だった.
☑ Some **apes** have high-level abilities.	▶類人猿の中には高い能力を持つものがいる.
☑ We support peaceful **diplomacy**.	▶私たちは平和外交を支持する.
☐ Poland joined the European **Union** in 2004.	▶ポーランドは 2004 年に欧州連合に加わった.
☑ The soldier was **discharged** due to illness.	▶その兵士は病気のため解任された.
☐ He **dyed** his hair purple.	▶彼は髪を紫色に染めた.
☐ He is **entitled** to a full pension at 65.	▶彼は 65 歳で満額の年金を受ける資格がある.
☑ Don't let fear **inhibit** your actions.	▶恐怖心にあなたの行動を妨げさせてはならない.
☐ This area is mainly **populated** by farmers.	▶この地域は主に農家の人々が住んでいる.
☑ He **provoked** laughter from the audience.	▶彼は聴衆の笑いを誘った.
☑ A garden will add **aesthetic** value to your home.	▶庭は家の美的価値を高める.
☐ **Compulsory** education lasts for nine years.	▶義務教育は 9 年間続く.
☑ China faces **demographic** problems.	▶中国は人口統計的な問題に直面している.
☑ A **prolonged** war benefits no one.	▶長引く戦争で得をする人はだれもいない.
☐ Our senses are **unreliable**.	▶人間の感覚は当てにならない.

FINAL STAGE 3

411

1834 ☐ **cave** [kéiv] B1	名 洞窟, ほら穴
1835 ☐ **empire** [émpaiər] B1	名 帝国
1836 ☐ **palm** [pá:m] B1	名 手のひら; ヤシ
1837 ☐ **predator** [prédətər]	名 捕食[肉食]動物; 略奪者
1838 ☐ **tip** [típ] A2	名 (とがった)先, 先端部
1839 ☐ **bid** [bíd] B2	動 〈値を〉つける
1840 ☐ **converse** [kənvə́:rs] B2	動 話をする
1841 ☐ **designate** [dézignèit]	動 …を任命する, 指名する
1842 ☐ **endeavor** [endévər] B2	動 (…しようと)努力する, 試みる (to do)
1843 ☐ **frown** [fráun]	動 まゆをひそめる, 顔をしかめる
1844 ☐ **arbitrary** [á:rbitrèri]	形 気まぐれな, 勝手な, 恣意(い)的な; 独断的な
1845 ☐ **commonplace** [kámənplèis]	形 ありふれた, 日常的な
1846 ☐ **neural** [njúrəl]	形 神経(系)の
1847 ☐ **transparent** [trænspǽrənt] B2	形 透明な, 透き通った
1848 ☐ **vigorous** [vígərəs] B2	形 活発な, 力強い

☑ Even today some people live in **caves**. ▶今日でも洞窟に住む人々がいる.

☐ The Roman **Empire** prospered for almost 500 years. ▶ローマ帝国は 500 年近くも繁栄した.

☑ The girl rubbed her **palms** together. ▶少女は両手のひらをこすり合わせた.

☑ The dog protected our sheep from their **predators**. ▶その犬はうちの羊を捕食動物から守った.

☐ It's on the **tip** of my tongue. ▶のど(🔲 舌の先)まで出かかっているのだが(思い出せない).

☑ He **bid** a thousand dollars for the table. ▶彼はそのテーブルに 1,000 ドルの値をつけた.

☑ She **conversed** with them in Chinese. ▶彼女は彼らと中国語で話をした.

☐ This area has been **designated** (as) a national park. ▶この地区は国立公園に指定されている.

☑ He has **endeavored to** protect old buildings. ▶彼は古い建物を守ろうと努力してきた.

☑ The old man **frowned** at the boy. ▶老人は少年にまゆをひそめた.

☐ His choice was completely **arbitrary**. ▶彼の選択はまったく気まぐれなものだった.

☑ LED lights have become **commonplace**. ▶LED の明かりが一般的になってきた.

☐ My brother studies **neural** systems. ▶兄は神経系について研究している.

☐ Pure water is **transparent**. ▶純粋な水は透明だ.

☑ **Vigorous** exercise helps kids stay fit. ▶活発な運動は子どもの健康を維持する一助になる.

413

1849 ☑ **countryside** [kʌ́ntrisàid] A2	名 いなか, 田園地帯
1850 ☑ **expedition** [èkspidíʃn] B2	名 遠征, 探検; 探検隊
1851 ☑ **incentive** [inséntiv] B2	名 (…する)誘因, 動機(to do)
1852 ☑ **pesticide** [péstəsàid]	名 殺虫剤
1853 ☑ **string** [stríŋ] A2	名 ひも, 糸
1854 ☑ **contend** [kənténd]	動 …だと強く主張する; 争う, 競う
1855 ☑ **displace** [displéis] B2	動 …を移動させる; …にとって代わる
1856 ☑ **plunge** [plʌ́ndʒ]	動 (…に)突っ込む(into [in]…); 突進する
1857 ☑ **refrain** [rifréin] B2	動 (…を)差し控える, 慎む(from …)
1858 ☑ **steer** [stíər] B2	動 〈船などの〉かじをとる, …を操縦する
1859 ☑ **athletic** [æθlétik] B1	形 運動競技の
1860 ☑ **bald** [bɔ́:ld] B1	形 はげた, 毛のない; 木[葉]のない
1861 ☑ **gross** [gróus] B2	形 全体の, 総計の
1862 ☑ **postwar** [póustwɔ́:r]	形 戦後の
1863 ☑ **prehistoric** [prì:histɔ́(:)rik] B2	形 有史以前の

| He wants to move to the **countryside**. | ▶彼はいなかに引っ越したいと考えている. |

| She went on an **expedition** to the Arctic. | ▶彼女は北極へ探検に行った. |

| There's no **incentive** for him to quit smoking. | ▶彼には禁煙すべき動機がない. |

| She never uses **pesticide** when growing vegetables. | ▶彼女は野菜を育てるとき決して殺虫剤を使わない. |

| He tied a pile of newspapers with **string**. | ▶彼は新聞の束をひもでくくった. |

| He **contends** that nuclear weapons should be eliminated. | ▶彼は核兵器は排除すべきだと主張している. |

| Digital technology has **displaced** a lot of human labor. | ▶デジタル技術は多くの人的労働にとって代わった. |

| A black car **plunged into** the river. | ▶黒い車が川に突っ込んだ. |

| Please **refrain from** talking during the movie. | ▶上映中はおしゃべりを控えてください. |

| She **steered** the boat into the harbor. | ▶彼女は船のかじをとって港に入れた. |

| The girl has great **athletic** ability. | ▶その少女はすばらしい運動能力を持っている. |

| My cat has got a **bald** patch on its leg. | ▶うちのネコは足にはげている所がある. |

| The **gross** weight of the vehicle is 1,850kg. | ▶その車両の総重量は 1,850 キロだ. |

| The movie is set in **postwar** Tokyo. | ▶その映画は戦後の東京を舞台にしている. |

| We visited some **prehistoric** ruins in the U.S. | ▶私たちはアメリカで先史時代の遺跡をいくつか訪ねた. |

FINAL STAGE 4

1864 ☑ **encyclopedia** [ensàikləpí:diə] B1	名 百科事典
1865 ☑ **pump** [pʌ́mp] B1	名 ポンプ, 空気入れ
1866 ☑ **rainforest** [réinfɔ̀:rist] B1	名 (熱帯)雨林
1867 ☑ **sparrow** [spǽrou] B2	名 スズメ
1868 ☑ **storage** [stɔ́:ridʒ] B1	名 貯蔵(所), 保管(所)
1869 ☑ **bounce** [báuns] B1	動 弾む, 跳ねる;〈メールなどが〉(相手に届かず)戻ってくる
1870 ☑ **enclose** [enklóuz] B1	動 …を囲む; …を同封する
1871 ☑ **grind** [gráind]	動 …をひく, すりつぶす
1872 ☑ **overestimate** [òuvəréstəmèit] B2	動 …を多く見積もる, 過大評価する
1873 ☑ **reassure** [rì:əʃúər]	動 …を安心させる, 元気づける
1874 ☑ **crude** [krú:d]	形 天然のままの, 加工[精製]していない
1875 ☑ **dim** [dím] B2	形 薄暗い; かすんだ, ぼんやりした
1876 ☑ **humble** [hʌ́mbl] B2	形 謙遜(けんそん)した, 謙虚な
1877 ☑ **intact** [intǽkt]	形 無傷で, 元のままで
1878 ☑ **solitary** [sɑ́litèri]	形 単独の, ただ 1 人の; 孤独な

☑ I often use an online **encyclopedia**.	▶私はよくオンラインの百科事典を使う.
☑ Can I borrow your bicycle **pump**?	▶自転車の空気入れを借りてもいいかい？
☑ They are trying to preserve the tropical **rainforest**.	▶彼らは熱帯雨林を守ろうとしている.
☑ She took care of an injured **sparrow**.	▶彼女はけがをしたスズメの世話をした.
☑ I live in a small apartment with little **storage** space.	▶私は収納スペースがほとんどない小さなアパートに住んでいる.
☐ The e-mail I sent to him **bounced**.	▶彼に送ったメールは戻ってきた.
☑ The garden was **enclosed** by a fence.	▶庭は柵(さく)で囲まれていた.
☑ This is a tool for **grinding** corn.	▶これはトウモロコシをすりつぶす道具だ.
☐ Don't **overestimate** your ability.	▶自分の能力を過大評価するな.
☑ Tom **reassured** her that her son was safe.	▶トムは彼女の息子は無事だと言って彼女を安心させた.
☑ Saudi Arabia exports **crude** oil to China.	▶サウジアラビアは中国に原油を輸出している.
☐ Reading books in **dim** light will strain your eyes.	▶薄暗い明かりで本を読むと目を痛める.
☑ Despite his great achievements, he remains **humble**.	▶彼はその偉大な業績にもかかわらず, 謙虚なままだ.
☑ The house remained **intact** after 200 years.	▶その家は200年たっても元のまま残っていた.
☐ He led a **solitary** life after his retirement.	▶彼は引退後は孤独な生活を送った.

FINAL STAGE 4

417

1879 ☑ **column** [kάləm] `A2`	名 円柱; (新聞などの)縦の段; 欄, コラム
1880 ☑ **copper** [kάpər] `B2`	名 銅
1881 ☑ **dialogue** [dáiəlɔ̀(ː)g] `B1`	名 対話
1882 ☑ **initiative** [iníʃətiv] `B2`	名 主導権; 率先
1883 ☑ **narrative** [nǽrətiv] `B1`	名 物語, 話
1884 ☑ **embed** [embéd]	動 …を(…に)埋め込む(in …)
1885 ☑ **probe** [próub] `B2`	動 〈真相などを〉突き止める; …を徹底的に調査する
1886 ☑ **stride** [stráid] `B2`	動 大またで歩く
1887 ☑ **swear** [swéər] `B1`	動 宣誓する; 誓う
1888 ☑ **trim** [trím] `B1`	動 〈樹木・髪などを〉刈り込む, きれいに手入れする, 整える
1889 ☑ **centenarian** [sèntənéəriən]	形 100歳(以上)の
1890 ☑ **paleolithic** [pèiliəlíθik]	形 旧石器時代の
1891 ☑ **pharmaceutical** [fὰːrməsúːtikəl]	形 製薬の; 調剤の
1892 ☑ **physiological** [fìziəládʒikəl]	形 生理学(上)の; 生理的な
1893 ☑ **stiff** [stíf] `B2`	形 凝った, こわばった

☐ She writes an advice **column** for the paper.	▶彼女は新聞の相談欄を書いている.
☐ **Copper** is used in most Japanese coins.	▶銅はほとんどの日本の硬貨に使われている.
☐ There is little **dialogue** in the play.	▶その劇には対話がほとんどない.
☐ He took the **initiative** in planning the event.	▶彼が率先してそのイベントを計画した.
☐ He wrote a **narrative** of their long journey.	▶彼は彼らの長い旅の話を書いた.
☐ The posts are **embedded in** concrete.	▶柱はコンクリートに埋め込まれている.
☐ Journalists **probed** the incident.	▶ジャーナリストたちはその事件を徹底的に調査した.
☐ The king **strode** down the hall toward her.	▶王様はホールを大またで歩き彼女のところまで来た.
☐ He refused to **swear** on the Bible.	▶彼は聖書に手を置いて宣誓することを拒否した.
☐ He **trimmed** the trees in the garden last week.	▶彼は先週庭の木を刈り込んだ.
☐ The **centenarian** population has grown over the past ten years.	▶過去 10 年間で 100 歳以上の人口は増加した.
☐ These are the pictures of the **paleolithic** cave paintings.	▶これらは旧石器時代の洞窟壁画の写真だ.
☐ She works at a **pharmaceutical** company.	▶彼女は製薬会社で働いている.
☐ The **physiological** basis of this response is unknown.	▶この反応の生理学的根拠は解明されていない.
☐ I have **stiff** shoulders.	▶私は肩が凝っている.

FINAL STAGE 4

419

1894 ☑ **asteroid** [ǽstərɔ̀id]	名 小惑星, アステロイド
1895 ☑ **dimension** [diménʃn] **B2**	名 寸法
1896 ☑ **handful** [hǽndfùl]	名 ひとつかみ(の…), ひと握り(の…) (of ...)
1897 ☑ **herd** [hə́:rd] **B1**	名 (牛などの)群れ
1898 ☑ **sake** [séik] **A2**	名 利益;《for the sake of で》…のため に
1899 ☑ **broaden** [brɔ́:dn] **B2**	動〈川·道路などが〉広くなる; 〈視野などが〉広がる
1900 ☑ **correlate** [kɔ́(:)rəlèit]	動 関連する
1901 ☑ **dispose** [dispóuz]	動 …を配列する, 配置する
1902 ☑ **distort** [distɔ́:rt]	動〈事実·考えなどを〉歪曲(わいきょく)して 伝える
1903 ☑ **withstand** [wiθstǽnd]	動 …に耐える, …に耐え抜く, …をもちこたえる
1904 ☑ **explicit** [iksplísit]	形〈意見などが〉明確[明快]な;〈人·態度 などが〉率直な;〈描写などが〉露骨な
1905 ☑ **foremost** [fɔ́:rmòust]	形 主要な, 一流の
1906 ☑ **metropolitan** [mètrəpálitn]	形 大都市の; 首都の
1907 ☑ **prone** [próun]	形 (…の/…する)傾向がある(to ... / to *do*)
1908 ☑ **skeptical** [sképtikəl]	形 (…に)懐疑的な, (…を)疑って (about [of] ...)

There are a lot of **asteroids** between Mars and Jupiter.	▶火星と木星の間にたくさんの小惑星がある.
Measure the three **dimensions** of the box.	▶箱の縦, 横, 高さの寸法を測りなさい.
He took up a **handful of** sand.	▶彼は砂をひとつかみ取り上げた.
A large **herd** of elephants gathered at the lake.	▶ゾウの大きな群れが湖に集まっていた.
He worked hard **for the sake of** his family.	▶彼は家族のために一生懸命働いた.
As we moved down the river, it gradually **broadened**.	▶私たちが下って行くに従って川は次第に広くなった.
It is known that smoking **correlates** with lung cancer.	▶喫煙は肺がんと関連があるということが分かっている.
A lot of police officers were **disposed** along the street.	▶多くの警官が通り沿いに配置された.
The newspaper **distorted** the truth about the case.	▶その新聞は事件に関する真実をゆがめて報じた.
We **withstood** hunger in those days.	▶その当時私たちは空腹に耐えた.
I gave him **explicit** orders of what to do.	▶私はすべきことについて彼に明確な命令を下した.
He was the **foremost** movie star in the '70s.	▶彼は70年代における一流の映画スターだった.
There is heavy traffic in the **metropolitan** area.	▶大都市の区域では交通量が非常に多い.
I am **prone to** error when I have a cold.	▶私は風邪を引いているときには間違いを犯す傾向がある.
They are **skeptical about** my hypothesis.	▶彼らは私の仮説に対して懐疑的だ.

FINAL STAGE 4

421

1909 ☑ **framework** [fréimwə̀ːrk]	名 骨組み; (理論などの)基本となるもの
1910 ☑ **merchant** [mə́ːrtʃənt] B1	名 商人, 貿易商; 小売商, 商店主
1911 ☑ **pill** [píl] A2	名 丸薬, 錠剤
1912 ☑ **rainfall** [réinfɔ̀ːl] B1	名 降雨; (降)雨量, 降水量
1913 ☑ **uncertainty** [ʌnsə́ːrtnti] B1	名 不確実; 不安定; 不確実なこと
1914 ☑ **embody** [embádi]	動 …を(具体的な形で)示す
1915 ☑ **empower** [empáuər]	動〈人に〉(…する)権限を与える(to do)
1916 ☑ **strand** [strǽnd] B2	動〈人を〉立ち往生させる, 身動きできなくさせる
1917 ☑ **surge** [sə́ːrdʒ] B2	動〈群衆などが〉波のように押し寄せる;〈数値などが〉急増する
1918 ☑ **tilt** [tílt]	動 …を傾ける;〈首を〉かしげる;…を倒す
1919 ☑ **affluent** [ǽfluənt]	形 裕福な, 豊かな
1920 ☑ **hollow** [hálou] B2	形 空洞の, 中空の
1921 ☑ **intrinsic** [intrínsik]	形〈性質などが〉(…に)本来備わっている, 本質的な(to ...)
1922 ☑ **intuitive** [intʃúːitiv]	形 直観的な; 直観力のある
1923 ☑ **veterinary** [vétərənèri]	形 獣医(学)の

☑ The wooden **framework** of this house has weakened with age. ▶ この家の木の骨組みは年月を経てもろくなっている.

☑ I bought these bags from that **merchant**. ▶ 私はこれらのバッグをその商人から買い付けた.

☐ She took three **pills** for a headache. ▶ 彼女は頭痛薬を3錠飲んだ.

☑ We had a poor crop of rice due to a decrease in **rainfall**. ▶ 降雨量の減少のため米が不作だった.

☑ These figures suggest some **uncertainty** about the company's future. ▶ これらの数字はその会社の将来の不安定さを示唆している.

☐ She **embodied** her ideas about love in her latest novel. ▶ 彼女は最新の小説の中に愛についての考えを示した.

☐ They were **empowered to** make a decision about the matter. ▶ 彼らはその件についての決定を下す権限を与えられた.

☐ We were **stranded** in the foggy forest. ▶ 私たちは霧の立ち込めた森の中で立ち往生した.

☐ A lot of fans **surged** toward the stage then. ▶ そのとき, 多くのファンがステージに殺到した.

☑ That woman **tilted** her head in confusion. ▶ その女性は訳が分からず, 首をかしげた.

☐ They grew up in an **affluent** family. ▶ 彼らは裕福な家庭で育った.

☐ Is the inside of the moon **hollow**? ▶ 月の内部は空洞ですか?

☑ Languages are **intrinsic to** human nature. ▶ 言語は人間に本来備わっているものだ.

☐ He is a highly **intuitive** person. ▶ 彼は非常に直観力のある人だ.

☑ Our son studies **veterinary** medicine at university. ▶ 息子は大学で獣医学を勉強している.

1924 ☐ **fabric** [fǽbrik] B2	名 織物, 布地
1925 ☐ **fairy** [féəri] A1	名 妖精
1926 ☐ **goat** [góut] B2	名 ヤギ
1927 ☐ **laptop** [lǽptàp] B2	名 ラップトップコンピュータ, ノートパソコン
1928 ☐ **loyalty** [lɔ́iəlti] B1	名 (…への)忠義, 忠実(to ...); 誠実
1929 ☐ **envision** [envíʒn]	動 〈可能性・将来の出来事などを〉心に 描く, 予想する
1930 ☐ **fetch** [fétʃ] B1	動 〈物を〉(行って)取ってくる, 〈人を〉(行って)連れてくる
1931 ☐ **formulate** [fɔ́:rmjəlèit]	動 〈案・計画などを〉考え出す
1932 ☐ **stumble** [stʌ́mbl] B1	動 つまずく
1933 ☐ **subtract** [səbtrǽkt] B2	動 …を(…から)引く, 減じる(from ...)
1934 ☐ **corrupt** [kərʌ́pt] B2	形 堕落した, 道徳的でない; 腐敗した
1935 ☐ **ineffective** [ìniféktiv] B2	形 効果のない, むだな
1936 ☐ **nasty** [nǽsti] B1	形 意地の悪い, 悪意のある; 卑劣な
1937 ☐ **sheer** [ʃíər] B1	形 全くの, 純然たる
1938 ☐ **synthetic** [sinθétik]	形 合成の, 人造の, 人工の

☑ We deal in **fabrics** made of cotton.	▶私たちは綿の織物を扱っている.
☐ The girl was dressed up like a **fairy**.	▶その少女は妖精のように着飾っていた.
☑ I heard a **goat** cry outside.	▶外でヤギが鳴くのが聞こえた.
☑ He took his **laptop** with him on vacation.	▶彼は休暇にラップトップコンピュータを持っていった.
☐ They showed **loyalty to** their king.	▶彼らは王への忠義を示した.
☑ I **envisioned** a bright future for myself.	▶私は自分自身の輝かしい未来を心に描いていた.
☑ She went to her room to **fetch** her coat.	▶彼女はコートを取ってくるために自分の部屋に行った.
☐ We **formulated** strategies to increase sales.	▶私たちは売り上げを増やすための戦略を考え出した.
☑ He **stumbled** and fell into the river.	▶彼はつまずいて川に落ちた.
☑ If you **subtract** 8 **from** 10, you get 2.	▶10から8を引くと2だ.
☐ The people resisted their **corrupt** government.	▶国民は腐敗した政府に反抗した.
☑ She dismissed it as an **ineffective** plan.	▶彼女はそれをむだな計画としてはねつけた.
☑ Bryan always makes **nasty** remarks about them.	▶ブライアンはいつも彼らのことを悪く言う.
☐ The party was a **sheer** delight.	▶パーティーは本当に楽しかった.
☑ The company produces various **synthetic** chemicals.	▶その会社はさまざまな合成化学製品を製造している.

FINAL STAGE 4

425

1939 ☑ **adulthood** [ədʌ́lthùd]	名 成人であること; 成人期
1940 ☑ **chart** [tʃɑ́ːrt] **A2**	名 図表, グラフ
1941 ☑ **craft** [krǽft] **B1**	名 (手の技術を要する)仕事, 職業; 工芸, 手工業
1942 ☑ **fisherman** [fíʃərmən] **A2**	名 漁師; 釣り師
1943 ☑ **workforce** [wə́ːrkfɔ̀ːrs]	名 従業員, 労働力
1944 ☑ **arouse** [əráuz] **B2**	動 〈注意・感情などを〉喚起する, 刺激する; 〈人を〉目ざめさせる
1945 ☑ **dictate** [díkteit]	動 (人に)〈口述する文章などを〉書き取ら せる, 口述筆記させる(to ...)
1946 ☑ **recite** [risáit] **B1**	動 (聴衆の前で)〈詩などを〉暗唱する; …を朗読する
1947 ☑ **stain** [stéin] **B2**	動 …を(…で)汚す(with ...), …にしみを つける
1948 ☑ **swell** [swél] **B1**	動 ふくれる, ふくらむ; はれる, むくむ
1949 ☑ **anonymous** [ənánəməs] **B2**	形 匿名の; 作者不明の; 無名の
1950 ☑ **cosmic** [kázmik]	形 宇宙の
1951 ☑ **edible** [édəbl]	形 食べられる, 食用の
1952 ☑ **editorial** [èditɔ́ːriəl] **B1**	形 編集上の, 編集の
1953 ☑ **preschool** [príːskúːl]	形 就学前の, 学齢前の

☐ By the time she reached **adulthood**, she had learned how to live independently.	▶彼女は成人に達したときにはすでに自立して生活するすべを学んでいた.
☑ Please look at the sales **chart**.	▶売上表をご覧ください.
☑ The tourists enjoyed watching demonstrations of traditional **crafts**.	▶観光客は伝統工芸の実演を見て楽しんだ.
☐ My uncle is a skilled **fisherman**.	▶叔父は熟練した漁師だ.
☑ The company's **workforce** increased by 10 percent.	▶その会社の従業員は 10 パーセント増加した.
☑ That rumor **aroused** my interest in him.	▶そのうわさが私の彼への興味をかきたてた.
☐ He **dictated** a long letter to his secretary.	▶彼は秘書に長い手紙を口述で書き取らせた.
☑ She **recited** a poem by Keats to us.	▶彼女は私たちに向けてキーツの詩を朗読した.
☑ The murder weapon was **stained with** blood.	▶凶器は血で汚されていた.
☑ His finger **swelled** up and turned red.	▶彼の指ははれて赤くなった.
☑ There was an **anonymous** phone call reporting corruption.	▶買収行為を告発する匿名の電話があった.
☐ The atmosphere protects us from harmful **cosmic** radiation.	▶大気は私たちを有害な宇宙放射線から守っている.
☑ This looks like an ordinary fruit, but it isn't **edible**.	▶これはよく見る果物に似ているが食べられない.
☑ Our **editorial** policy is to be honest with readers.	▶われわれの編集方針は読者に誠実であることです.
☐ This book is designed for **preschool** children.	▶この本は就学前のお子さん向けです.

FINAL STAGE 4

427

1954 ☐ **inequality** [ìnikwάləti]	名 (富・地位などの)不平等, 不均衡
1955 ☐ **misunderstanding** [mìsʌndərstǽndiŋ] **B1**	名 誤解, 思い違い
1956 ☐ **patent** [pǽtnt]	名 特許, パテント
1957 ☐ **recruit** [rikrúːt] **B2**	名 新会員, 新入社員, 新入生, 新人
1958 ☐ **viewpoint** [vjúːpɔ̀int] **B1**	名 観点, 見地
1959 ☐ **allocate** [ǽləkèit]	動 …をあてる
1960 ☐ **coexist** [kòuigzíst]	動 共存する
1961 ☐ **console** [kənsóul] **B2**	動 〈人を〉慰める, いたわる
1962 ☐ **contemplate** [kάntəmplèit]	動 …をじっくり考える, 熟考する
1963 ☐ **indulge** [indʌ́ldʒ] **B2**	動 〈人を〉甘やかす, 好きなようにさせる
1964 ☐ **catastrophic** [kæ̀təstrάfik] **B2**	形 大惨事の, 悲劇的な, 壊滅的な
1965 ☐ **furious** [fjúəriəs] **B2**	形 (…に／人に)激怒して (at …／with …)
1966 ☐ **imperative** [impérətiv] **B2**	形 回避できない, 急を要する, 緊急の
1967 ☐ **maternal** [mətə́ːrnəl]	形 母の, 母親の
1968 ☐ **unavoidable** [ʌ̀nəvɔ́idəbl]	形 避けられない, 不可避の

That policy has increased economic **inequalities** between the two regions.	▶その政策がその二地域の経済的不平等を拡大させている.
There seems to be some **misunderstandings**.	▶いくつか誤解があるようです.
He applied for a **patent** on this farming method.	▶彼はこの農法で特許を申請した.
She's the youngest **recruit** among the new employees.	▶彼女は新しい従業員の中で最年少の新人だ.
I gave my opinion from the **viewpoint** of a foreign student.	▶私は留学生の観点から自分の意見を述べた.
A whole day of the five-day conference was **allocated** for sightseeing.	▶5日間の会議のうち丸1日が観光にあてられた.
The two countries **coexist** despite their previous war.	▶その二国は前に戦争があったものの共存している.
We could do nothing to **console** him when his dog died.	▶彼の犬が死んだ時, 私たちは彼を慰めるようなことは何もできなかった.
Her parents gave her time to **contemplate** her future.	▶彼女の両親は彼女に自分の将来についてじっくり考える時間を与えた.
You should not **indulge** your children anymore.	▶あなたは, これ以上子どもを甘やかしてはいけないよ.
The earthquake caused **catastrophic** damage to the area.	▶その地震はその地域に壊滅的な被害をもたらした.
The man got **furious at** the traffic jam.	▶男は渋滞に激怒した.
Development of a new drug against the virus is **imperative**.	▶そのウィルスに対する新薬の開発は急を要している.
The lion showed a **maternal** instinct to care for the tigers' babies.	▶そのライオンはトラの赤ちゃんを世話する母性本能を見せた.
The tax increase is thought to be **unavoidable**.	▶増税は避けられないと考えられている.

FINAL STAGE 4

1969 ☑ **mining** [máiniŋ]	名 採鉱, 採掘; 鉱業
1970 ☑ **sector** [séktər] B2	名 (経済・産業などの)部門, 分野, 領域
1971 ☑ **spectrum** [spéktrəm]	名 スペクトル(◆分光器を通してできる光の帯)
1972 ☑ **spite** [spáit] B2	名 悪意, 意地悪; うらみ
1973 ☑ **willpower** [wílpàuər]	名 意志の力[強さ]
1974 ☑ **lag** [lǽg]	動 遅れる, ついて行けなくなる
1975 ☑ **pollinate** [pálənèit]	動 〈花のめしべなどに〉授粉する
1976 ☑ **refine** [rifáin]	動 …を精製する, 精錬する
1977 ☑ **restrain** [ristréin]	動 〈感情などを〉抑える, 抑制する; …を制限する
1978 ☑ **whistle** [hwísl] B2	動 口笛を吹く
1979 ☑ **intriguing** [intrí:giŋ]	形 好奇心をそそる, 興味を引く, 魅力的な
1980 ☑ **numerical** [nju:mérikəl] B2	形 数の, 数字で表した; 数の上での; 計算(能力)の
1981 ☑ **pervasive** [pərvéisiv]	形 (全体に)広がった, 広がっていく; 行き渡った
1982 ☑ **socioeconomic** [sòusiouèkənámik]	形 社会経済の, 社会経済的な
1983 ☑ **static** [stǽtik]	形 静止した, 停滞した, 動きのない

☐ The country is well known for diamond **mining**.	▶その国はダイヤモンドの採掘で有名である.
☐ The banking **sector** faced a crisis after the collapse of the economy.	▶経済が崩壊して，銀行部門は危機に直面した.
☐ The X-ray is one of the invisible **spectrums**.	▶エックス線は不可視スペクトルのうちの一つである.
☐ I don't think they did it out of **spite**.	▶私は彼らが悪意でやったのではないと思う.
☐ He didn't have the **willpower** to live alone.	▶彼はひとりで生きていく意志の力がなかった.
☐ The country **lagged** far behind other countries in IT technology.	▶その国は IT 技術において他の国より大きく遅れていた.
☐ Various insects **pollinate** our crops.	▶さまざまな昆虫が我々の作物に授粉する.
☐ The company **refines** 10,000 liters of oil every week.	▶その会社は毎週 1 万リットルの石油を精製している.
☐ The employees could not **restrain** their anger.	▶従業員は怒りを抑えることができなかった.
☐ He **whistled** to call his dog.	▶彼は口笛を吹いて犬を呼んだ.
☐ The research was very **intriguing** to us.	▶その研究は非常に我々の興味を引くものだった.
☐ Her **numerical** ability was very high.	▶彼女の計算能力はとても高かった.
☐ Bullying is a **pervasive** problem in our country.	▶いじめはわが国では蔓延(まんえん)している問題だ.
☐ The Internet is necessary for **socioeconomic** development.	▶インターネットは社会経済的な発展に必要だ.
☐ The jungle's ecology is not **static**.	▶ジャングルの生態系は静止したものではない.

FINAL STAGE 4

431

want [wánt]

コアイメージ 「必要なものや欠けているものを欲する」

2 1 3 [want + to 動詞] ランキング

☐ S264 第1位 **want to know ...** …を知りたい

☐ I want to know what it's like to be a bird. ▶ 鳥になるのはどんな気分か知りたい.

☐ S265 第2位 **want to go (to ...)** (…へ) 行きたい

☐ He wants to go to India someday. ▶ 彼はいつかインドへ行きたいと思っている.

☐ S266 第3位 **want to see ...** …を見たい

☐ Do you want to see that movie? ▶ あの映画を見たい?

☐ S267 第4位 **want to get ...** …を手に入れたい

☑ I want to get some sleep. ▶ 私は少し眠りたい.

☐ S268 第5位 **want to make ...** …を作りたい

☐ I want to make something useful. ▶ 私は何か役に立つものを作りたい.

hold [hóuld]

コアイメージ 「一時的に手でおさえる」

2 1 3 [hold + 名詞] ランキング

☑ S269 第1位 **hold hands** | **手をつなぐ**

The old couple was **holding hands** on the bench. | ▶ その老夫婦はベンチで手をつないでいた.

☑ S270 第2位 **hold** *one's* **breath** | **息を止める**

We **held our breath** and waited for the chance. | ▶ 私たちは息をひそめてチャンスを待った.

☑ S271 第3位 **hold office** | **在職する**

The new chairperson will **hold office** for a year. | ▶ その新しい議長は1年間在職する予定だ.

☑ S272 第4位 **hold** *one's* **head** | **頭を抱える**

The man **held his head** in shame. | ▶ その男性は恥入って頭を抱えた.

☑ S273 第5位 **hold a position** | **地位に就く**

My mother **holds a position** as the president. | ▶ 母は社長の地位にあります.

この索引には, 本文LESSONと「コーパス道場」に収録されている単語, 熟語がそれぞれアルファベット順に掲載されています. 太字の語句は見出し語句として, 細字の語句は関連語・対義語として収録されています. 斜字体のページでは,「コーパス道場」としてその語を特集しています.

単語

A

索 引

D

441

443

F

G

H

448

N

索 引

O

P

455

T

461

索 引

索 引

フェイバリット

英単語・熟語〈テーマ別〉

コーパス**4500** 4th Edition

| 発行日 | 2008年2月1日 初版発行 |
| | 2020年2月1日 新版第1版発行 |

監修	投野由紀夫(東京外国語大学)
表紙・本文デザイン	株式会社ファクトリー701
イラスト	榊原ますみ／
	ちよ丸（株式会社ファクトリー
	701）／ハヤシナオユキ
編集協力	日本アイアール株式会社
	図書印刷株式会社
発行者	東京書籍株式会社　千石雅仁
	東京都北区堀船2-17-1　〒114-8524
印刷所	株式会社リーブルテック

支社・出張所電話（販売窓口）

札幌 011-562-5721	大阪 06-6397-1350
仙台 022-297-2666	広島 082-568-2577
東京 03-5390-7467	福岡 092-771-1536
金沢 076-222-7581	鹿児島 099-213-1770
名古屋 052-939-2722	那覇 098-834-8084

編集電話　03-5390-7516

ホームページ　https://www.tokyo-shoseki.co.jp
東書Ｅネット　https://ten.tokyo-shoseki.co.jp
落丁・乱丁本はおとりかえいたします。
ISBN978-4-487-37782-4 C7082

Copyright © 2020 by Tokyo Shoseki Co.,Ltd.,Tokyo
All rights reserved. Printed in Japan

不規則動詞変化表 **2**

原形	現在形	過去形	過去分詞	-ing 形
lose	lose(s)	lost	lost	losing
make	make(s)	made	made	making
mean	mean(s)	meant	meant	meaning
meet	meet(s)	met	met	meeting
put	put(s)	put	put	putting
read	read(s)	read [réd]	read [réd]	reading
ride	ride(s)	rode	ridden	riding
rise	rise(s)	rose	risen	rising
run	run(s)	ran	run	running
say	say(s)	said	said	saying
see	see(s)	saw	seen	seeing
sell	sell(s)	sold	sold	selling
send	send(s)	sent	sent	sending
shine	shine(s)	shone	shone	shining
show	show(s)	showed	shown	showing
sing	sing(s)	sang	sung	singing
sit	sit(s)	sat	sat	sitting